五十嵐 邦 正 著

ドイツ会計制度論

東京 森山書店 発行

##　は　し　が　き

　近年において国際会計基準の重要性が一段と高まりつつある。投資家に対する有用な会計情報を提供するためには，各国における会計基準に差異があるときには財務諸表の比較可能性に大きな問題が生じる。その点から，国際会計基準が大きな意義を有しており，たしかにその動向及び発展はけっして見逃すことができない状況にある。それは現代会計の中心的テーマの１つを成すといってよい。それに関する内外の文献はきわめて多く，その内容はかなり詳しく解説され分析されてきている。

　ドイツでは資本市場を指向する資本会社が連結決算書を作成するときには，国際会計基準に基づく作成が強制的に義務づけられる。資本市場を指向しない資本会社の連結決算書に対しては国際会計基準の適用に対する選択権はあるが，それは必ずしも強制されてはいない。個別決算書に関しては，すべての資本会社に対して情報提供目的に限り国際会計基準の適用を容認するものの，個別決算書自体の作成は商法規定に準拠して作成する必要がある。ドイツ会計制度においては特に個別決算書に関して商法規定と，基準性を通じて税法規定とが依然として重要である。これは，株式会社数が約 15,000 社で，そのうち資本市場を指向する会社が約 1,500 社程度にすぎず，それ以外の会社はすべて資本市場を指向しない有限会社が約 100 万社近くあるという事情と無関係ではない。

　この意味で，ドイツでは国際会計基準だけが財務会計のすべてではない。この現時点においてそれを全く無視することはできないにせよ，それとは明らかに異質な会計領域も実は少なからず存在する。本書は，このような個別決算書を中心とするドイツ会計制度のなかに国際会計基準とは明らかに一線を画する独自の会計思考の解明を試みる。それは理論上及び実務上もわが国の会計制度に対して示唆に富む考え方を明示しているからである。

　いうまでもなく，かつてわが国の会計制度の原型はドイツ会計制度と密接不

可分の関係にあったといってもけっして過言ではない。しかし，時代の経過とともに両者の関係は徐々に離れてきたこともまた事実である。現時点ではドイツ会計制度の残滓ともいうべきフレームワークはかろうじて存在しているけれども，その内容は極言すれば似て非なるものになりつつあるのが現状である。ドイツ会計制度自体に大きな欠陥があるときにはともかく，両者間の希薄化が果たしてわが国の会計制度にとって望ましい方向を示しているかどうかは，直ちには即断できず慎重な検討を要するであろう。とりわけ平成17年に制定されたわが国の会社法はすでに一定の年月を経ている。その制定当時にはその活発な議論もあったが，会計領域に関してはその後余り議論が沈静化した嫌いが多分にある。

そこで，本書を通じたドイツ会計制度の分析により，会計上これまでわが国ではややもすれば軽視されがちであまり取り上げられてこなかったテーマ及び分野の解明は，今後のわが国における会計制度の改善に多少なりとも資するのではないかと考える。2009年にドイツ商法は改正され，それに伴い税法も変更された。このような現代のドイツ会計制度を踏まえて，その検討が本書の中心的なテーマである。本書は次の3つの部に整理しながらそれを明らかにする。

第1部はドイツ会計制度全般を考察対象とする。これは3つの章から成る。第1章では，2009年に成立した貸借対照表法現代化法によって改正された商法の概要を取り上げる。第2章では，ドイツ会計制度における伝統的な基準性原則が貸借対照表法現代化法によってどのような変容したかについて検討する。第3章では，改正された商法会計が税務会計にどのような影響を及ぼしたのか，両者の会計規定の関係について論じる。

第2部は資本会計制度の領域を取り上げる。これは6つの章から成る。第4章では，まず伝統的なドイツの資本会計制度を検討し，それが改正商法によってどのように進展したかについて検討する。第5章では，資本会計の分野で論議が多い資本準備金規定についてその沿革も踏まえて詳述する。第6章では，従来の資産的取扱から資本のマイナス処理に変更となった自己持分（自己株式）の処理法を取り上げ，わが国の処理法とも比較考察する。第7章では，ドイツにおける分配規制について旧商法と改正商法とを対比させながら検討す

る。第8章では，資本と類似するがそれとは明らかに異なるドイツ出資制度について ゲゼルシャフト法・商法・税法の各サイドについて論じる。第9章では，ドイツ会計制度において特にユニークな隠れた出資概念について取り上げる。

　第3部はドイツの現代会計における3つのテーマを取り上げる。第10章では劣後債の会計について考察する。第11章では，デット・エクイティ・スワップの会計について考察する。第12章では，ドイツの合併会計について検討する。

　そして，第13章はこれまで論究してきた本書の要約と結論部分である。そのなかで最終的にドイツ会計制度の特質を指摘するとともに，その現代的意義についても併せて試論を展開する。

　森信三氏は「学問において大事なことは，時流におもねらず，また時流に流されぬことである。しかもそれでいてつねに自体の現実の深奥ときり結ぶ趣がなくては，真に生きた学問とは言えぬであろう。」と述べる。筆者はこれまでドイツにおける静態論を研究のスタートとした。その後，それと関連する貸借対照表法上の会計規定及び財産目録制度，さらに資本会計制度，そして会計制度全般について少しずつ考察対象を広げてきた。この遅々とした研究プロセスは森氏のいう学問のあり方にはまだまだほど遠いとしても，筆者なりに展開してきたつもりである。本書はそのささやかな一里塚である。

　市販性の乏しい本書の刊行に際して，日本大学商学部から出版助成金（B）の交付を受けることになった。ここに記して感謝する次第である。

　今回も本書の出版に関して特段のご配慮と，いろいろお世話いただいた森山書店社長菅田直文氏及び取締役編集部長土屋貞敏氏に深謝し，御礼を申し上げる。

　　平成24年7月

　　　　　　　　　　　　　　　　　　　　　　　　　　五十嵐　邦正

目　　次

第1部　会計制度総論

第1章　貸借対照表法現代化法の特質

Ⅰ　序 …………………………………………………………………………3
Ⅱ　BilMoG の目標 …………………………………………………………3
　1　BilMoG の基本的スタンス ……………………………………………3
　2　会計規定の変更 …………………………………………………………4
　　(1)　逆基準性の廃止と基準性原則の継承 ………………………………5
　　(2)　零細商人の帳簿作成義務免除と企業規模基準の緩和 ……………5
　　(3)　報告義務の拡大 ………………………………………………………6
Ⅲ　年次決算書に関する改正点 ……………………………………………6
　1　財務諸表の計上項目 ……………………………………………………6
　　(1)　資産の捉え方 …………………………………………………………6
　　(2)　固　定　資　産 ………………………………………………………7
　　(3)　その他の資産及び借方項目 …………………………………………9
　　(4)　費用性引当金 …………………………………………………………11
　2　財務諸表の評価 …………………………………………………………12
　　(1)　固定資産の評価 ………………………………………………………12
　　(2)　流動資産の評価 ………………………………………………………13
　　(3)　金融商品の評価 ………………………………………………………15
　　(4)　その他の資産の評価 …………………………………………………19
　　(5)　負　債　の　評　価 …………………………………………………19
　　(6)　外　貨　換　算 ………………………………………………………22
　3　財務諸表の表示 …………………………………………………………22

　　　　　(1)　未請求未払込引受済資本金の表示 ……………………22
　　　　　(2)　自己持分の取扱 ………………………………………23
　　　4　附属説明書への記載事項 ……………………………………24
　Ⅳ　連結決算書に関する変更点 …………………………………………25
　　1　連結の範囲及び連結の方法に関する事項 …………………………25
　　2　会計処理に関する事項 ………………………………………………26
　Ⅴ　改正商法の検討 ………………………………………………………27
　　1　改正商法と GoB ………………………………………………………27
　　2　改正商法と IFRS ……………………………………………………29
　　3　改正商法と税法 ………………………………………………………29
　Ⅵ　結 ………………………………………………………………………30

第2章　ドイツ基準性原則の方向

　Ⅰ　序 ………………………………………………………………………37
　Ⅱ　旧所得税法における基準性原則 ……………………………………37
　　1　基準性原則の法規定 …………………………………………………38
　　2　実質的基準性 …………………………………………………………38
　　　　　(1)　実質的基準性の内容 …………………………………38
　　　　　(2)　実質的基準性の根拠とその批判 ……………………39
　　3　形式的基準性 …………………………………………………………42
　　　　　(1)　形式的基準性の内容 …………………………………42
　　　　　(2)　形式的基準性の根拠とその批判 ……………………42
　　　　　(3)　形式的基準性の適用 …………………………………43
　　　　　(4)　逆基準性 ………………………………………………44
　Ⅲ　改正所得税法における基準性原則 …………………………………46
　　1　貸借対照表法現代化法の制定 ………………………………………46
　　2　逆基準性の廃止 ………………………………………………………46
　　3　実質的基準性の堅持 …………………………………………………46
　　　　　(1)　改正所得税法 …………………………………………46
　　　　　(2)　税務上の選択権 ………………………………………48

4　改正所得税法における選択権に関する諸見解 ………………49
　　　(1)　広　義　説 ……………………………………………………49
　　　(2)　広　義　修　正　説 …………………………………………50
　　　(3)　狭　義　説 ……………………………………………………51
　　　(4)　狭　義　修　正　説 …………………………………………52
　　5　連邦財務省の基準性通達 ………………………………………53
　　　(1)　所得税法第5条1項1文前段 ………………………………53
　　　(2)　所得税法第5条1項1文後段 ………………………………55
　　6　基準性原則の方向性 ……………………………………………56
　　　(1)　電子貸借対照表化の構想 ……………………………………56
　　　(2)　電子貸借対照表化に対する批判的見解 ……………………57
　Ⅳ　結 ………………………………………………………………………58

第3章　改正商法会計と税務会計

　Ⅰ　序 ………………………………………………………………………64
　Ⅱ　貸借対照表の計上 ……………………………………………………64
　　1　資　産　の　範　囲 ……………………………………………64
　　　(1)　商法上の資産の範囲 …………………………………………64
　　　(2)　税法への影響 …………………………………………………66
　　2　の　れ　ん ………………………………………………………68
　　3　自己創設の無形固定資産 ………………………………………68
　　4　相殺禁止の例外 …………………………………………………69
　　5　借方計算限定項目 ………………………………………………69
　　6　開業費及び営業拡大費 …………………………………………70
　　7　費用性引当金 ……………………………………………………70
　　　(1)　改　正　商　法 ………………………………………………70
　　　(2)　税法への影響 …………………………………………………71
　　8　自　己　持　分 …………………………………………………72
　　　(1)　改　正　商　法 ………………………………………………72
　　　(2)　税法への影響 …………………………………………………72

Ⅲ 貸借対照表の評価 …………………………………………………73
1 資産の評価減と価額取り戻し ………………………………73
(1) 改 正 商 法 …………………………………………………73
(2) 税法への影響 ………………………………………………74
2 金融商品の評価 …………………………………………………75
(1) 改 正 商 法 …………………………………………………75
(2) 税法への影響 ………………………………………………75
3 ヘッジ会計に対する評価単位 ………………………………76
(1) 改 正 商 法 …………………………………………………76
(2) 税法への影響 ………………………………………………76
4 棚卸資産に関する評価簡便法 ………………………………77
5 製 造 原 価 …………………………………………………78
(1) 改 正 商 法 …………………………………………………78
(2) 税法への影響 ………………………………………………78
6 負   債 …………………………………………………79
(1) 改 正 商 法 …………………………………………………79
(2) 税法への影響 ………………………………………………81
7 為 替 換 算 …………………………………………………82
(1) 改 正 商 法 …………………………………………………82
(2) 税法への影響 ………………………………………………83
Ⅳ その他の事項 ……………………………………………………83
1 帳簿及び会計に関する義務の免除 …………………………83
2 連結決算書の範囲 ………………………………………………84
Ⅴ 結 ……………………………………………………………………84

第2部 資本会計制度

第4章 資本会計制度の構造
Ⅰ 序 ……………………………………………………………………91

Ⅱ 資本会計制度の概要	91
1 自己資本の部の分類	91
2 引受済資本金	92
(1) 株式と資本金	92
(2) 引受済資本金の表示	92
(3) 引受済資本金の増加	93
(4) 引受済資本金の減少	94
3 資本準備金	96
(1) 第1号から第3号までの資本準備金	96
(2) 第4号の資本準備金	97
4 利益準備金	97
(1) 法定準備金	97
(2) 自己持分準備金	98
(3) 定款準備金	98
(4) その他利益準備金	99
5 準備金の取崩	99
(1) 資本準備金と法定準備金の取崩	99
(2) 準備金の取崩順序	101
6 分配規制	102
(1) 分配可能利益	102
(2) 貸借対照表利益	102
Ⅲ 自己資本の範囲	103
1 形式的自己資本と実質的自己資本	103
(1) ゲゼルシャフト法上の実質的自己資本	103
(2) 商事貸借対照表法上の実質的自己資本	105
2 出資者借入金の資本化制度	108
(1) 判例ルール	108
(2) 新ルール	108
Ⅳ 資本会計制度の進展	109
1 有限会社法改正に伴う資本制度への影響	109

　　　　(1) 資　本　金 …………………………………………………109
　　　　(2) 資　本　維　持 ………………………………………………110
　　　　(3) 出資者借入金資本化制度の変更 …………………………111
　　　2　商法改正に伴う資本制度への影響 …………………………113
　　　　(1) 引受済資本金の表示 ………………………………………113
　　　　(2) 自己持分に関する処理法の変更 …………………………114
　　　3　分　配　規　制 …………………………………………………115
　　V　結 …………………………………………………………………116

第5章　資　本　準　備　金

　　I　序 ……………………………………………………………………121
　　II　資本準備金制度の沿革 …………………………………………121
　　　1　1985年商法以前の資本準備金 ………………………………121
　　　　(1) 1884年株式改正法 …………………………………………121
　　　　(2) 1897年商法 …………………………………………………122
　　　　(3) 1937年株式法 ………………………………………………123
　　　　(4) 1965年株式法 ………………………………………………125
　　III　資本準備金の内容 ………………………………………………126
　　　1　資本準備金規定 …………………………………………………126
　　　2　商法第272条2項4号の資本準備金 …………………………127
　　　　(1) 商法第272条2項4号規定の経緯 …………………………127
　　　　(2) 商法第272条2項4号の解釈 ………………………………129
　　IV　減資差益の取扱 …………………………………………………133
　　　1　減　資　の　沿　革 ……………………………………………133
　　　2　減資差益の性質 …………………………………………………134
　　　　(1) 1965年株式法までの処理 …………………………………134
　　　　(2) 1985年商法制定後の処理 …………………………………135
　　V　改正商法による資本準備金範囲の拡大 ………………………136
　　　1　旧商法における自己持分 ………………………………………136
　　　2　改正商法における自己持分 ……………………………………137

	Ⅵ 結	…………………………………………………………138
	1 論旨の整理	………………………………………………138
	2 わが国の会社法における資本準備金制度との比較	…………139

第6章 自己持分

	Ⅰ 序	…………………………………………………………………145
	Ⅱ 改正商法における自己持分	………………………………………145
	1 BilMoG草案における自己持分の処理	……………………145
	2 改正商法による自己持分の処理	…………………………146
	(1) 一般的な処理	……………………………………………146
	(2) 個別的論点	………………………………………………149
	Ⅲ 税法における自己持分	……………………………………………152
	1 資産説	…………………………………………………………152
	2 資本控除説	……………………………………………………153
	Ⅳ 自己持分処理の検討	………………………………………………155
	1 基本的スタンス	………………………………………………155
	(1) ドイツのみなし消却法	…………………………………155
	(2) わが国の原価法	…………………………………………155
	(3) 比較検討	………………………………………………156
	2 取得規制と財源規制	…………………………………………157
	(1) ドイツ商法	………………………………………………157
	(2) わが国の会社法	…………………………………………158
	(3) 比較検討	………………………………………………159
	3 自己持分処分差益の取扱	……………………………………160
	4 税務上の取扱	…………………………………………………160
	Ⅴ 結	…………………………………………………………………162

第7章 分配規制

	Ⅰ 序	…………………………………………………………………166
	Ⅱ 商法における分配規制システム	……………………………………166

1　EU会社法指令とドイツ分配規制 …………………………166
　　　2　旧商法における分配規制の対象 ……………………………167
　Ⅲ　改正商法における分配規制 …………………………………………167
　　　1　分配規制の対象項目 …………………………………………167
　　　2　分配規制の除外項目 …………………………………………169
　　　3　分配規制に関する表示 ………………………………………170
　　　4　分配規制に関する会計処理 …………………………………170
　　　5　利益移転契約と分配規制 ……………………………………172
　　　　(1)　利益移転契約の内容と分配規制 ……………………172
　　　　(2)　具体的適用上の論点 …………………………………172
　　　　(3)　利益移転規制額の会計処理 …………………………174
　Ⅳ　結 ……………………………………………………………………175

第8章　出　資　制　度

　Ⅰ　序 ……………………………………………………………………179
　Ⅱ　ゲゼルシャフト法における出資 ……………………………………179
　　　1　出　資　規　定 ………………………………………………179
　　　2　出　資　の　内　容 …………………………………………180
　Ⅲ　商事貸借対照表法における出資 ……………………………………181
　　　1　出資概念の特徴 ………………………………………………181
　　　2　出　資　の　評　価 …………………………………………182
　　　3　公示の出資と隠れた出資 ……………………………………183
　Ⅳ　税務貸借対照表法における出資 ……………………………………183
　　　1　出　資　規　定 ………………………………………………183
　　　2　公示の出資と隠れた出資 ……………………………………184
　　　3　出　資　の　評　価 …………………………………………185
　Ⅴ　結 ……………………………………………………………………186

第9章　隠　れ　た　出　資

　Ⅰ　序 ……………………………………………………………………190

Ⅱ 商法における隠れた出資 …………………………………………190
1 出 資 の 概 要 ………………………………………………190
2 商法における隠れた出資の概要 ……………………………192
　(1) 金銭出資と現物出資 …………………………………………192
　(2) 公示の出資と隠れた出資 ……………………………………193
3 隠れた出資の取扱 ……………………………………………195
　(1) 隠れた出資の性質 ……………………………………………195
　(2) 隠れた出資の評価 ……………………………………………196
4 隠れた出資の会計処理 ………………………………………196
　(1) 会　社　側 ……………………………………………………196
　(2) 出 資 者 側 …………………………………………………200
Ⅲ 税法における隠れた出資 …………………………………………202
1 出資に関する一般規定 ………………………………………202
2 隠れた出資概念の概要 ………………………………………203
3 隠れた出資に関する法規定 …………………………………205
　(1) 所得税法第6条 ………………………………………………205
　(2) 所得税法第17条1項2文 ……………………………………207
　(3) 所得税法第23条1項5文2号 ………………………………207
　(4) 法人税法第8b条2項5文 ……………………………………208
4 会 計 処 理 …………………………………………………208
　(1) 会　社　側 ……………………………………………………208
　(2) 出 資 者 側 …………………………………………………211
Ⅳ 結 ……………………………………………………………………213

第3部　現代会計の論点

第10章 劣後債の会計
Ⅰ 序 ……………………………………………………………………221
Ⅱ 劣後債の概要 ………………………………………………………221

1　劣後債の一般的性質とその種類 …………………………221
　　　(1) 一 般 的 性 質 …………………………………………221
　　　(2) 劣後債の種類 …………………………………………223
　　2　劣後債の法的性質 ………………………………………224
　Ⅲ　商事貸借対照表における劣後債 …………………………226
　　1　債務者側の処理 …………………………………………226
　　　(1) 単 純 劣 後 債 …………………………………………226
　　　(2) 特 別 劣 後 債 …………………………………………228
　　　(3) 財務改善条項付債権放棄 ……………………………229
　　2　債権者側の処理 …………………………………………232
　Ⅳ　税務貸借対照表における劣後債 …………………………233
　　1　債務者側の処理 …………………………………………233
　　　(1) 単 純 劣 後 債 …………………………………………233
　　　(2) 特 別 劣 後 債 …………………………………………235
　　　(3) 財務改善条項付債権放棄 ……………………………236
　　2　債権者側の処理 …………………………………………238
　　　(1) 劣 後 債 権 …………………………………………238
　　　(2) 財務改善条項付債権放棄 ……………………………240
　Ⅴ　倒産法上の債務超過判定における劣後債 ………………241
　　1　劣 後 債 の 取 扱 …………………………………………241
　　2　連邦最高裁判所の判決 …………………………………242
　　3　倒産法の一部改正 ………………………………………244
　Ⅵ　結 …………………………………………………………245

第11章　デット・エクイティ・スワップの会計

　Ⅰ　序 …………………………………………………………252
　Ⅱ　商法におけるDES ………………………………………252
　　1　DESの法手続 …………………………………………252
　　　(1) 簡易の減資 ……………………………………………253
　　　(2) 現物出資手続 …………………………………………253

2　会 計 処 理 ……………………………………………254
　　　　(1) 時　価　説 …………………………………………254
　　　　(2) 券 面 額 説 …………………………………………256
　Ⅲ　税法におけるDES ……………………………………………257
　　　1　簡 易 の 減 資 ……………………………………………257
　　　2　現物出資による資本金増加 …………………………………257
　　　3　更生利益の取扱 ……………………………………………258
　Ⅳ　D　M　S ………………………………………………………259
　　　1　DESとDMS ……………………………………………259
　　　2　DMSの特徴 ……………………………………………260
　　　　(1) 商　法　面 …………………………………………260
　　　　(2) 税　法　面 …………………………………………261
　　　3　DMSの実施と留意点 …………………………………261
　　　　(1) DMSの実施方法 …………………………………261
　　　　(2) DMSの留意点 ……………………………………262
　Ⅴ　R D E S ………………………………………………………263
　　　1　RDESの概要 ……………………………………………263
　　　2　RDESに対する税務上の取扱 …………………………263
　　　　(1) 繰越欠損金との相殺問題 …………………………263
　　　　(2) 分　割　利　益 ……………………………………264
　　　　(3) 債権と債務の相殺による利益 ……………………265
　Ⅵ　結 ………………………………………………………………266

第12章　合併の会計

　Ⅰ　序 ………………………………………………………………269
　Ⅱ　組織変更法における合併の処理 ……………………………269
　　　1　組織変更法制定の経緯 ……………………………………269
　　　2　被合併法人側 ………………………………………………270
　　　3　合併法人側 …………………………………………………271
　　　　(1) 簿価引継ぎ方式 ……………………………………272

　　　　(2) 取得原価方式 …………………………………………275
　　　　(3) 特殊なケース …………………………………………276
　　Ⅲ　組織変更税法における合併の処理 …………………………277
　　　1　被合併法人側 ……………………………………………277
　　　　(1) 現金の支払を対価に含む合併の設例 ………………279
　　　　(2) 譲渡利益の算定 ………………………………………280
　　　2　合併法人側 ………………………………………………281
　　　　(1) 合併法人が被合併法人の持分を保有しているケース …………281
　　　　(2) 合併法人が被合併法人の持分を保有していないケース …283
　　　　(3) 税務上の自己資本表示 ………………………………285
　　Ⅳ　組織変更税法におけるその他の合併処理 …………………286
　　　1　法人が人的結合体を合併するケース …………………286
　　　　(1) 合併法人の処理 ………………………………………286
　　　　(2) 被合併人的結合体の処理 ……………………………287
　　　2　人的結合体が法人を合併するケース …………………288
　　　　(1) 被合併法人の処理 ……………………………………288
　　　　(2) 合併人的結合体の処理 ………………………………289
　　　3　人的結合体間における合併のケース …………………290
　　　　(1) 合併人的結合体の処理 ………………………………290
　　　　(2) 被合併人的結合体の処理 ……………………………291
　　Ⅴ　結 ………………………………………………………………291

第13章　結　　論 ……………………………………………………296

参考文献（301）
索　引（313）

第1部 会計制度総論

第1章
貸借対照表法現代化法の特質

I 序

 周知の通り，ドイツ連邦法務省は2007年11月8日に「貸借対照表法現代化法に対する参事官草案」(Referententwurf eines Gesetzes zur Modernisierung des Bilanzrechts ; Bilanzrechtsmodernisierungsgesetz ; BilMoG)（以下，BilMoGと略す。）を公表した。その後2008年5月21日には参事官草案を一部修正した政府草案 (Regierungsentwurf) も公表した。そして，その一部を修正したBilMoGが2009年3月26日に連邦議会，4月3日に連邦参議院をそれぞれ通過し，ようやく可決成立した。2010年1月1日以降から施行されている。
 本章では，商法草案から改正商法に至るまでの一連の経緯を踏まえながら，新たに制度化されたドイツ改正商法の特質について検討する。

II BilMoG の目標

1 BilMoG の基本的スタンス

 ドイツはこれまで商法第315a条を設け，連結決算書 (Konzernabschluss) に限って暫定的に国際財務報告基準 (International Financial Reporting Standards ; IFRS) を適用してきている。しかし，年次決算書 (Jahresabschluss) については依然として従来の規定のままで，その国際化に対応してこなかった。そこで，その点を見直し，ドイツ商法の現代化を図るのがその大きな目標である。また，会計規定の緩和措置も必要と考え，これも視野に入れた改正を目指す。
 一方で，商法の現代化に関して参事官草案は商法規定をIFRSと同等かつ簡

便で，しかもコスト・ベネフィットの面から有利な方向を模索した。言い換えれば，伝統的な会計制度を大幅な変更せずに，それを堅持する基本姿勢を鮮明にした（参事官草案理由書，61頁）。その結果，商法上の年次決算書の機能は利益分配の基盤と税務上の利益測定に対する基準性（Maßgeblichkeit）の堅持である。貸借対照表に基づく資本維持と基準性原則がそのまま継承される。他方で商法の緩和化に関して，特に中小企業会計に対するコストの削減を念頭に置く。

このような立場は政府草案及び改正商法も同様である。ただ，参事官草案は，例えば金融商品の時価評価及びその評価差益に対する損益算入等に典型のように，その具体的な内容においてIFRSへの接近をかなり強く意識した嫌いがあった。その結果，事実上GoBの伝統に反するという厳しい批判を踏まえ，政府草案は次のような考え方を明示した。すなわち，商法上の年次決算書に関する情報機能をIFRS化に向けて高めるとしても，これは必ずしも伝統的な会計規定の放棄ではない。「むしろ商法上の年次決算書の情報レベルはIFRSの詳細化を目指さずに，すでに適用されている商法上の会計基準及び会計原則を要求でき実現できる範囲で考慮することを目指すであろう。」（政府草案理由書，71頁）

これとほぼ同様の趣旨について改正商法に対する連邦議会の法委員会（Rechtsausschuss）は次のように述べる。「委員会は，ドイツ貸借対照表法を現代化し，それによって企業をIFRSとの関係で同等だが，しかし簡便でコスト的に有利な代替案を提供するというこの草案が求める目標を歓迎する。商法上の年次決算書がさらにまた利益配当の基盤のままであり，商法上の年次決算書が税務上の利益測定に対する基準性のメリット——それ故に商法上の会計の支柱——が堅持されたままであるだけに，なお一層この点は重要である。」（改正商法理由書，83頁）

2　会計規定の変更

このようなBilMoGの基本的スタンスとの直接的な関連で会計規定がいくつか変更になった。

(1) 逆基準性の廃止と基準性原則の継承

まず，その1つが逆基準性（umgekehrte Maßgeblichkeit）の廃止である（旧所得税法第5条1項2文の削除）。これにより商法上の年次決算書の作成はようやく税務上の影響を免れることができ，これは明らかに一段とその情報機能を強化する。具体的には準備金部分を含む特別項目に関する規定（旧商法第247条3項及び第273条）と，税務上の評価減を許容する規定（旧商法第254条，第279条2項，第281条）のそれぞれの削除がこれに該当する。

一方，基準性原則は従来通り継承される。但し，税務上の選択権の行使の範囲で商法上の正規の簿記の諸原則（Grundsätze ordnungsmäßiger Buchführung；GoB）とは異なる処理が新たに容認される（改正所得税法第5条1項2文）。この税務上の選択権行使に対する前提として，税務上の利益測定において商法上の基準となる価値では表示されない経済財（Wirtschaftsgut）を継続的に記録簿（Verzeichnis）として記入する必要がある（改正所得税法第5条1項2文・3文）。その記録簿にはその経済財の取得日もしくは製造日，当該取得原価もしくは製造原価を記入する。

(2) 零細商人の帳簿作成義務免除と企業規模基準の緩和

零細な個人商人に関して帳簿作成の義務が免除される（改正商法第241a条2項）。資本市場性のない小企業には商人としての帳簿及び決算書の作成義務が免除される。2期連続で売上高が500,000ユーロ及び年度剰余額が50,000ユーロをそれぞれ下回ることがその適用条件である。設立時にも免除規定は適用される。ただ，この免除規定が適用される零細商人にも従来通り依然として税務上の帳簿義務がある（租税通則法第141条）。

企業規模に関する基準が約20％程度引き上げられ，緩和される（改正商法第267条1項・2項・3項）。その結果，小規模資本会社は貸借対照表合計額が4,840,000ユーロ未満，売上高が9,680,000ユーロ未満，従業員数が50人未満となる。中規模資本会社は貸借対照表合計額が19,250,000ユーロ以下，売上高が38,500,000ユーロ以下，従業員数が50人以上で250人未満となる。大規模資本会社は貸借対照表合計額が19,250,000ユーロ以上，売上高が38,500,000ユーロ以上，従業員数が250人以上となる。

(3) 報告義務の拡大

IFRSとの関係では，連結決算書の作成義務がないが，資本市場を利用する資本会社に対しては報告義務が拡大する。すなわち，このような資本市場性資本会社には年次決算書のなかにキャッシュ・フロー計算書（Kapitalflussrechnung）及び持分変動計算書（Eigenkapitalspiegel）の作成が義務づけられる（改正商法第264条1項2文）。セグメント報告書の作成には選択権が付与される。

資本市場性資本会社は，状況報告書（Lagebericht）のなかで新たに内部統制システム及び内部リスク管理システムの重要なメルクマールを会計プロセスの面から記述しなければならない（改正商法第289条5項）。さらに，上場株式会社及び証券取引法の意味における組織的市場で株式以外の有価証券を発行している株式会社に対しては，状況報告書のなかで企業管理に対する説明が義務づけられる（改正商法第289a条1項）。具体的には企業管理に関する説明としては，株式法161条で定めるコーポレート・ガバナンス規準に関する説明，法的要求以外の企業管理実務に関する有用な報告，取締役及び監査役会の取り組み方並びに監査役会の構成及び取り組み方の記述が必要となる（改正商法第289a条2項）。

III 年次決算書に関する改正点

年次決算書に関する改正点について財務諸表の計上・評価・表示という各面で整理する。

1 財務諸表の計上項目

(1) 資産の捉え方

まず，財務諸表の計上項目に関して注目すべきは資産（Vermögensgegenstand）の捉え方である。商法自体には資産の定義はない。資産は基本的には民法上の所有関係に基づき[1]，商法上債権者保護（Gläubigerschutz）の見地から，債務弁済に役立つ独立した利用可能性（selbständige Verwertbarkeit）を有するものとみなされる[2]。ただ，貸借対照表は商人の真実な財産状態を示すのが主目的であるので，資産の帰属は経済的基準によっても決定されねばならない[3]。

参事官草案はIFRSとの関連で資産化について後者の面である経済的帰属

(wirtschaftliche Zurechnung)のみを明文化した（参事官草案商法第246条1項1文）。しかし，この参事官草案に対する批判が生じた。この経済的帰属に基づくと，従来よりも範囲がかなり拡大されてしまい，そこでの資産の定義は私有財産制度に対する民法上の性質を明らかに逸脱するからである[4]。また，資産（及び負債）について経済的観点による帰属を決定するそのような考え方は成文化されたGoBとは解されない[5]。

そこで，政府草案はこの点を変更し，「資産は，それが所有者に対して経済的にもまた帰属するときにだけ貸借対照表に計上されるにすぎない」（政府草案商法第246条1項2文）と修正した。これによりひとまず大きな誤解を避けることができた。ただ文言が不正確であるという批判もやはり依然として残った[6]。というのは，"経済的に帰属するときにもまた"という表現は法的所有との関係で不明確だからである。つまり，法的所有と経済的帰属とが資産化に対する累積的な条件なのか，それとも法的所有がなくとも経済的に帰属さえすれば資産化できるのかという解釈は少なくとも法文上成り立つ[7]。

この理由から，連邦議会の法委員会はその点を見直し，両者が累積的条件ではなく，むしろ法的所有と経済的帰属とが相違する例外的なケースにおいてだけ，経済的帰属が資産化の要件となるように最終的に文言を修正した。その結果，改正商法は次のように規定する。

　　　改正商法第246条1項2文　資産は所有者の貸借対照表に計上されねばならない。資産が所有者のものでなく別の者に経済的に帰属するときには，これは後者の貸借対照表に収容されねばならない。

この条文でいう例外的ケースとは，所有権留保及び譲渡担保の条件付の資産取得であり，さらに信託関係・年金取引・リース取引なども法的所有と経済的所有が相違する[8]。

(2) 固 定 資 産
A　のれんの資産化
旧規定では有償取得によるのれんの資産化に対して選択権があった（旧商法

第255条4項)。資産化したときは翌期に少なくともその4分の1の規則償却が要求された。

参事官草案は新たにのれんの償却期間を見積もり，その期間内にわたって規則償却を提案した。この参事官草案の提案を受けて，改正商法はのれんについて一定の期間内での資産計上を義務づける (改正商法第246条1項4文)。

B 自己創設による無形固定資産の計上選択権

旧規定は自己創設による無形固定資産（開発費）に対しては，債権者保護の見地からその計上を禁止していた (旧商法第248条2項)。この規定を参事官草案及び政府草案は削除し，その資産化，つまり事実上自社開発による無形固定資産の計上義務化を提案した (参事官草案理由書，98頁・政府草案商法第255条2a項)。これはIFRSとの関係で情報機能の強化に対する一環による (参事官草案理由書，98頁・政府草案理由書，109頁)。但し債権者保護の立場から，その資産化に対して分配規制する (参事官草案商法第268条8項・政府草案商法第268条8項)。

しかし，この案についてかなり厳しい批判があった。この点にモクスター (A. Moxter) は次のように述べる。「提案されている法の条文もその時々の理由書も誤解を招く。"無形固定資産"という分類のもとで"将来予測"をベースとした項目が計上されることになり，その項目はいずれにせよ決算時点で（まだ）資産ではない。商法第248条2項の廃止により"商法上の年次決算書の情報レベルが著しく高まるであろう"という命題は，何よりも誤解を招く。にもかかわらず，起草者自身は無形固定資産が"有形でないこと並びに一般に明確に製造原価に算入できないことや将来の耐用年数に関する不確実性が高いことに基づいて"客観価値を決定することがきわめて困難となりうることを強調する。それ故に，"商法―貸借対照表法の堅持"を確認するという命題もまた誤解を招く。伝統的なGoBはやはりまさしく客観性原則 (Objektivierungsprinzip) によって特徴づけられる[9]。」

このような批判を受けて連邦議会の法委員会は自己創設による無形固定資産の計上義務化に代えて計上選択権に変更することで妥協し，決着した (改正商法第248条2項1文)。その結果，自社開発による無形固定資産の資産化が可能となる (第255条2a項1文)。ここで開発費とは，財貨または技術の新開発あるいは重要な変更を通じた財貨または技術の再開発に対する研究結果またはそれ

以外の知識の適用と定義される（改正商法第255条2a項2文）。この資産化はその資産としての性質が明確となる時点ではじめて容認される（改正商法理由書, 85頁）。

一方, 新しい科学上もしくは技術的認識もしくは経験に対する固有の継続的な探求で, その技術的利用可能性や経済的成果が原則として見込めない研究費は資産化できない。研究及び開発が信頼できる形で相互に区別できないときには, 資産化が禁止される（第255条2a項4文）。同様に自己創設の商標, 印刷タイトル, 版権, 顧客リストこれに準ずるものは計上が禁止される（改正商法第248条2項2文）。なお, 明確に直接的に識別できない自己創設による無形固定資産の資産化は禁止される（改正商法理由書, 85頁）。自己創設による無形固定資産を資産化したときには, 分配規制の対象となる（改正商法第268条8項）。

ただ, 自己創設による無形固定資産の資産化を選択権に変更したのは, 企業サイドからは歓迎されねばならないが, しかし選択権を除去するというBilMoGの基本目標とはなじまないという批判もある[10]。また, 自己創設の無形固定資産を資産化しそれを製造原価に含めるときには, 商法上製造原価の定義についてさらに議論したり, さらにこの商法上の解釈に対してIASをどの程度受け入れうるかについても検討の必要があるという見解がある[11]。

なお, 創立費, 自己資本調達費及び保険契約締結費の資産化は禁止される（改正商法第248条1項）。

(3) その他の資産及び借方項目
A 前払関税等に関する計上選択権の廃止

旧商法は前払関税及び前払消費税や前払売上税といった計算限定項目（Rechnungsabgrenzungsposten）の借方計上を認めていた（旧商法第250条1項・2項）。しかし, 改正商法はIFRSとの関係でそれを廃止する。ただ, この点に関して, IFRSとの接近可能となるための条件がある。それは, 関税等の税金を当該資産の取得原価または製造原価に算入できるドイツ商法規定上の整備が不可欠となる[12]。

また, 旧商法第250条1項2文2号で規定する借方計算限定項目の計上選択権はそもそも税務上におけるその計上義務規定を考慮したものである。した

がって，その点からいえば商法上の計上選択権があっても必ずしも真実の写像表示に大きな支障は来さず，情報利用者に対するそれほど大きな欠陥とはいえないという批判もある。

　この点に関して売上税の処理が問題となる。前受金に対する売上税を貸方に負債として計上する場合，それと同額の借方計算限定項目を計上しないと，売上税が当期の費用化されてしまい税中立的な処理ができない。そこで，その借方計算限定項目を総額法で処理するためには，その資産化が不可欠であるという考え方がある。しかし，純額法による処理もある。それによるとその資産化は回避できるので，その見解は妥当ではないとされる[13]。

B　開業費及び営業拡大費の計上選択権の廃止

　旧商法は資本会社に対して開業費及び営業拡大費の借方計上選択権を認めていた（旧商法第269条）。それを計上したときには，貸借対照表擬制項目（Bilanzierngshilfe）とみなし分配規制した。改正商法はその借方計上選択権を廃止する。その理由は，その計上選択権が真実の写像の表示に対して企業に裁量の余地を与え，商法上の年次決算書における比較可能性を妨げるからである（政府草案理由書，142頁）。

C　借方超過繰延税金の計上選択権

　旧商法は税効果会計についていわゆる繰延法を適用し，その結果生じる借方繰延税金に対して計上選択権を付与し，また貸方繰延税金については引当金として計上義務があった（旧商法第274条）。借方繰延税金は貸借対照表擬制項目として表示し，それは分配規制の対象となった。

　参事官草案は，税効果会計についてIFRSとの関係から繰延法から資産負債法への変更を提案した。それに伴い，借方繰延税金及び貸方繰延税金（引当金として表示）の計上を義務化し（参事官草案商法第274条1項），繰延法に代えて資産負債法を適用する借方繰延税金については，旧商法と同様に分配規制をそれぞれ提案した（参事官草案商法第268条8項）。但し，借方繰延税金に関する繰越欠損金の考慮を新たに提案した。政府草案も基本的には参事官草案と同様であったが，繰越欠損金の取扱いに不明確さがあった。そこで，用心の原則面から次期以降5年間に予測される税務上の繰越欠損金であることを明記した（政府草案商法第274条1項）。

改正商法は政府草案を一部次のように変更する（改正商法第274条1項）。資産負債法で生じる借方繰延税金と貸方繰延税金を相殺せずにそれぞれ総額で示す方法のほかに，以下の純額で示す方法も認める。上記の繰越欠損金を考慮した借方繰延税金が貸方繰延税金を上回るときには，この借方超過差額について計上選択権を付与する。逆に貸方超過差額については計上義務とする。但し，例えば借方繰延税金と貸方繰延税金とが同額で借方超過繰延税金が存在しなくとも，貸方繰延税金に関して二重計算される関係で，上記のケースでも貸方繰延税金の金額だけは分配規制する必要がある[14]。

予測される5年間の繰越欠損金に限定したにせよ，その導入は明らかに予測要素に伴う会計政策の介入する余地がある。これはまさに借方繰延税金の計上選択権の放棄とは逆方向を示し，借方繰延税金の新規定は依然として会計政策の温床となりうるマイナス面もある[15]。

(4) 費用性引当金

旧商法では，翌期の3ヶ月を上回り，かつ1年以内に実施が予定される修繕引当金及び決算日以降可能性が高くその発生時点が不確実な費用性引当金 (Aufwandsrückstellung)（大規模の特別修繕引当金など）については，費用収益対応の原則の面から計上選択権があった（旧商法第249条1項3文・2項）。

改正商法はその費用性引当金の計上選択権を原則として廃止する。その理由は，その計上が財産状態及び収益状況の判断を歪めるからであり，その削除によりIFRSへの接近が図られる（政府草案理由書，110-111頁）。この種の費用性引当金の計上選択権はその判断に際して裁量の余地が多分にある。経済的観察法 (wirtschaftliche Betrachtungsweise) は，実現原則に関して実現収益に対応する費用について客観性原則から第三者に対する債務性，いわゆる外部義務主義 (Außenverpflichtung) を要求する。その結果，企業の内部的義務に関する計上選択権はいわばGoBの例外措置としてこれまで容認していたにすぎない[16]。したがって，その現行規定を削除したのは至当であり，IFRSとの関連でみても妥当とされる。

なお，3ヶ月以内に予定される修繕引当金及び1年以内に予定される排物除去引当金の性質は明らかに費用性引当金である。その意味で，本来ならばそれ

に準じてその計上も廃止すべきところであるが，改正商法は従来と同様にその計上をそのまま義務づける。これは，立法者が租税政策面[17]を考慮し，妥協的措置[18]を示す。

ただ，費用性引当金の原則廃止に伴う外部義務主義の重視には経済的観察法からも若干異論がないわけではない。この外部義務主義では客観性に対して余りに重きが置かれ過ぎているからである。費用性引当金が負債化されないため，その負担分が収益によって回収されない結果をもたらす。この点に関して基本的に大修繕引当金の計上も改正商法ではたしかに禁止される。しかし，ヘリコプターの定期点検において，その本体の重要な構成要素を他の要素から区別して交換できるときには，それに対する引当計上は費用性引当金であっても，やはり例外措置として必要であるという見解がある[19]。

2　財務諸表の評価

まず評価方法について旧規定は遵守規定であった（旧商法第252条1項6号）。改正商法はそれを義務規定に変更する（改正商法第252条1項6号）。つまり評価方法の継続性が明文化される。そのほかの各項目の評価に関する変更点は以下の通りである。

(1)　固定資産の評価

A　のれんの償却

旧規定はのれんについて全額償却，次年度以降に少なくとも4分の1以上の規則償却，臨時償却といったなかから選択権を認めていた（旧商法第255条4項2文・3文）。その点ではかなり会計政策による裁量の余地があった。

そこで，新たにのれんは一定の期間にわたって資産化が義務づけられる。従来と同様にその見積もりによる個別的な耐用年数に応じて償却される。ここでは償却期間は定められていない（改正商法第246条1項4文）。但し，のれんの償却期間が5年を上回るときには，附属説明書（Anhang）のなかでその理由を説明する必要がある（改正商法第285条13号）。その結果，この処理はIAS第36号で定める減損処理と明らかに異なり，その適用は予定されていない。

のれんに関して規則償却のほかに臨時償却も必要となる場合もある（改正商

法第253条3項3文)。この臨時償却により，より低い価値評価に関する価額取り戻しは禁止される（改正商法第255条5項2文）。その理由は，価額取り戻しを認めると，結果的に自己創設のれんの計上につながるからである（政府草案理由書，126頁）。

B 固定資産に関する臨時的評価減及び合理的な商人の判断による評価減の制限

固定資産の臨時的評価減に関して，旧規定では決算日により低い評価を実施できる選択権があった（旧商法第253条2項3文）。持続的な価値減少の場合にはそれによる評価が義務づけられる。

改正商法はそれに一定の枠を設け持続的価値減少が見込まれるときにのみ限定する（改正商法第253条3項3文）。その結果，旧規定による将来の価値変動に伴う評価減及び合理的な商人の判断による評価減が禁止される（旧商法第253条3項3文及び第253条4項の削除）。但し，財務的投資については一時的な価値減少に伴う臨時的評価減が例外的に容認される。この点に関して，財務的投資については通常価値減少は一時的でなく，むしろ継続的である。このため，実務上この新規定はそれほど意義がないという見解もある[20]。

旧規定ではすべての商人に対して価額取り戻しに対する選択権があった（旧商法第253条5項）。これに対して，改正商法は，年次決算書の比較可能性を高める目的から，原則として臨時的評価減後の価額取り戻しを要求する（改正商法第255条5項）。但しその例外はすでに触れた買入のれんである。自己創設のれんの資産化を防ぐ目的から，より低い価額の計上が義務づけられる。

(2) 流動資産の評価

A 合理的な商人の判断による評価減と価額取り戻し

旧規定では，合理的な商人の判断による評価減は固定資産だけでなく，流動資産にも適用できた（旧商法第253条3項3文）。この評価減を改正商法は廃止する。流動資産についても価額取り戻しが固定資産と同様に要請される（改正商法第255条5項）。

B 評価簡便法

払出単価の計算において旧規定ではGoBに合致していれば，Lifo及びFifo,

さらにそれ以外の固定在高法や平均法も選択適用できた（旧商法第256条）。改正商法は Fifo または Lifo のみに限定し，それ以外の方法，例えば最も高い価格が先に払い出されたと仮定する Hifo や最も低い価格が先に払い出されたと仮定する Lifo は採用できない（改正商法第256条）。

従来，税法は商法上の GoB に合致するときには，同種の棚卸資産について Lifo を認め（所得税法第6条1項2a号），この Fifo のほかに通説は GoB に合致すれば平均法も容認する。たしかに改正商法は Fifo 及び Lifo に限定するが，税務上 Lifo 及び平均法を認める関係で，実務上において平均法の採用は従来同様に可能である（政府草案理由書，136頁）。文献では改正商法第256条2文の規定に基づき，商法第240条3項により依然として平均法[21]，第240条3項により場合によっては固定在高法も実務では選択適用できるという見解もある[22]。

C 製 造 原 価

旧規定では製造原価のなかに直接材料費，直接製造費及び特別製造費が算入され，間接材料費，間接製造費及び固定資産の価値費消で製造で発生した部分も含めることができた（旧商法第255条2項2文・3文）。

改正商法はそれを変更する。製造原価には直接材料費・直接製造費及び直接特別製造費，さらに間接材料費・間接製造費及び製造に基づく固定資産の価値消費分が含まれる（改正商法第255条2項1文・2文）。

また，改正商法第255条2項3文は一般管理費のうち製造に関して発生した適当部分について製造原価への算入を容認する。この規定の解釈に関して見解が分かれている。一般管理費のうちで材料管理費もしくは製造管理費は管理活動とはいえ製造に関係して生じたコストである以上，製造原価に算入すべきとする考え方がある[23]。これに対して，それはあくまで製造原価に算入可能なコストであるという考え方もある[24]。前者に従うと，この段階までの金額の合計が製造原価の下限となる。後者に従うと，材料管理費もしくは製造管理費を除く部分までの金額が製造原価の下限となる。

製造原価の計算には製造期間に関係して生じた事業の社会的設備，任意の社会的給付，事業上の老齢扶養費，一般管理費及び第255条3項で規定する資産の製造に必要な他人資本利子も算入できる（改正商法第255条2項3文）。これら

の項目を上記の製造原価の下限に加算した金額が製造原価の上限となる。

　研究費及び販売費は原則として製造原価に算入できない（改正商法第255条2項4文）。但し製品に対する自社開発の無形固定資産は製造原価を構成する（商法第255条2a項）。このため，研究費から明確に区別される開発費については資産化できるが，しかし研究費は資産化できない。いま，改正商法における製造原価の算定式以下の通りである。

製造原価の算定

直接材料費
＋直接製造費
＋特別製造費
＋間接材料費
＋間接製造費
＋材料管理費及び製造管理費
<u>＋固定資産の価値減少</u>
＝　製造原価の評価の下限
＋一般管理費
＋任意社会給付費
＋事業の社会的設備費
＋事業上の老齢扶養費
<u>＋一定の条件付他人資本利子</u>
＝　製造原価の評価の上限

出典：K. Küting, Herstellungskosten, in：K. Küting・N. Pfitzer・C. P. Weber 編, Das neue deutsche Bilanzrecht, 第2版, Stuttgart, 2009年, 所収, 176頁。

(3)　金融商品の評価

A　金融商品の評価規定

　旧規定では金融商品固有の評価規定は特になかった。参事官草案はIFRSとの関係で売買目的の金融商品について付すべき時価（beizulegender Zeitwert）による評価の強制を提案した（参事官草案商法第253条1項3文）。これにより評価差額は損益に算入され，実現可能利益（realisierbarer Gewinn）の計上と，これとの関連でデリバティブに関し将来損失のケースを除く未決取引（schwebendes Geschäft）のオフバランスの廃止も見込まれていた。これは，明らかに伝統的な用心の原則及びGoBに反する考え方の導入案であった。政府草案も基本的

には参事官草案と同じスタンスであった。但し時価評価に伴う評価差益について新たに分配規制の対象に加えた (政府草案商法第268条8項)。

2008年9月以降の世界的な金融危機の発生により，改正商法は参事官草案及び政府草案を大幅に変更した。一般事業会社に対する金融商品の時価評価は見送りとなった。したがって，実現原則及び不均等原則をベースとした有価証券および債権に関する従来の評価規定がそのまま適用される。

金融商品の時価評価が義務づけられるのは金融機関及び金融サービス機関に限定される (改正商法第340e条1項)。この時価評価額から政府草案と同様にリスク分をマイナスする (改正商法第340e条3項)。政府草案は加えて商人の判断に基づいて金融機関特有のリスクに備えて一般銀行リスクファンド (Fonds für allgemeine Bankrisken) の設定を認め，改正商法もこれを引き継いだ (改正商法第340f条1項)。この積立金は当該資産の時価評価額の4％を上回ってはならず，そのより低い価値評価を継続するという内容であった。

改正商法はさらに一段とその積立額を強化する。一般銀行リスクファンドの計上に際して売買目的の金融商品による純収益の少なくとも10％を毎年，過去5年間の純収益の平均50％に達するまで積み立てる (改正商法第340e条4項)。この一般銀行リスクファンドは金融商品の純費用が発生したとき，あるいはそれが50％を上回るときにだけ取り崩すことができる (改正商法第340e条4項2文2号)。

B 評価単位の導入

旧規定は個別評価が原則であり (旧商法第252条1項3号)，改正商法も基本的にはこの立場を堅持する (改正商法第246条2項)。

しかし，評価単位 (Bewertungseinheit) の導入により (改正商法第254条1文)，個別評価原則はかなり制限される。この新規定によると，資産，負債，未決取引あるいは高い確実性で見込まれる取引が，金融商品と比較可能なリスクの発生による反対方向の価値変動もしくはキャッシュ・フローとの相殺に対して統一され評価単位を形成するときには，個別評価原則の例外が認められる。いわゆるヘッジ会計の適用がこれである。上記の範囲には商品先物取引の売買もその対象となる (改正商法第254条2文)。

このようなヘッジ取引の適用に際してはヘッジ関係の有効性の評価が必要と

なる。この有効性に関する確認方法については企業にゆだねられている。しかし，その方法はリスク管理の範囲における目標及び戦略に照らして適切でなければならない。その場合，これまで認められていたミクロ・ヘッジ以外にポートフォリオ・ヘッジ及びマクロ・ヘッジもそれぞれ有効性に関する一定の要件を満たせば，適用可能となる[25]。

評価単位に関する処理法として次の2種類がある。1つは凍結法（Einfierungsmethode）であり，もう1つはオンバランス法（Durchbuchungsmethode）である。前者は，ヘッジ関係が有効に機能しているときには，ヘッジ対象及びヘッジ手段に関する価値変動ないしキャッシュ・フロー変動が貸借対照表にも損益計算書にも反映されない方法である[26]。これに対して，後者は，IFRSの公正価値ヘッジと類似してヘッジ関係が有効のときも有効でないときも，ヘッジ対象及びヘッジ手段のすべての価値変動を成果作用的にオンバランス化させる方法である[27]。

簡単な例を用いて説明する。いま，ヘッジ対象として固定金利の社債を保有しており，それに対する利子率の変化から生じる価値変動をヘッジするために金利スワップを締結する。その結果を示したのが以下の〔表1-1〕である。

〔表1-1〕 評価単位に関するケース

		ヘッジ対象	スワップ
	評価単位設定の付すべき価値	100ユーロ	0
ケース1	決算日の付すべき価値	91ユーロ	7ユーロ
	利子変化からの価値変動	−8ユーロ	+7ユーロ
	為替リスクからの価値変動	−1ユーロ	
ケース2	決算日の付すべき価値	114ユーロ	−8ユーロ
	利子変化からの価値変動	+10ユーロ	−8ユーロ
	為替リスクからの価値変動	+ユーロ	

出典：K. Petersen・C. Zwirner, BilMoG, München, 2009年，430頁。

凍結法をとると，ヘッジ対象とヘッジ手段に関して評価単位の有効な部分については貸借対照表及び損益計算書には反映されない。

ケース1ではその部分はヘッジ対象に対する利子変動分のうちでマイナス7

ユーロとスワップのプラス7ユーロに相当する。これに対して，うまくヘッジできなかった部分マイナス1ユーロ（−8＋7）とヘッジされていない為替リスク変動マイナス1ユーロとの合計，すなわちマイナス2ユーロは未実現損失を示すので，不均等原則に従い成果作用的に処理される[28]。仕訳で示すと，以下のようになる。

　　　　　（借）評　価　損　　2　　　　　　（貸）投資有価証券　　2

　ポートフォリオ・ヘッジ及び包括（マクロ）ヘッジの場合には，この未実現損失は引当金として計上されねばならず，評価単位に含まれる各項目に負担させてはならない[29]。

　ケース2では，ヘッジ関係が有効な部分はスワップ上のマイナス8ユーロに対応する金額である。ヘッジが有効でないプラス2ユーロ（＋10−8）とヘッジ対象と成っていない為替リスク変動部分プラスは未実現利益を示すので，実現原則に従いオフバランスとなる。

　オンバランス法は，基本的にはIFRSの公正価値ヘッジに類似する。但し，改正商法はヘッジ関係が有効な範囲のみIFRSの公正価値ヘッジと同様にすべての価値変動を成果作用的に計上する。しかし，ヘッジ関係が有効でない範囲に関しては，一般的なドイツ商法規定に即して処理する。その結果，有効でない部分について，ケース1に関してヘッジ対象の評価損7ユーロとヘッジ手段による評価益7ユーロをそれぞれ計上する。ヘッジ関係が有効でなかったマイナス1ユーロとヘッジ対象となっていないマイナス1ユーロの為替リスク変動の合計2ユーロを，さらに評価損として計上する。この結果を仕訳で示すと，以下のようになる。

　　　　　（借）評　価　損　　7　　　　　　（貸）投資有価証券　　7
　　　　　　　その他の資産　　7　　　　　　　　評　価　益　　7
　　　　　　　評　価　損　　2　　　　　　　　投資有価証券　　2

　ケース2では，ヘッジ関係が有効な部分，つまり8ユーロについては成果作用的に処理する。したがって，仕訳は以下の通りとなる。

|　　　（借）評　価　損　　　8　　　　（貸）その他の債務　　　8
|　　　　　　投資有価証券　　　8　　　　　　　評　価　益　　　8

　それ以外の部分，つまりヘッジ関係が有効でない利子変化によるプラス2ユーロとヘッジされていない為替リスク変動を示すプラス4ユーロ（114-100）との価値変動は，実現原則により計上しない。
　この2つの処理法のうち参事官草案は凍結法を支持していたが（参事官草案理由書，210-211頁），草案の条文自体はいずれの方法も企業に選択適用できることにした。この点は政府草案（政府草案，211頁）も改正商法の法委員会も基本的にこれと同様な立場に立つ（法委員会理由書，86頁）。ただ，情報提供の面からはオンバランス法を支持する見解が主流である[30]。

(4) その他の資産の評価

　旧規定は資産と負債の相殺を禁止していた（旧商法第246条2項）。改正商法はその一部の例外規定を設ける。もっぱら退職給付債務もしくはこれに準ずる長期債務の弁済に役立ち，しかもそれ以外の債権者の介入ができない資産，つまり年金資産（Planvermögen）は付すべき時価で評価されねばならず，それに対応する負債との相殺が要求される（改正商法第246条2項2文）。この場合，年金資産の付すべき時価が負債の額を上回るときには，その超過額を特別項目として借方計上しなければならない（改正商法第246条3項）。この項目については分配規制される（改正商法第268条8項）。

(5) 負債の評価

A 負債の一般的評価

　旧規定における負債はその返済額（Rückzahlungsbetrag）で評価するのが原則であった（旧商法第253条1項2文）。改正商法は負債をその履行価額（Erfüllungsbetrag）で評価する（改正商法第253条1項2文）。この変更理由は，返済額だと負債の支払面だけしか関係せず，余りに範囲が狭いからである。履行額により単に支払面だけでなく物財の提供も考慮される。ここで履行価額とは，債務の決済時点で支出しなければならない額を意味する。したがって，この履行額による負債

評価では引当金に関して将来の価格及びコストの上昇が加味される。ただ，注意すべきは，この履行額による負債評価が特定の項目（退職給付債務及び長期の引当金）を除く資産除去債務等に関しても広く割引現在価値で評価することを意味しない点である[31]。

B 退職給付債務

旧規定は反対給付がもはや期待できない退職給付債務について現在割引価値による評価を定めていた（旧商法第253条1項2文）。改正商法はそれについて引当金と同様に過去7年間の平均的な市場利子率で割り引いた金額で評価する（改正商法第253条2項3文）。もちろん，個別評価原則から退職給付債務の割引利子率をその支払期限に即して決定することも可能である[32]。また割引利子率の選択権を用いて15年の期間に関係する平均市場利子率を用いうる（改正商法第253条2項3文・第253条2項2文）。

退職給付債務の額がもっぱら有価証券とリンクしており，この有価証券の付すべき時価（beizulegender Zeitwert）で評価された額が最低保証額を上回るときには，その退職給付債務に対する引当金はこの有価証券の付すべき時価で計上されねばならない（改正商法第253条1項3文）。

この点に関しては若干説明を要する。このケースの引当金評価に関する可能性は企業年金法（Betriebsrentengesetz ; BetrAVG）に属するものではなく，おそらく会社を支配する出資者でかつ業務執行者に対する契約を想定する。ここでは，内部的な財務業績を基礎としており，企業年金法のように従業員保護法としての性格をもたないからである[33]。したがって，そのような契約は商法上負債計上選択権のある間接的な義務が問題となる。そこで，この契約のなかに有価証券の評価に連動して最低保証額が定められているときには，当該引当金の金額決定に際して便宜的に有価証券の時価評価額をもって退職給付引当金の額を決定する。これにより退職給付の評価は必要でなくなる[34]。

C 引 当 金

引当金に関して旧商法は商人の合理的な判断で必要な額で評価することしか規定していなかった（旧商法第253条1項2文）。改正商法はその点を一部変更し，原則として商人の合理的な判断で必要な履行額による評価を明文化する（改正商法第253条1項2文）。このなかには，将来の価格及びコストの上昇が含ま

れる（参事官草案理由書，104頁，政府草案理由書，114頁）。

　1年を上回るすべての引当金は現在割引価値で評価されねばならない（改正商法第253条2項1文）。その理由は，IFRSへ接近させ，不確定債務の真実の負担額を現実に近づけて情報提供し，真実の写像を表示させるためである。その際の割引率はすでに触れた過去7年間の平均市場利子率を用いる。利息控除の処理法としては，まず履行額で引当金を計上し，次に現在割引価値でそれを評価し，その差額を財務収益とみなす総額法（Bruttomethode）と，当初から引当金を現在割引価値で評価し，各期末ごとに当期の利子費用の発生分を計上する純額法（Nettomethode）とがある[35]。

　この利息控除に関しては実現原則との関係で批判がある。特に利息要素が明確でない引当金について利息を控除すると，その実現以前に収益を計上するので，伝統的で厳格な実現原則に反するからである[36]。したがって，債権者保護の面からその処理は問題を含む。この理由から，それを実施するときには分配規制すべきであるという見解がある[37]。しかし，利息控除の処理は実現原則の軟化とみることもできないわけではない。いずれにせよ，それは厳格な実現原則から明確に区別する必要がある[38]。

　支払期限が1年以内の引当金については特に触れていない。この条文を狭く解すると，少なくとも利息を控除する義務はない。しかし，利息控除の選択権もしくは利息控除の禁止が解釈上ありうる。その1つの解釈では，改正商法の基本的スタンスから短期引当金の利息控除に関する選択権が原則として適用可能となる。具体的には，1年以内の引当金の利息控除もまた長期の引当金と同様に財務資金の投資収益を示す点で，会計情報の提供に役立つからである[39]。

　退職給付引当金については，すでに触れた負債の一般的規定を準用して商人の合理的な判断で必要な額で評価する規定しかなかった。改正商法はそれを修正し，次のように明文化する。すなわち，退職給付引当金やこれに準ずる長期債務に関しては，価格及びコスト上昇分を加味してその履行額で評価する（改正商法第253条1項）。割引率については個別的な支払期限を考慮して原則として平均的な利子率を用いる（改正商法第253条2項1文）。但し，簡便的に15年間の平均利子率を用いることも容認する（改正商法第253条2項2文）。

(6) 外 貨 換 算

　外貨換算の方法に関して旧規定は特に定めがなかった。このため，その基準をGoBから導くことが文献で議論されてきた。その結果，商法第252条及びドイツ会計基準（Deutscher Rechnungslegungsstandard ; DRS）第14号がその目安となる。ただ，この会計基準第14号は連結決算書の換算基準を対象としており，それが直ちに年次決算書に適用されるかどうかは見解の相違があった。

　このような事情からBilMoGは為替換算方法の明文化を試みた。参事官草案は，当初は決算日レート法の採用を提案した（参事官草案商法第256a条）。政府草案は1年を超えて支払期限が到来する資産及び負債項目の外貨換算については，実現原則及び不均等原則を考慮して，慎重な評価及び取得原価をベースとすることを要求し，改正商法もこれを踏襲する（改正商法第256a条）。これに伴い，長期の資産負債に関しては為替換算差益の計上は禁止され，1年以内の資産負債の為替差損益だけが当期の損益に算入される。ただ誤解を避けるため文言を一部修正し，外貨建資産負債は決算日の直物仲値相場（Devisenkassakurs）で換算し，支払期限が1年以内の項目については商法第253条1項1文及び第252条1項4号2文の適用はないとする。

　いずれにせよ，短期的な外貨建資産負債の換算から未実現利益の計上につながる。これは現行実務及びIFRSへの会計にはたしかに接近するが，しかしドイツ会計の伝統である用心の原則に反する結果をもたらす[40]。

3　財務諸表の表示

　表示規定に関する事項の改正点は次の通りである。

(1)　未請求未払込引受済資本金の表示

　これまで未請求の未払込引受済資本金に関する表示方法として次の2つの方法が認められていた。1つは，それを貸借対照表における借方側の未払込引受済資本金の内訳項目として表示し，引受済資本金の未払込額及び払込額の総額を貸方に示す方法である（旧商法第272条1項2文）。他の1つは，それを，引受済資本金の未払込額及び払込額の総額から控除してその差額を貸方側に示し，借方側には請求済未払込額を示す方法である（旧商法第272条1項3文）。

改正商法は後者のみに限定する。その結果,以下〔図1-1〕のように表示する[41]。

この改正商法による表示方法において"請求済資本金"という表現には誤解を招くという批判がある。というのは,この項目はすでに払込済資本金だけでなく,請求済だが未払込額も含まれるからである。したがって,正しくはそれを"払込済あるいは請求済資本金"という表現に訂正すべきであるという考え方がある[42]。

〔図1-1〕未請求未払込引受済資本金の表示方法

請求済未払込資本金 150	自己資本
	引受済資本金　1,000
	－)　未請求払込額　　100
	請求済資本金　　 900

(2) 自己持分の取扱

旧規定は自己持分を原則として資産とみなし,それを分配規制の対象とするためにそれと同額の自己持分準備金の計上を義務づけた（旧商法第274条4項1文）。但し,利益消却目的で取得された自己持分に限り,これを引受済資本金の前の欄で資本の払戻しとして控除した（旧商法第272条1項4文）。

参事官草案はこの旧規定を変更した。つまり,自己持分の取得は部分清算とみなして,額面金額もしくは計算価値から控除し,なお足りないときにはその他利益準備金を減額した（参事官草案商法第272条1a項）。自己持分を売却したときにはその取得時点で逆仕訳し,なお売却価額が取得原価を上回るときには成果作用的に処理することを提案した（参事官草案理由書,136頁）。しかし,この処理法は自己持分に関して資本のマイナス面と資産面とを混合したために,かなり厳しく批判された[43]。

そこで,政府草案は参事官草案をさらに修正した。それによると,自己持分を取得したときには,まず額面金額もしくは計算価値から控除し,なお足りないときにはその他利益準備金のほかに自由に処分可能な商法第272条2項4号の資本準備金の減額も容認した（政府草案商法第272条1a項2文）。自己持分の売却に際しては,その取得原価と額面金額もしくは計算価値との差額に対して

は，まず取得時に減額したその他の利益準備金または自由に処分可能な資本準備金を増額し，なお売却価額が取得原価を上回るときには商法第272条2項1号の拘束性のある資本準備金に計上する。このように，政府草案は自己持分の取得及び処分を資本のマイナスとして一元的に処理し，改正商法はこれを制度化する（改正商法第272条1a項・1b項）。

たとえば額面金額が50,000ユーロの株式を70,000ユーロで取得し，その株式を80,000ユーロで売却したと仮定すると，以下のように処理される。

取得時点：	（借方）資本金	50,000	（貸方）現　金	70,000
	その他の利益準備金 （又は商法第272条2 項4号の資本準備金）	20,000		
売却時点：	（借方）現　金	80,000	（貸方）資本金	50,000
			その他の利益準備金 （又は商法第272条2 項4号の資本準備金）	20,000
			資本準備金 （商法第272条2項1号）	10,000

4　附属説明書への記載事項

附属説明書（Anhang）に対する新たな記載事項は以下の通りである[44]。

第1は，貸借対照表に含まれない取引が財務状況の判断にとって不可欠であるときには，それを附属説明書のなかで説明する義務がある（改正商法第285条3号）。さらに，商法第251条で報告義務のないその他の財務義務の総額もまた，これが財務状況の判断にとって重要であるときには，報告されねばならない（改正商法第285条3a号）。

第2は，これまでは費用として把握された決算書監査人の報酬だけが問題であったが，その報酬規定は，将来的には当期に計算される報酬に関係する（改正商法第285条17号）。

第3は，改正商法第340e条3項1文に基づいて評価された金融商品の内容に対して包括的に報告する（改正商法第285条20号）。

第4は，一般市場の条件でない近親者との取引は報告義務がある（改正商法

第285条21号)。

第5は,自己創設による無形固定資産を資産化したときに当期の研究開発費の総額と資産化された金額を報告する(改正商法第285条22号)。

第6は,商法第254条により評価単位が設定されたときには,ヘッジされたリスク,評価単位の設定,それ以外の面について包括的に報告する(改正商法第285条23号)。

第7は,年金及びこれに準ずる義務に対する引当金については,用いられた保険数理上の評価手続並びに計算の基礎的な仮定(利子率,予想される給料の上昇及び基礎となる税率)について報告する(改正商法第285条24号)。

第8は,商法第246条2項2文による資産及び負債の相殺のケースについては,相殺される資産の取得原価及び付すべき価値,相殺される負債の履行額並びに相殺される費用及び収益を報告する(改正商法第285条25号)。

第9は,企業が10%以上の持分を保有する国内への投資資産に関して報告する(改正商法第285条26号)。

第10は,商法第251条及び第268条7項で示す債務及び責任関係については,要求されるリスクの見積りの根拠を示す(改正商法第285条27号)。

第11は,分配規制について個々の要素(自己創設の無形固定資産,繰延税金及び付すべき価値による資産評価)においてその総額を示す(改正商法第285条28号)。

第12は,繰延税金については,たとえ貸借対照表に表示されていなくとも,いかなる差異もしくは税務上の繰越欠損金に繰延税金が基づいているか,しかもいかなる税率でその評価が行われているかについて報告する(改正商法第285条29号)。

Ⅳ 連結決算書に関する変更点

1 連結の範囲及び連結の方法に関する事項

連結決算書に関しても改正商法は変更を加える。

まず,連結の範囲に関してである。旧規定は統一的指揮(einheitliche Leitung)

に関して子会社に対する投資を予定していた。改正商法はその点を修正する。すなわち，他企業への支配的影響力への行使を重視し，投資要求を解除する（改正商法第290条1項・2項）。この統一的指揮は明らかに経済的観察法を前提とする以上，投資自体の有無を問う必要はないという理由からである。これとの関連でリスクとチャンスの多くを担う特別目的会社（Zweckgesellschaft）も新たに連結の範囲に含まれる。

次は資本連結の範囲に関してである。これまで資本連結は原則としてパーチェス法（Erwerbemethode）で処理されてきた（旧商法第301条1項）。但し，一定の条件のもとで持分プーリング法（Interessenzusammenführungsmethode）も選択適用できた（旧商法第302条）。改正商法はパーチェス法に一本化し，実務上意義のない持分プーリング法を廃止する（旧商法第302条の削除）。その資本連結に際して純資産に対する時価ベースによる評価に移行する（改正商法第301条1項2文）。これに伴い，簿価ベースの資本連結は認められなくなった。また，資本連結における純資産の付すべき価値の測定に対して持分取得の時点もしくは連結決算書へのはじめての算入のいずれかを採用できる選択権が廃止される（旧商法第301条2項1文後半の削除）。

関連会社に対しては，旧規定は持分法のほかに資本持分法（Kapitalanteilmethode），つまり比例連結も認めていた（旧商法第312条1項2号）。改正商法は後者を廃止し，前者だけを適用する（改正商法第311条1文）。

2　会計処理に関する事項

連結決算書における会計処理面は以下のように変更となる。

第1は，旧規定において資本連結から生じる借方差額（のれん）と貸方差額（負ののれん）との相殺が認められていた（旧商法第301条3項3文）。改正商法はこの規定を削除する。

第2は，外貨換算に関して旧規定では特に定めていなかった。その結果，決算日レート法が一般に実務では適用されてきた。国際的に一般的な機能通貨という考え方に対して，立法者は拒否した[45]。その理由は，一方で実務上で在外子会社が財務上親会社から独立した事業を展開しているかどうかを判断することは困難であるし，他方で決算日レート法の換算はそれほど煩瑣ではないか

らである（政府草案理由書，185頁）。改正商法はいわゆる修正決算日レート法（modifizierte Stichtagkursmethode）の適用を明文化する（改正商法第308a条）。取得日レートで換算される自己資本を除き，資産負債項目は決算日レートで換算し，損益計算書項目は期中平均レートで換算する。その結果として生じる換算差額を成果中立的に連結自己資本の構成要素として表示する。

　第3は，年次決算書と同様にのれんを資産とみなし，一定期間内で規則償却または臨時償却する（改正商法第309条1項）。IFRSの減損会計は適用されない。旧規定で認められていたのれんと積立金との相殺は禁止される（旧商法第309条1項3文の削除）。

V　改正商法の検討

1　改正商法とGoB

　このような内容をもつドイツ改正商法の特質について検討する。

　第1に検討すべきは，このBilMoGがこれまでの商法の特質をなすGoBとどのような関連性をもつのかである。言い換えれば，伝統的な商法をかなりの程度継承し，それを踏襲しているのか，それともそれを根本的に変革し，従来とはかなり異なる内容に変質しているのかである。この問題に対しては商法会計が有する基本的な理念，すなわち会計情報機能と支払測定機能（Zahlungsbemessungsfunktion）との二元的な構造との関連を検討することが不可欠であろう。これまで通説は，この2つの機能があくまで対等関係にあると解する[46]。

　参事官草案は，このうち特に情報機能の大幅な拡大を大胆にも提案した。資産に関する経済的帰属の明確化，のれんの資産化，自己創設による無形固定資産の計上義務化，金融商品の時価評価と評価益に関する損益計上の義務化，繰延税金の計上義務化等がその主な典型である。これに対する厳しい批判が生じた。そのような提案は明らかにドイツの伝統的なGoBを逸脱するという内容であった[47]。

　そこで，政府草案はその行き過ぎを是正し，以下のように変更した。法的所有及び経済的所有のある場合の資産計上，金融商品の時価評価差益に対する分

配規制，参事官草案で提案された外貨換算の一元的な決算日レート法による換算から，長期の債権債務に関する取得日レート法への変更などが主な内容であった。

そして，改正商法は2008年の後半で発生した世界的な規模での金融危機を踏まえて軌道修正し，さらに次のように最終的に修正する。一方で有用な会計情報の提供を一義的とするIFRSへの接近を意図して，評価単位の拡大，自己創設による無形固定資産の計上選択権，のれんの資産化，借方超過の繰延税金の分配規制及び借方繰延税金の計上選択権を制度化し，一般事業会社に対する金融商品の時価評価を見送った。これはたしかに情報機能の強化の一面を示す。しかし，参事官草案及び政府草案に比べてかなり後退した観は否めない。他方，債権者保護の見地から特定の項目については分配規制を課し，それを制限している。その限りにおいて情報機能と支払機能との妥協が図られている[48]。

総じて，改正商法は伝統的なGoBの変更を目指してはおらず，その意味でそれを基本的に継承している[49]。しかし，伝統的なGoBそのものとも明らかに異なる点も含まれる。

1つめは改正商法のなかにこれまでのように原則方向中心から，個別規定ルール方向中心への萌芽がみられる点である[50]。別言すれば，IFRSと同様に各項目の処理方法に対する主観的な判断を伴う方向がこれである。ただ，この点に関して改正商法は依然として証拠，受託責任報告及び資本維持という伝統的な3つの目的を同じウェイトで堅持しており，IFRSをあえて商法規定の解釈ベースとする必要はないという見解[51]もある。

2つめは，伝統的なGoBの一部の領域に関する新たな解釈が導入されている点である。例えば，自社開発による無形固定資産に対する客観性要求の制約，退職給付債務に関する年金資産もしくは評価単位における相殺禁止の例外，金融機関に限定した金融商品の時価評価及び短期債権債務に関する外貨換算による実現原則の例外などがこれである[52]。その意味で，改正商法は伝統的なGoBをやや軟化した内容であると判断できよう。

なお，分配規制による対処は必ずしも伝統的なGoBに属さないという見解もある。というのは，GoBは利益測定を前提としており，けっして利益処分

を予定していないはずだからである[53]。

2 改正商法と IFRS

　第2に検討すべきは，BilMoG の目標の1つとして表明している点に関係する。すなわち，改正商法が果たして BilMoG がいうように IFRS と等価であるか否かの検討である。

　たしかに，既述のように参事官草案はかなりの程度 IFRS への接近を試みた提案であり，まさしく"等価"という言葉にふさわしい内容といってよい。資産の経済的所有の明確化，金融商品の時価評価及び評価差益の損益算入，自己創設の無形固定資産及びのれんの計上義務化，繰延税金の計上義務等がそれを示唆する。政府草案は IFRS との"等価"に関して多少トーンを後退させた。資産の法的所有の復活，金融商品に対する時価評価差益の分配規制，短期項目に対する決算日レート法の見直し等がそれである。それらの面はともかく，いずれにせよ政府草案段階までは"等価"という言葉をそれなりに拡大解釈すれば，IFRS と"等価"といえなくもないであろう。

　だが，改正商法に至ると，事情は全く異なる様相を呈する。資産の経済的所有に対する例外的な取扱，一般事業会社に対する金融商品の時価評価の見送り，自社開発による無形固定資産及び借方繰延税金の計上選択権等からみると，少なくとも改正商法が IFRS と文字通り"等価"とは言い難いであろう。

　このような理由から，たしかに参事官草案及び政府草案と同様に 2009 年改正商法の法委員会理由書は，BilMoG が依然として IFRS と"等価"であると文言上は表現する。しかし，その"等価"という用語は改正商法の具体的な内容に鑑みてかなり割り引いて解釈する必要があろう。

3 改正商法と税法

　第3に検討すべきは，改正商法が税法に将来的にどのような影響を及ぼし，両者はいかなる関係となるのかという問題である。

　周知のように，両者はこれまで簡便法及び経済性の理由から基準性原則及び逆基準性を通じて緊密な関係にあった。商事貸借対照表と税務貸借対照表との間には商法上の GoB を経由して統一貸借対照表（Einheitsbilanz）という古くか

らの慣行が続いてきた。改正商法は従来から批判の強かった逆基準性を廃止した。その点について異論は全くない。商法上の年次決算書は本来の情報機能を一段と高めることができるからである。これに対して，税法にはこの商法上の情報機能はなく，単に税務上の利益測定という意味での支払機能のみが一義的に重要となる。

改正商法は実質的な基準性原則はこれまで通り堅持する。この限りでは両者はまだ一定の関係を保っている。ただ，その関係が旧商法の場合とはそれほど緊密でなくなったこともまた事実である。その1つは，税務上固有の選択権の行使が一定の条件付で所得税法上新たに容認され明文化された点である。これは明らかに商事貸借対照表と税務貸借対照表との乖離を示す。また，特定項目，例えばのれんの資産化，費用性引当金の原則的な計上禁止，製造原価の範囲などについては両者の関係が強化された面も一部ある。もう1つは，借方計算限定項目，評価単位，自社開発による無形固定資産，繰延税金，負債評価，為替換算方法，自己持分などの処理に関しては，これまで以上に両者間の差異が一層拡がった点である。

この点から，両者はそもそも統一貸借対照表の性格を失っており，それ故に両者の完全な分離の方向に果たして進むのかを注意深く見守るという見解[54]，それとも両者の完全な分離が本来的に望ましいという見解も展開されている[55]。しかし，その傾向はあるにせよ，両者を完全に分離せず，少なくとも実質的基準性を通じて税務上は実現原則，個別評価及び用心の原則を今後も堅持すべきとする考え方もある[56]。

VI 結

以上の論旨を整理すると，次の通りである。

第1に，BilMoG に関する参事官草案及び政府草案を経て成立したドイツ改正商法の基本的スタンスは，IFRS と対等でかつ利益分配の伝統を堅持しつつ，コスト面で有利で簡素化された商法の現代化を目指す点にある。具体的には IFRS との関係でいえば，資本市場を中心とする資本会社には年次決算書のなかにキャッシュ・フロー計算書及び持分変動計算書を新たに制度化し，また状

況報告書のなかで内部統制システムおよび内部リスク管理システムの重要なメルクマールにおいて会計面からの記述も要求する。利益分配との関係では逆基準性を廃止し，実質的基準性原則を継承する。商法規定の簡素化部分についていえば，零細な個人企業に対する帳簿作成義務を免除し，企業規模の約20%程度緩和する。

　第2に，年次決算書の計上項目に関する改正点は以下の通りである。資産について基本的に民法上の所有権をベースとし，それを補うのが経済的所有である。のれんの資産化が義務づけられる。自社開発による無形固定資産の計上選択権が認められる。これまでの開業費及び営業拡大費に対する計上選択権が廃止される。借方繰延税金及び借方超過繰延税金の計上選択権が付与される。従来計上選択権のあった前払間接税等の借方計算限定項目の計上を禁止する。同様に費用性引当金の計上も原則的に禁止する。

　第3に，評価に関する主な改正点は次の通りである。のれんは一定期間内にわたって償却し，IFRSの減損会計は適用しない。これまで認められてきた固定資産及び流動資産に関する臨時的な評価減及び商人の合理的な判断による評価減はできない。棚卸資産の評価簡便法はFifoまたはLifoに限られ，従来通り平均法も採用できる。金融商品に関して草案では時価評価が提案されたが，最終的には一般事業会社に対してはこれまでと同様に実現原則及び不均等原則で処理し，金融機関に限って金融商品の時価を適用する。その場合にはリスク・プレミアムと一般銀行リスク・ファンドの計上が義務づけられる。個別評価の例外として評価単位を導入し，ヘッジ会計を適用する。ヘッジ関係が有効であれば，個別ヘッジ，ポートフォリオ・ヘッジ及び包括ヘッジも可能である。但し，ヘッジ関係から除外された部分については不均等原則で処理する。負債は履行額で評価し，退職給付債務は一定期間の市場利子率を用いて割引評価する。引当金について商人の合理的な判断で必要な履行額で評価し，その際に将来の価格及びコストの上昇も考慮する。為替換算について決算日レート法を原則とする。但し，長期項目には実現原則及び不均等原則を適用し，為替差損を計上するが，為替差益は計上しない。

　第4に，表示に関する改正点は以下の通りである。未請求未払込引受済資本金は引受済資本金から直接的に控除する純額法のみを適用する。自己持分につ

いてこれまでの原則的な資産扱いから，資本のマイナスとしての取扱いに変更する。自己持分処分差益は拘束性ある資本準備金に計上する。附属説明書のなかに会計事項として重要な要素を新たに追加報告する。

　第5に，連結決算書の改正点は以下の通りである。連結の範囲について経済的観察法による統一的指揮を重視し，投資がなくとも特別目的会社を連結の範囲に含める。資本連結手続について時価ベースのパーチェス法に一本化し，持分プーリング法を廃止する。関連会社にはこれまでの比例連結を廃止し，持分法のみを適用する。

　第6に，ドイツ改正商法は最終的に伝統的な GoB を基本的に継承したものと捉えることができ，従来の厳格な GoB に比べると，やや軟化ないしは弾力化された GoB としての性格を帯びるといってよい。評価単位の導入や為替換算における1年以内の短期項目に関する決算日レート法の適用は明らかに伝統的な実現原則に反するからである。逆基準性の廃止及び基準性原則の継続により商事貸借対照表と税務貸借対照表とは依然として関係をもつが，これまでのような密接不可分な関連性はなく，一定の条件付で税務上の選択権も新たに行使できる。一部に税務貸借対照表の商事貸借対照表からの分離が将来的には望ましいという見解もあるが，課税の強化を回避するためにはやはり現段階では実質的基準性の堅持は不可欠である。

注

（1）　Adler・Düring・Schmaltz, Rechnungslegung und Prüfung der Unternehmen, 第6巻，第6版，Stuttgart, 1998年，261頁。E. Kühne・W. Melcher, Zur Umsetzung der HGB-Modernisierung von Vermögensgegenständen und Schulden sowie Erträgen und Aufwendungen, in : Der Betrieb, 第62巻第23号，Beilage 5, 2009年6月，16頁。

（2）　J. Baetge・H. J. Kirsch・S. Thiele, Bilanzen, 第10版，Düsseldorf, 2009年，155頁。H. Kahle・S. Günter, Vermögensgegenstand und Wirtschaftsgut―Veränderung der Aktivierungskriterien durch das BilMoG?, in : U. Schmiel・V. Breithecker 編，Steuerliche Gewinnermittlung nach dem Bilanzrechtsmodernisierungsgesetz, Berlin, 2008年，所収，72頁。

（3）　Adler・Düring・Schmaltz, 前掲書注（1），262頁。

（4）　P. Oser・N. Roß・Drögemüller, Ausgewälte Neuregelungen des Bilanzrechtmodernisierungsgesetzes（BilMoG）―Teil 1, in : Die Wirtschaftsprüfung, 第61巻第2号，2008年1月，50頁。E. Kühne・W. Melcher, 前掲論文注（1），16頁。

（ 5 ） E. Kühne・G. Keller, Zum Referententwurf des Bilanzrechtsmodernisierungsgesetzes（BilMoG）: Wirtschaftliche Zurechnung von Vermögensgegenständen und Schulden sowie Erträgen und Aufwendungen, in : Der Betrieb, 第61巻第7号，Beilage 1, 2008年2月，13頁。

（ 6 ） K. Küting・T. Tesche, Wirtschaftliche Zurechnung, in : K. Küting・N. Pfitzer・C. P. Weber 編，Das neue deutsche Bilanzrecht, 第1版，Stuttgart, 2008年，所収，160頁。

（ 7 ） E. Kühne・W. Melcher, 前掲論文注（1），17頁。

（ 8 ） K. Küting・T. Tesche, 前掲論文注（6），第2版，Stuttgart, 2009年，所収，186-187頁。

（ 9 ） A. Moxter, Aktivierungspflicht für selbsterstellte immaterielle Anlagewerte ?, in : Der Betrieb, 第61巻第28/29号，2008年7月，1517頁。

（10） P. Oser・N. Roß・D. Wader・S. Drögemüller, Änderungen des Bilanzrechts durch Bilanzrechtsmodernisierungsgesetz（BilMoG）, in : Die Wirtschaftsprüfung, 第62巻第11号，2009年6月，577頁。

（11） W. Laubach・S. Kraus・M. C. Bornhofen, Zur Durchführung der HGB-Modernisierung durch das BilMoG : Die Bilanzierung selbst geschaffener immaterieller Vermögensgegenstände, in : Der Betrieb, 第62巻第23号，Beilage 5, 2009年6月，22頁。

（12） F. J. Marx, Zur Überflüssigkeit einer nach §5 Abs. 5 Satz 2 EStG erweiterten Rechnungsabgrenzung, U. Schmiel・V. Breithecker 編，前掲注（2），205頁。

（13） F. J. Marx, 前掲論文注（12），206頁。K. Petersen・C. Zwirner 編，Bilanzrechtsmodernisierungsgesetz―BilMoG―, München, 2009年，399頁。

（14） H. Kessler・M. Leinen・M. Strickmann, Handbuch BilMoG, Freiburg・Berlin・München, 2009年，367・410頁。K. Küting・T. Tesche, 前掲論文注（6），第2版，Stuttgart, 2009年，所収，522頁。

（15） K. Küting・C. Seel, Latente Steuern, in : K. Küting・N. Pfitzer・C. P. Weber 編，前掲書注（14），所収，510頁。

（16） A. Drinhausen・J. Ramsauer, Zur Umsetzung der HGB-Modernisierung durch das BilMoG : Ansatz und Bewertung von Rückstellung, in : Der Betrieb, 第62巻第23号，Beilage 5, 2009年6月，48頁。

（17） K. Küting・J. Cassel・C. Metz, Ansatz und Bewertung von Rückstellungen, in : K. Küting・N. Pfitzer・C. P. Weber 編，前掲書注（14），所収，325頁。

（18） W. Scheffler, Rückstellungen in der Steuerbilanz nach dem BilMoG, in : U. Schmiel・V. Breithecker 編，前掲注（2），所収，233頁。

(19) A. Drinhausen・J. Ramsauer, 前掲論文注（19），49 頁。

(20) H. Zündorf, Bewertungswahlrechte, in : K. Küting・N. Pfitzer・C. P. Weber 編，前掲書注（14），所収，107 頁。

(21) A. Pfirmann・R. Schär, Steuerliche Implikationen, K. Küting・N. Pfitzer・C. P. Weber 編，前掲書注（14），所収，138 頁。

(22) K. Petersen・C. Zwirner, BilMoG, München, 2009 年，449 頁。

(23) K.. Küting, Herstellungskosten, in : K. Küting・N. Pfitzer・C. P. Weber 編，前掲書注（14），所収，149 頁。

(24) K. Petersen・C. Zwirner, 前掲書注（22），438 頁。

(25) P. Scharpf, Finanzinstrumente, in : K. Küting・N. Pfitzer・C. P. Weber 編，前掲書注（14），所収，215-216 頁。

(26) K. Petersen・C. Zwirner, 前掲書注（22），429 頁。

(27) K. Petersen・C. Zwirner, 前掲書注（22），430 頁。

(28) K. Petersen・C. Zwirner, 前掲書注（22），431 頁。

(29) P. Scharpf, 前掲論文注（25），220-221 頁。

(30) G. Wiechens・I. Helke, Die Bilanzierung von Finanzinstrumenten nach dem Regierungsentwurf des BilMoG, in : Der Betrieb, 第 61 巻 25 号，2008 年 6 月，1337 頁。M. Schmidt, Bewertungseinheiten nach dem BilMoG, in : Betriebs-Berater, 第 64 巻第 19 号，2009 年 4 月，886 頁。K. Petersen・C. Zwirner, 前掲書注（22），431-432 頁。

(31) H. F. Gelhausen・G. Fey・G. Kämpter 編，Rechnungslegung und Prüfung nach dem Bilanzrechtsmodernisierungsgesetz, Düsseldorf, 2009 年，181 頁。

(32) K. Petersen・C. Zwirner, 前掲書注（22），413 頁。

(33)(34) K. Küting・J. Cassel・C. Metz, 前掲論文注（17），325 頁。

(35) R. Wegl・H. G. Weber・M. Casta, Bilanzierung von Rückstellungen nach dem BilMoG, in : Betriebs-Berater, 第 64 巻第 20 号，2009 年 5 月，1064-1065 頁。

(36) K. Küting・J. Cassel・C. Metz, 前掲論文注（17），330 頁。

(37) Arbeitskreis Bilanzrecht der Hochschullehrer Rechtswissenschaft, Stellungsnahme zu dem Entwurf eines BilMoG : Einzelfragen zum materiellen Bilanzrecht, in : Betriebs-Berater, 第 63 巻第 5 号，2008 年 1 月，209 頁。

(38) K. Küting・J. Cassel・C. Metz, 前掲論文注（17），330 頁。H. Kessler・M. Leinen・M. Strickmann, 前掲書注（14），422 頁。

(39) K. Küting・J. Cassel・C. Metz, 前掲論文注（17），330-331 頁。P. Scharpf, 前掲論文注（25），331 頁。

(40) K.. Küting・M. Mojadadr, Währungsumrechnung, in : K. Küting・N. Pfitzer・C. P. Weber 編，前掲書注（14），所収，478 頁。

(41)　S. Hayn・S. Prasse・M. Reuter・S. Weigert, Eigenkapital, in : K. Küting・N. Pfitzer・C. P. Weber 編，前掲書注（14），所収，314頁。
(42)　S. Hayn・S. Prasse・M. Reuter・S. Weigert, 前掲論文注（41），304頁。
(43)　P. Oser・N. Roß・D. Wader・S. Drögemüller, Ausgewählte Neuregelungen des Bilanzrechtsmodernisierungsgesetzes (BilMoG) Teil 1, in : Die Wirtschaftsprüfung, 第61巻第2号, 2008年1月, 59頁。Arbeitskreis Bilanzrecht der Hochschullehrer Rechtswissenschaft, 前掲論文注（37），215頁。
(44)　W. Melcher, Zur Umsetzung der HGB-Modernisierung durch das BilMoG : Einführung und Überblick, in : Der Betrieb, 第62巻第23号, Beilage 5, 2009年6月, 7頁。
(45)　K. Petersen・C. Zwirner, 前掲書注（22），548頁。
(46)　P. Lorson, Bedeutungsverschiebung der Bilanzierungszwecke, in : K. Küting・N. Pfitzer・C. P. Weber 編，前掲書注（14），所収，7頁。B. Stibi・M. Fuchs, Zur Umsetzung der HGB-Modernisierung durch das BilMoG : Konzeption des HGB-Auslegung und Interpretation der Grundsätze ordnungsmäßiger Buchführung unter dem Einfluss der IFRS ?, in : Der Betrieb, 第62巻第23号, Beilage 5, 2009年6月, 10頁。この点について商法会計の目的を証拠（Dokumentation），受託責任報告（Rechenschaft），資本維持（Kapitalerhaltung）と解する見解もある（J. Baetge・H. J. Kirsch・H. Solmecke, Auswirkungen des BilMoG auf die Zwecke des handelsrechtlichen Jahresabschlusses, Forschungsteam Prof. Dr. Dr. Jörg Baetge, Working Paper 1/2009, 2009年5月, 3-4頁）。この証拠及び受託責任報告を情報機能，資本維持を支払機能とそれぞれ解することもできる。
(47)　R. U. Fülbier・J. Gassen, Das Bilanzrechtsmodernisierungsgesetz (BilMoG) : Handelsrechtliche GoB vor der Neuinterpretation, in : Der Betrieb, 第60巻第48号, 2007年11月, 2612頁。P. Velte, Auswirkungen des BilMoG-RefE auf die Informations- und Zahlungsbemessungsfunktion des handelsrechtlichen Jahresabschlusses, in : Kapitalmarktorientierte Rechnungslegung, 第2号, 2008年, 73頁。B. Stibi・M. Fuchs, Zum Referentenentwurf des Bilanzrechtsmodernisierungsgesetz (BilMoG) : Erste Würdigung ausgewählter konzeptioneller Fragen, in : Der Betrieb, 第61巻第7号, Beilage 1, 2008年2月, 9頁。
(48)　B. Stibi・M. Fuchs, 前掲論文注（46），10頁。
(49) (50)　B. Stibi・M. Fuchs, 前掲論文注（46），15頁。S. Rammert・A. Thies, Mit dem Bilanzrechtsmodernisierungsgesetz zurück in die Zukunft—was wird aus Kapitalerhaltung und Besteuerung ?, in : Die Wirtschaftsprüfung, 第63巻第1号, 2009年1月, 37頁。
(51)　J. Baetge・H. J. Kirsch・H. Solmecke, 前掲論文注（46），33頁。
(52)　P. Lorson, 前掲論文注（46），33-34頁。

(53) S. Rammert・A. Thies, 前掲論文注 (49), 36・46頁。
(54) O. Dörfer・G. Adrian, Zur Umsetzung der HGB-Modernisierung durch das BilMoG : Steuerbilanzrechtliche Auswirkungen, in : Der Betrieb, 第62巻第23号, Beilage 5, 2009年6月, 64頁。
(55) A. Pfirmann・R. Schäfer, 前掲論文注 (21), 129頁。
(56) Deloitte & Touche GmbH 編, Die Bilanzrechtsreform 2009/10, Bonn, 2009年, 225頁。

第2章

ドイツ基準性原則の方向

I 序

　周知の通り，ドイツ会計制度の伝統の1つは基準性原則である。これは商事貸借対照表（Handelsbilanz）と税務貸借対照表（Steuerbilanz）との関係を切り離さず，むしろ両者の間に密接な関連性を見出す点にその特徴がある。この基準性原則の歴史は古く，一般に1874年のブレーメン及びザクセンの所得税法がそのルーツであるといわれる[1]。1891年プロシア所得税法第14条は，従来の源泉理論（Quelletheorie）に代えてザクセンの所得税法規定を基に基準性原則を法文化した[2]。その後，1920年にはドイツ全体の所得税法第33条2項[3]においても，この基準性原則が明記された。1925年所得税法第13条は，はじめて現行法と同様に税法上の利益測定に対するGoBへの基準性を明文化した[4]。そして，1934年所得税法第5条1項[5]は現行法ときわめて類似する規定を設け，現在に至る。この基準性原則は単にドイツだけではなく，その他のEU諸国，たとえばフランス，オーストリア及びスペインなどの国々でも採用されている。この基準性原則についてこれまでさまざまな議論が展開されている。

　本章では，まずドイツにおける伝統的な所得税法における基準性原則を取り上げ，次にBiLMoGにより改正された所得税法における基準性原則も取り上げて，両者の比較考察を通じて基準性原則の新たな方向性を考察する。

II 旧所得税法における基準性原則

　まず最初に旧所得税法における基準性原則の内容についてみていく。

1 基準性原則の法規定

旧所得税法は第5条のなかで基準性原則に言及する。

> 旧所得税法第5条1項　法規定に基づいて帳簿を記入し，しかも規則的に決算を行う義務があり，あるいはかかる帳簿記入の義務や規則的な決算を行う義務のない事業を営む者においては，会計期間末に商法上のGoBに基づいて表示されねばならない（第4条1項）事業財産（Betriebsvermögen）が計上されねばならない。

この旧所得税法第5条1項1文は，税務上の課税所得計算にあたって基礎となる事業財産を商法上のGoBに基づいて測定すべきことを示したものである。ここで特に問題となるのはその内容である。つまり，法文上で示されている商法上のGoBを指すのか，それともそれが具体的な商事貸借対照表自体を指すのかという解釈上の対立がある。

前者の立場に立てば，抽象的なGoBが重要となる。これを実質的基準性（materielle Maßgeblichkeitsprinzip）という。これに対して，後者の立場に立てば，商事貸借対照表に具体的に計上される項目及びその金額が税務貸借対照表の作成にとって基準となる。これを形式的基準性（formelle Maßgeblichkeitsprinzip）という。

2 実質的基準性

(1) 実質的基準性の内容

実質的基準性の法的根拠は，この所得税法第5条1項1文における"GoB"という文言に基づく。言い換えれば，前掲の所得税法上の条文は明らかに抽象的な"GoB"と規定し，けっして商事貸借対照表という表現を用いて規定していない点にある。その結果，この実質的基準性の立場に立つと，税務貸借対照表の作成に関しては，基準性原則に明確な法規定上の制限が設けられない限り，単に成文化されたGoBだけでなく，さらに成文化されていない不文律の商法上のGoBも中心的な役割を果たす。

前者の成文化されたGoBとして最も重要なのが一般商人の商法規定である。ただし，資本会社の特別規定である商法第264条はこのGoBに含まれない。すべての商人に適用されるものだけがGoBとなりうるからである[6]。後者の不文律としてのGoBで重視されるのはもちろん商法上のGoBであり，税務上のGoBではない。かかる意味における商法上のGoBの実質的な内容を決定するのは連邦財政裁判所（Bundesfinanzhof；BFH）による税務判決である。

(2) 実質的基準性の根拠とその批判

ゼフィンク（G. Söffing）はこの実質的基準性の根拠として以下の7点を指摘する。

第1の根拠は，統一貸借対照表（Einheitsbilanz）の作成が基本的に可能となる点である[7]。つまり，商法規定に基づく貸借対照表と税法規定に基づく税務貸借対照表との両者を別々に作成する必要はなく，一つの貸借対照表を作成すれば済むというのがこの統一貸借対照表の意味である。ただ注意すべきは，両者において計上される項目の範囲及びその評価について全く同一であるわけではない。

この統一貸借対照表に関してはいくつか批判がある。1つは，商事貸借対照表を作成する企業家は税法上と相違するときにはその説明として所得税施行令（Einkommensteuer-Durchführungsverordnung；EStDV）第60条は税務貸借対照表を作成しなければならないと規定する点である。この批判に対して，この所得税法施行令第60条2項で定める税務貸借対照表の作成はけっして強制ではなく，単にその作成の可能性を示すにすぎないと反批判される[8]。もう1つは，統一貸借対照表の故に商法及び税法とも基準性の導入に伴い，法規定の解釈及び理由等についての複雑化をもたらす点である。これについては，かりに基準性原則が存在しないとすれば，これまでよりさらに多くの規定や注釈が必要となると反批判される[9]。

第2の根拠は，商事貸借対照表が利益測定に対して相対的に最も確実な基盤をなす点である。財産目録，貸借対照表及び損益計算書の正規の作成に際してすべての各取引が記帳され，それ故に最も信頼できる形でコントロールが可能となり，税務上の税額算定に最も確実となるからである[10]。

第3の根拠は，税務当局からの保護機能である。商法上の会計規定は広範囲に主観性がなく，もっぱら債権者保護の見地及び企業家の正当な利益確保に役立つ。このため，基準性原則は税務上の利益測定の客観化を保証する。税法上の利益測定を完全に商法上の利益測定から切り離すとすれば，税法の持続的な改正により独自の税務上の利益測定原則への方向が強まる危険性が多分にある[11]。

　第4の根拠は，商事貸借対照表と税務貸借対照表における基本的な目的の一致である。一方で商事貸借対照表の目的は，企業の存続に支障を来さない配当可能利益の算定にある。他方で税務貸借対照表の目的は，企業の経済的担税力の指標として適正な期間利益の測定である。一見すると，両者の間に目的の相違があるようにみえる。しかし，1965年株式法以降においては資産項目の過小評価と負債項目の過大評価による秘密積立金の恣意的な設定の制限の結果，株式法規定と税法規定が広範囲に接近した。

　1985年商法はこの株式法規定を一般商人にまで範囲を拡大した。その結果，たとえ両者の目的の相違が多少あっても基準性原則をけっして排除する理由はない[12]。また，企業の匿名による部分所有者である税務当局は原則として企業利益に対する自己持分に対する課税としては商法上のGoBに従い稼得利益以上のものを要求できない。この点から商事貸借対照表における配当可能利益と税務貸借対照表における正当な利益との間には何ら違いはない[13]。

　第5の根拠は法制度の統一である[14]。つまり，商法と税法を基準性原則により結合させて法制度の統一性を確保すれば，法のシステムの単純化と法適用の軽減化が得られる。

　第6の根拠は，商事貸借対照表の意義の危険性である[15]。実質的基準性を廃止するときには，商事貸借対照表の意義が著しく低下する。その理由は，一方で商事貸借対照表の作成が多くの場合に強制されなくなる恐れがあるけれども，税務貸借対照表をすべての商人は作成するはずであり，他方で基準性原則の継承によって商事貸借対照表法は連法財政裁判所の判例によって持続的に発展するからである。

　第7の根拠は簡素化（Vereinfachung）である[16]。商法の会計規定が税法のそれと大部分一致するのであれば，税法独自の会計規定をあえて設ける必要はな

いというのがその趣旨である。

このような実質的基準性に対して，すでに触れた統一貸借対照表に関する根拠に対して次のような批判点もある。

その1は税務貸借対照表の支配と商事貸借対照表の変質である。商事貸借対照表は自由な業種上の特殊性を考慮することなく，厳格な税法規定に拘束され商事貸借対照表本来の機能が損なわれるという批判である。しかし，1965年株式法で実施された商法規定と税法規定との調整は，税務貸借対照表が商事貸借対照表を支配するために図られたのではなく，債権者保護と株主保護との利害調整がメインである。その限りで，商法上の会計規定が税法規定によって変質しているとは必ずしもいえない[17]。

その2は，実質的基準性が税法上の利益測定に対して不確定な法概念としてのGoBを基準とし，課税の事実面から問題を含むという批判である。これに対して，不確定な概念を用いるのは，単に税法だけでなく，信義誠実（Treu und Glauben）原則を定める民法第242条も同様である。たしかにGoBは不確定な法律概念ではあるが，しかしそれは会計目的から演繹的もしくは帰納的に測定され解釈されうると反批判される[18]。

その3は，課税の公平性面からのリスクである。つまり実質的基準性は事業所得に対する特典を付与するという批判である。しかし，非事業所得においては，事業所得と違って著しくリスク負担がなく，また事業財産の比較による利益測定に際して実現された財産価値の増加分も課税される点で，特に課税の公平性に問題はない[19]。

その4は，担税力に関する課税面からの批判である。担税力課税の面からは利益の全額を把握しなければならないが，実質的基準性は商事貸借対照表における裁量の余地を与えるため，課税上問題があるという内容である。これに対して，担税力課税原則は公理ではなく，あくまで財政学上の要請にすぎず，担税力原則は事実に即して具体化されねばならない。したがって，担税力の課税が法的に定められた基準性原則に対する優位性はない[20]。

以上から，ゼフィンクは「実質的基準性の廃止と，それに結び付く完全に独自の税法上の貸借対照表の導入は多くの点で疑問が生じるであろう[21]」と結論づける。新たな独自の税務貸借対照表法は法の不安定性（Rechtsunsicherheit）

をもたらし、税法の複雑化を回避できないからである。

3 形式的基準性

(1) 形式的基準性の内容

この形式的基準性は実質的基準性の一形態でもある。それは単に税法を商法上の規定が拘束するだけでなく、さらに両者の貸借対照表においてペンディングとなっている決定上の裁量の余地について同一の処理を要求する点に形式的基準性の大きな特徴がある。つまり、実質的基準性のように、所得税法第5条1項1文の解釈にあたって法文上の文言にみられる抽象的な商法上のGoBに代えて、具体的な商事貸借対照表に税務貸借対照表を直接的に依拠させようというわけである。この考え方においては、前者が後者を誘導することを意味し、ここでは独立した税務貸借対照表概念は成立しない。

形式的基準性を端的に示すのが所得税施行令第60条1項の規定である。これは、旧所得税法第5条に基づく事業財産の比較による利益測定に関する所得税の説明においては、簿記の数値に基づく貸借対照表を添付しなければならないと規定する。ここでいう貸借対照表とは事実上商事貸借対照表を指し、明らかに形式的基準性を暗黙の前提とする。場合によっては税法規定による税務貸借対照表も添付しなければならないときもありうる（所得税施行令第60条2項）。

また、この形式的基準性は所得税法第5条1項からも根拠づけられるといわれる。現行所得税法第5条1項1文の沿革は、1934年所得税法第5条及びそれに遡る1925年所得税法第13条を基礎とする。その条文に関して主にコンメンタールおよびライヒ税務判決 (Reichsfinanzhof) では、たしかに条文のうえでは (GoB) が触れられているが、しかし事実上商事貸借対照表を指すという解釈が一般的だからである[22]。

(2) 形式的基準性の根拠とその批判

ゼフィンクは形式的基準性の根拠として次の3点を指摘する。

第1は、企業の財務力の強化である[23]。特に逆基準性のケースでは、租税上の優遇措置が商法上も分配規制され、企業の財務面の強化をもたらす。第2

は，課税利益と配当可能利益との一致が成立する点である[24]。ただ，この一致は必ずしも絶対的ではない。第3は実質的基準性と同様に統一貸借対照表をもたらす点である[25]。

このような根拠に対してその批判も以前からかなり強い。その1はすでに実質的基準性の批判のなかで触れたように課税の公平性原則に形式的基準性は反する点である[26]。その2は同様に資本会社に対してのみ逆基準性は追加的な裁量の余地を与えてしまう点である[27]。その3は商事貸借対照表を変質させる点である[28]。その4は税法が商法を抑制し阻害する点である[29]。その5は資本会社に対して配当面で不利となる点である[30]。

(3) 形式的基準性の適用

形式的基準性は以下の各ケースに分けて適用される。

A 商法上において貸借対照表計上及び貸借対照表評価に命令及び禁止規定がある場合

商法上の貸借対照表計上及び評価に関して命令（Gebote）及び禁止（Verbote）の規定があるときには，それに即して原則として税法上計上・評価の命令及び禁止となる。これには例外がある。商法及び税法の両者において命令及び禁止の規定があっても，両者の内容の一致していないケースがこれに該当する。このケースでは，所得税法上の命令・禁止に関する明文規定があれば，基準性原則は適用されない。そこでは，この所得税法の明文規定が税法上適用される[31]。

B 商法上において貸借対照表計上及び評価に選択権がある場合

商法上，貸借対照表計上の選択権もしくは貸借対照表評価の選択権が与えられているときに実質的基準性原則を適用すれば，税務貸借対照表にもまたそれは当然適用されねばならないはずである。しかし，1969年連邦財政裁判所の大法廷は次のような判決を下した。すなわち，商法上の資産化しうる項目を税務上資産化せず，また商法上負債化が要求されない項目を税務貸借対照表上で負債化するのは，課税の公平性という憲法上の原則に反するという内容である。その結果，商法上で借方計上選択権が付与されている項目は，税務上借方計上命令がある。また，商法上で貸方計上選択権が付与されている項目は，税

務上貸方計上が禁止される[32]。

C 税法上選択権があり，商法上命令もしくは禁止規定がある場合

税法上選択権があり商法上命令もしくは禁止規定があるときに実質的基準性が適用されるかは議論がある[33]。1つめの見解は，所得税法第6条1項の規定により基準性原則が適用されると解する。2つめの見解は，当該規定が容認されるのは商法上帳簿作成の義務のある納税者に限られると解する。3つめの見解は，所得税法第6条1項に従うと税法上の評価規定が優先し，基準性原則は存在しないと解する。

D 内容上同一の選択権が商法と税法にある場合

内容上同一の選択権が商法と税法にあるときには，全く同一の選択権が行使されねばならないのか（これは逆基準性に相当する。)，それともそれぞれ異なる選択権の行使が可能となるかが問題となる。つまり，形式的基準性の可否が問われる。実質的基準性は直ちに形式的基準性を反映するわけではない。しかし，税務当局はすでに以前からこのケースについて所得税法第5条1項から形式的基準性が生じるという立場に立つ。一方，連邦財政裁判所の一部の判決では税法と商法において異なる選択権の行使を容認する。後述する所得税法第5条1項2文の制定により，その取扱いの決着がついた。その規定により同一の選択権の行使が前提となる[34]。

(4) 逆 基 準 性

形式的基準性は以下に示す規定とも関連した。その規定のなかで具体的な商事貸借対照表について明確に言及していたからである。

> 旧所得税法第5条1項2文　利益測定に際して税法上の選択権は商法上の年次貸借対照表と一致して行使されねばならない。

1989年に制度化されたこの規定は，税法上の利益測定に関する選択権，具体的にいえば，税法が経済的，社会的あるいは景気等の政策から特別償却や非課税の準備金といった租税特典を利用する場合には，あらかじめ商法上と同一の処理を義務づけたものである[35]。これを逆基準性という。これを適用するには，商法上も税法上も同じく選択権が存在しなければならない。

この逆基準性の目的は，一般に税務上認められる租税特典に関する分配の禁止にある。つまり，税務上の租税特典が事実上持分所有者の私有財産化を妨げようというわけである。その結果，企業の財務力強化に逆基準性は役立つ。逆基準性が関係するのは，商法と税法との両者で内容の一致した選択権が存在する場合に限られる。

〔表2-1〕基準性，逆基準性及び税法上の留保に関する一覧表

商法上 ＼ 税法上	規定がない	命令的規定	選択的規定
規定がない	商法と同じ 直　接　的	税法に基づく 税	税法の選択権に基づく 法
命令規定	基　準　性 商法と同じ	留 税法に基づく	保 税法の選択権に基づく（注）
借方計上選択権 貸方計上選択権 評価選択権 借方増価選択権 貸方増価選択権 借方減価選択権 貸方減価選択権	借方計上命令 貸方計上禁止 商法上の評価 借方増価命令 貸方増価禁止 借方減価禁止 貸方減価命令	税法に基づく	商法の選択権と同じ 逆　基　準　性 （何ら放棄がないとき）

出典：R. Federmann, Bilanzierung nach Handelsrecht und Steuerrecht, 第11版, Berlin, 2000年, 193頁。

（注）　第10版（Berlin, 1994年, 176頁）では，この部分は商法の命令規定に従うと解されていたが，第11版（2000年）において，税法の選択権に基づくと変更されている。この点についてフェーダーマンは議論の余地があるという。

基準性原則の適用について整理したのが〔表2-1〕である。
ゼフィンクは基準性原則の立法論として次の3つの選択肢を指摘する[36]。
① 実質的基準性と形式的基準性（逆基準性も含む）を堅持する。
② 実質的基準性と形式的基準性を堅持するが，逆基準性を廃止する。
③ 実質的基準性及び形式的基準性も廃止する。
このうち彼は②の立場を支持する[37]。

Ⅲ　改正所得税法における基準性原則

1　貸借対照表法現代化法の制定

BilMoG は商法上の年次決算書がさらに従来通り利益分配の基盤のままで，税務上の利益測定における基準性の伝統を堅持することも企図している。このように，少なくとも法理由書に従うと，基準性原則を通じてドイツ商法会計は BilMoG においてもなお依然として税務会計と密接不可分な関係にある。BilMoG の基本的スタンスは，立法者によると逆基準性の廃止と，実質的基準性の堅持である。

2　逆基準性の廃止

BilMoG は逆基準性を廃止した。その結果，税法規定から商事貸借対照表はかなりの程度解放されることとなり，商事貸借対照表は本来の情報機能の強化を図ることができる。それに伴い，これまで商法のなかに設けられていた逆基準性に関する旧規定は削除されることになった（税法上の評価減に対する旧商法第254条および第279条，非課税の準備金に対する旧商法第247条2項及び第273条，価額取り戻しに対する旧商法第280条2項，間接的な税務上の価額修正に対する旧商法第281条の削除）。

この逆基準性原則は商事貸借対照表上の本来的な貸借対照表計上を妨げ，商事貸借対照表の情報機能を歪めるだけではない。さらに税務上の特典を達成できない場合も生じうる。たとえば税務上の特典が商事貸借対照表上企業の収益をもたらすことに作用しないときには，景気政策上の措置はうまく機能しないからである。このような理由から，逆基準性は廃止された。それについて議論の余地はない。

3　実質的基準性の堅持

(1)　改正所得税法

改正所得税法第5条1項1文について次のように規定する。

改正所得税法第5条1項:

　　法規定に基づいて帳簿記入し規則的に決算書を作成する義務がある事業者あるいはこのような義務がなく帳簿記入し決算書を作成する事業者は，経済年度末に商法上のGoBに基づいて表示されねばならない事業財産（第4条1項）について計上しなければならない。但し，税務上の選択権の範囲でそれとは別の評価が選択され，あるいは選択されていた場合はその限りではない。税務上の選択権行使に対する前提は，商法上基準となる価値で税務上の利益測定において表示されていない経済財が特に継続的に記入されるべき記録簿に収容されている点である。この記録簿には取得日もしくは製造日，取得原価もしくは製造原価，行使した税務上の選択権の規定及び実施した評価を示さねばならない。

　この特徴は，税法上の選択権を行使した場合には，その例外的措置が許容される点である。その場合には，税務上の利益測定において商法上基準となる価額で示されていない経済財が継続的に記録簿のなかに収容されることが必要である。税務上の選択権の行使が第1文でたしかに明文化されている。ただ，この第1文と第2文との関係は必ずしも明らかではない[38]。

　ヘアツィヒ（N. Herzig）は，第1文はもっぱら貸借対照表計上に関する規定であるのに対して，第2文は計上のみならず評価にも関連する規定であると解する[39]。また，政府草案所得税法第5条1項2文の解釈も記録簿との関係で生じうる。すなわち，税務上の選択権は評価選択権を含むのか否かである。この選択権に関する理解によると，特別な記録簿のなかに税務上の利益測定において商法上の基準とならない経済財のみが収容されねばならない。それ故に，所得税法第7g条に基づく税務上の特別償却を実施するときには，記録簿への記入が必要となる[40]。この点は償却性固定資産に関するそれ以降の評価が相違するケース（定額法もしくは生産高比例法）並びに棚卸資産の評価（平均法もしくは後入先出法）も同様である。

　この改正所得税法第5条1項2文の特別な記録簿の記入と，所得税施行令第60条2項[41]との関連が問題となる。貸借対照表が税務上の規定に合致しない計上もしくは金額を含むときに，所得税施行令第60条2項は追加もしくは注

記を要求するからである。「記録簿の要求を通じて特有の税務貸借対照表への方向がなされるべきか？ 記録簿に収容されるべき異なる選択権のなかには税務上の部分価値 (Teilwert) による評価減は含まれないが，しかしそれに対応する規定は所得税法第6条のなかに許容規定とする。というのは，すでに現行法に対する通説では，所得税法第5条1項の実質的基準性を通じて税務上の利益測定に影響を及ぼしており，それによってまた評価の範囲にも及ぶからである。選択権の一致がないので，部分価値の評価減のケースは，すでに現在では逆基準性の適用範囲に含まれない。税務上の部分価値が商法上の価値下限を下回る限り，例外が設けられうるであろう[42]。」

(2) 税務上の選択権

この所得税法第5条1項で許容される税務上固有の主な選択権には次のものがある[43]。

① 資産計上選択権及び配分選択権（所得税法第4条8項，第11a条，第11b条，第4b条2項3文）
② 負債計上選択権（所得税法第6a条，第6b条，所得税準則第6.6条4項）
③ GoBに準拠していない償却選択権（特別償却，割増償却）
④ 評価の引き下げ（所得税法第6b条，第7g条2項2文，所得税準則第6.6条3項）
⑤ 配分選択権（所得税法第6a条4項）

①については，再開発地域もしくは都市計画地域に対する助成金によってカバーできない維持費が生じたときには，その部分について2年から5年間にわたって均等に配分し資産化できる（所得税法第11a条1項）。記念建造物に対する公的資金の助成金でカバーできない維持費もこれと同様である（所得税法第11b条）。

②については，まず退職給付引当金に関して税務上は2年間の勤続期間がある従業員について6％の割引率を用いて部分価値を上限に計上できる（所得税法第6a条3項1号）。次に，固定資産の売却利益に関して一定の条件を満たすときにはその固定資産の簿価の金額について準備金を計上できる（所得税法第6b条）。さらに，取替取得を予定する旧資産については売却したが，取替資産をまだ購入していないときには，当該固定資産の売却益について税務上準備金に

計上できる (所得税準則第6.6条4項)。

③については, わが国の税法における特別償却に相当する手続を実施した場合である。これには割増償却と初年度特別償却とがある (所得税法第7a条)。

④については, 特定の固定資産売却に関する税額控除 (所得税法第6b条) 及び中小企業に対する償却性固定資産の取得原価または製造原価の40％控除である (所得税法第7g条2項)。

⑤については, 退職給付引当金の部分価値評価による初年度の適用に際して当該引当金を2年間にわたって均等配分でき, また過年度の額よりも将来の退職給付額の現金割引価値が25％上回るときには, その増加分について2年間にわたって期間配分できる (所得税法第6a条4項)。

改正所得税法第5条1項のなかに示されている特別な記録簿の作成について以下のような批判がある。「それ (簿記のなかに統合できない副次計算—筆者注) は, 所得税法施行令第60条に示されているように, すでに問題である。というのは, この規定は明らかに年次決算書に関係しており, このため税務判決でも税務当局でも所得税法第4条1項と結合して所得税法第5条1項の解釈にもまた複式簿記のルールとリンクすることを要求するからである。それによって, 成果中立的な事業財産の変動（自己資本変動）を, 損益計算書に記帳されねばならないその変動から明確に区別することが可能である[44]。」

これらの税務上固有の選択権は優遇措置としての補助金的性質をもつ点で共通する。

改正所得税法はすでに示した政府草案をそのまま踏襲し制度化した。しかし, 政府草案で指摘された税務上の選択権行使の範囲については特に明文化されなかった。

4 改正所得税法における選択権に関する諸見解

これをめぐって改正後に種々の見解が展開される。

(1) 広義説

ヘアツィヒ・ブリーゼマイスター (S. Briesemeister) は, 税務上の選択権の範囲について以下に示す広義説を主張する。「改正所得税法第5条1項からは特

定の税務上の選択権だけが商事貸借対照表と相違して行使できるとは認められない。その文言上ではGoBに準拠する税務上の選択権もGoBに準拠しない税務上の選択権も同様に含まれる。商法上基準とならない価額を税務上の利益測定に示す税務上の選択権に対する前提として特別な記録簿の義務を課す改正所得税法第5条1項2文からもまた，何ら違いはない。加えて法の文言に反して自主的な税務上の選択権行使をGoBに準拠しない税務上の選択権に限定するのは納得のいく正当性に欠ける。……〈中略〉……GoBに準拠していない計上につながる税務上の選択権は，しかしパラレルのままである。(GoBに準拠している) 選択権もまた，改正所得税法第5条1項により商事貸借対照表から独立して行使されねばならない。その規定は計上選択権及び評価選択権を含む。自主的に行使されるべきGoBに準拠していない税務上の選択権の適用例として特に税務上の特別償却，割増償却及び非課税の準備金や，所得税法第6条1項による部分価値による評価減が指摘されねばならない。自主的な選択権行使にとってさらに所得税法第6a条に基づいて税務上許容される退職給付引当金の計上及び評価の選択権が考慮される[45]。」

この広義説によると，商法上において命令規定が存在しても，税務上の選択権の行使が可能となる。その意味で実質性基準性はかなり制約される。この広義説が多くの論者から支持され[46]，これはある意味で独自の税務貸借対照表形成への端緒を示すともいわれる。

(2) 広 義 修 正 説

広義説の一部修正した見解も展開される。

この広義修正説は廃止される旧来の逆基準性の適用範囲をその出発点とする。旧所得税法第5条1項2文によれば，利益測定における税務上の選択権は商法上の年次貸借対照表と一致して行使されねばならなかった。そこでは明らかに商事貸借対照表及び税務貸借対照表においてすべてあるいは一部に対応する所得税法上の選択権が前提であった[47]。したがって，商法上の選択権が税務上の選択権に対応しているケースにおいてのみ，GoBに準拠する税法上の選択権もGoBに準拠しない税法上の選択権も同様に商法上の選択権から独立した行使が可能となる[48]。

この広義修正説によれば，たとえ税務上の選択権が存在していても商法上の命令規定があれば，税務上はこの商法上の命令規定が優先する。それ故に，この商法上の命令規定から離れて独自に税務上の選択権を行使することはできない。

(3) 狭　義　説

上述の広義説及び広義修正説では，商法上の選択権と税務上の選択権とが併存する場合には，基本的な相違点は存在しない。つまり商法上の命令及び禁止の規定がない限り，商法上及び税務上とも選択権が存在するときには，それが商法上のGoBに準拠するか否かにかかわらず，両者とも商法上の選択権から独立して税務上の選択権の行使が可能となる。

この点に関する別の見解もある。シェンケ（R. P. Schenke）・リセ（M. Risse）は次のように述べる。「文献上すでにしばしば規定の文言と法の理由書との間の注目すべき矛盾について言及されてきた。改正所得税法第5条1項1文後段から出発すれば，規定の内容は立法者の理由書に反して商事貸借対照表をGoBに準拠していない税務貸借対照表上の計上規定による他の規定から解放するとは解されない。法文上では税務上の選択権の行使に際してもはやGoBへの関係は存在しないので，税務上の選択権は将来的には商法上の適用範囲から独立して行使しうるであろう。……〈中略〉……しかし，これがまさしく改正で意図されていないことは法資料によって明らかに強調される。このように政府草案は理由書の総論でも各論でも明確に"税務上の利益測定に対する商法上の年次決算書の基準性のメリットは維持"されると表現する。この意図は税務貸借対照表に対する商事貸借対照表の基準性に対して予定されている規定の具体的な形態を与える連邦参議院の立場に対する政府草案の反対意見になお一層明瞭に表現される。すなわち，政府草案はこの提言を取り上げるが，しかし貸借対照表法現代化の変更によって基準性の法の現状は何ら変更されないと繰り返し説明する。特に，商法上の低価原則に基づいて，これが強制的に実施されねばならないときには，所得税法第6条1項1号2文による部分価値の評価減を実施する税務上の選択権はない[49]。」

この狭義説では，税務上の選択権の範囲は従来の補助金的性質を有する租税

優遇措置のあるものだけに限定される。それは，すでに例示した税務上固有の選択権として許容される①から⑤までの範囲である。

(4) 狭義修正説

基本的には狭義説の立場に立つが，その一部を修正した見解もある。この点についてフェルスター (G. Förster)・シュミットマン (D. Schmidtmann) は次のように述べる。「法の文言によれば，税務上の選択権留保は単に GoB に準拠していない税務上の選択権にすぎない。このように税務上の利益測定においては税務上の選択権の範囲で"別の"，したがって GoB に準拠していない計上が選択されたりあるいは選択されるのでなければ，商法上の GoB に基づく事業財産が計上されねばならない。これは法の理由書ともまた合致する。というのは，その理由書によると，その留保は商法上の会計規定と相違する税務上の選択権の行使に関係するからである。この理由から，GoB に準拠する選択権を商事貸借対照表と一致せずに税務貸借対照表で行使する選択権の留保はできない。GoB に準拠していない税務上の選択権を，それが商法上の年次決算書のなかで表示されずに，税務貸借対照表で行使できることだけを確認すべきである[50]。」

この見解は，狭義説で明示された税務上における選択権の行使範囲を GoB に準拠していない範囲と解する。ここでは狭義説における単に租税優遇措置のあるものだけでなく，それ以外の GoB に準拠していない税務上の選択権もその範囲に含まれる。それを具体的にいえば，固定資産の価値減少が一時的に生じているときには，商法上は厳格な低価原則に基づく評価減が要求されるが（商法第253条3項・4項），しかし税務上の規定ではその価値減少には評価減の選択権があるにすぎない（所得税法第6条1項1号2文・2号2文）。その税務上の選択権を行使し評価減を実施しないときには，明らかに GoB に準拠していないものと解される。その点で実質的基準性は制限される。このような意味での税務上の選択権の行使により商法上の事業財産よりも税務上の事業財産のほうが過大となる。結果的に税務上の利益が商法上の利益よりも多く計上される。この意味で，そのような選択権は税務上の財務的良好性を指向する選択権と呼ばれる[51]。

III 改正所得税法における基準性原則　53

〔表2-2〕　税法上の選択権に関する4見解の比較

	広　義　説		広義修正説		狭　義　説		狭義修正説	
商法上の命令及び禁止規定	税務上の選択権は商法から独立して行使できる。但し経済財を特別な記録簿に収容	基準性はない	商法規定を適用	基準性	商法規定を適用	基準性	商法規定を適用	基準性
							税務上の選択権	基準性はない
商法上に対応する選択権			税務上の選択権は商法から独立して行使できる。但し経済財の特別な記録簿に収容	基準性はない	a) GoBに準拠した選択権	(事実の)逆基準性	a) GoBに準拠した選択権	(事実の)逆基準性
					b) GoBに準拠していない選択権。但し,経済財の特別な記録簿に収容	基準性はない	b) GoBに準拠していない選択権。但し,経済財の特別な記録簿に収容	基準性はない

出典：V. Döring・V. Schwenningen・H. J. Heger, Wegfall der umgekehrten Maßgeblichkeit nach BilMoG und die Bilanzierung von Pensionsverpflichtungen, in : Deutsches Steuerrecht, 第47巻第40号, 2009年10月, 2068頁の図を一部修正。但し, そこでは広義説を法文言の修正解釈, 広義修正説を修正文言説, 狭義説を立法論的解釈と名付けるが, 広義修正説及び狭義修正説は示されていない。

このように, 税務上の選択権の範囲をめぐって4つの見解が展開されている[52]。この4つの見解の違いを示せば〔表2-2〕の通りである。

5　連邦財務省の基準性通達

このような異なる税務上の選択権の範囲をめぐる諸見解が展開されるなかで, 連邦財務省 (Bundesministerium der Finanzen) は基準性の通達 (Schreiben) に対する案を2009年10月12日付で公表し[53], 2010年3月12日付で正式な基準性の通達を公表した。その主な概要を示す。

その中心は税務上の利益測定に対するGoBの基準性は所得税法第5条1項1文前段の適用と, 同条同項1文後段の適用から成る。

(1)　所得税法第5条1項1文前段 (通達, I．1)

所得税法第5条1項1文前段は以下のAからCの3つの部分から構成され

る。

A 経済財，負債及び計算限定項目

①資産化命令，資産化禁止及び資産化選択権

税務貸借対照表における資産化が税務上の規定に基づいて排除されていなければ，商法上の資産化命令及び資産化選択権は税務貸借対照表への資産化命令となる。この具体例が商法第248条2項1文で定める自己創設の無形経済財である（所得税法第5条2項）。

②負債化命令，負債化禁止及び負債化選択権

商法上の負債化命令は税務上の規定を留保として税務上の利益測定にもまた基準となる。例えばGoBに基づく退職年金義務に対しては不確定引当金が設定されねばならない。

商事貸借対照表への負債化禁止及び負債化選択権は税務貸借対照表への負債化禁止となる。

B 評価選択権と評価留保

商事貸借対照表において行使されうる評価選択権は，税務上の独自の規定がなければ，商事貸借対照表の計上への基準性により税務貸借対照表への価額計上にもまた作用する。この具体例は次の通りである。

① 他人資本利子（商法第255条3項2文，所得税準則第6.3条4項）
② 評価単位手続（商法第240条3項・4項）
③ 算入選択権（商法第255条2項3文）

この①と②については，いずれも税務上の独自の規定がないので，商事貸借対照表と同様の価額がそのまま税務貸借対照表にも引き継がれる。これに対して，③に関しては所得税法第6条1項2号1文は，その性質上製造原価であるすべての支出額が製造原価と定めている。したがって，評価留保に該当するので，商法上の算入選択権は制限され，商法上の評価選択権よりも税務上の評価規定が優先する。これは，商人がこのコストを商法第255条2項3文により商事貸借対照表の製造原価の一部として計上を除外しうるときにもまた適用されうる。

C 所得税法第6a条の意味における年金義務の計上と評価

商法第249条に従うと，商事貸借対照表に退職給付引当金は設定される。こ

Ⅲ 改正所得税法における基準性原則　55

の負債化命令は税務上の利益測定にも適用される。しかし，この基準性は所得税法第6a条の計上及び評価規定によって制約される。

(2) 所得税法第5条1項1文後段（通達，Ⅰ.2）

所得税法第5条1項1文後段に関しては，次の2つの部分から成る。

A 税務上の選択権

税務上だけの選択権が存在するときには，商法上の価額計上とは独立してその選択権を行使できる。この点で税務上の選択権の行使に対して商法上の基準性に全く制約されない。その具体例は以下の通りである。

① 特定の固定財売却における秘密積立金の振替（所得税法第6b条）
② 部分価値による評価減（所得税法第6条1号1文・2号2文）

B 商法上及び税務上の選択権

商法上も税務上も同じく選択権が存在するときには，商事貸借対照表と税務貸借対照表とでそれぞれ異なる選択権の行使が可能である。その具体例は次の通りである。

① 棚卸資産の払出単価手続（商法第256条・所得税法第6条1項2a号）
② 定額法と定率法（商法第253条・所得税法第5条6項・第7条2項）

例えば①については商法上はFifoを適用するが，税務上はそれと異なるLifoを適用できる。②については，商法上は定額法を適用するが，税務上は定率法を適用できる。

このうちで (2) のA及びBから連邦財務省の基準性通達は広義説の立場を明確にしたことが判明する。これは明らかに伝統的な基準性原則を大幅に制限し，別言すれば商事貸借対照表から分離した独自の税務貸借対照表の方向を示唆したといってよい[54]。

なお，2010年6月22日付で連邦財務省はこの通達内容の一部を修正した。それによると，3月12日付けの段階では商法第255条2項3文のなかで指摘されている製造原価の一部原価，すなわち一般管理費の適当な部分並びに事業の社会的設備費用・任意の社会的給付・事業上の老齢扶助に対する適当な支出額についても，商事貸借対照表と税務貸借対照表とを一致させる観点から，税務上の製造原価に算入するとしていた。これに対する批判からそれを変更し，

そのコストを含めずに従来の規定通り所得税準則第6.3条4項を適用することになった。その結果，税法上の製造原価については，所得税準則規定により製造に要した直接的及び間接的なコストを評価の下限として選択できる。

6 基準性原則の方向性

これまで述べてきたように，BilMoGによって伝統的なドイツ基準性原則は変容を遂げたといってよい。逆基準性の廃止と，税務上の選択権行使の拡大がこれである。とりわけ後者は改正所得税法第5条1項の規定と2010年のBMFによる基準性通達に端的に示されている。その結果，従来通り実質的基準性は堅持されてはいるものの，それはかなり制約されざるをえない。

(1) 電子貸借対照表化の構想

これは，従来と違って独自の税務貸借対照表化の方向ともある意味で解されうる。事実，2012年以降に実務に対して制度化が予定されている電子申告に基づく電子貸借対照表（E-Bilanz）の動向[55]は，端的にそれを示すといってよい。この電子貸借対照表化に関して次のいずれかが要求される（所得税法第5b条1項）。

① 税務上への移行を伴う商事貸借対照表及び商法上の損益計算書
② 商法上の損益計算書を伴う税務貸借対照表

この規定に関連して連邦財務省は2010年8月31日付けの通達において電子貸借対照表による情報伝達と並んで以下の年次決算書モデルの義務化を要求する[56]。

ア 貸借対照表
イ 損益計算書
ウ 利益処分計算書
エ 税務上の調整（商事貸借対照表から税務貸借対照表への評価に関する移行計算）

但し，すでに税務貸借対照表を作成していれば，この税務上の調整モデルは必要ない。

これ以外に企業形態によっては以下のものに対する作成が義務づけられる。

a 資本勘定の増減（人的商事会社及びそれ以外の共同事業者）
b 税務上の利益測定（個人企業及び人的会社）
c 人的会社については税務上の利益測定（追加的区分）

また，そのほかに任意の情報伝達手段としては，以下のものがある。

① 責任関係
② 持分変動計算書
③ キャッシュ・フロー計算書
④ 附属説明書
⑤ 状況報告書
⑥ 監査報告書等

(2) 電子貸借対照表化に対する批判的見解

ただ，直ちにこの電子貸借対照表制度の導入が妥当かどうかについては，なお慎重な検討が必要である。1つは課税強化の恐れがある点である。つまり，独自の税務貸借対照表化は商事貸借対照表またはGoBとは離れてしまい，課税の拡大または強化となりうる危険性が多分にある。やはり原則としてGoBをベースとした課税構造を堅持することによって，その危険性を回避できるはずである。その意味で，税務貸借対照表の作成にあたってあくまで実質的基準性を堅持し，商法上のGoBに依拠させておくことが少なくとも必要であろう。もう1つは中小企業の面からである。税務貸借対照表を独立させて商事貸借対照表とのリンクを完全に遮断させてしまうと，統一貸借対照表が中小企業では失われるデメリットが大きいと解される。

この点についてギュンケル（M. Günkel）は次のように明快に述べている。「他方では，依然として商法第252条により，しかも何よりもしかるべき商慣行から生じる不文律のGoBから基準性原則は根本的な会計原則である。税務貸借対照表もまた原則として実現原則，完全性の原則，用心の原則及び不均等原則に従うべきであるので，固有の税務上の利益測定においてこれら原則を所得税法もしくは固有の税務貸借対照表法のなかに収容し，明確に規定しなければならないであろう。それは税法に多くの規定を追加的に増加させるであろうが，しかしこれは現在達成されている法律状況に対して明らかにメリットはな

いであろう。まさしく中小企業はしばしば固有の税務上の選択権を行使しなければならないであろうし，しかも商事貸借対照表と税務貸借対照表との間で重大な相違となる実情を貸借対照表に表示する必要はないであろう。当該企業にとってまさしく統一貸借対照表の原則が依然として便利であり，それ故に将来も有力である[57]。」

また，連邦財務省通達による電子貸借対照表化による方向は，商法第266条における貸借対照表分類及び商法第275条における損益計算書の分類を凌駕してしまい，問題を含むだけでなく，やはり中小企業にとっては大きなコスト負担となるという見解もある[58]。

いずれにせよ，電子貸借対照表構想の制度化に関して問題を含むことは否めない。これについてかなり批判が強く出されている。その結果，連邦財務省が2011年7月5日付けの通達で2012年からの導入をさらに延ばし，2014年度からとするのは至当である。

Ⅳ 結

以上の論旨を整理すれば以下の通りである。

第1に，旧所得税法第5条1項1文の基準性原則に関する規定をめぐって解釈がかなり分かれていた。抽象的な商法上のGoBとみなす実質的基準性とみる見解と，具体的な商事貸借対照表を税務貸借対照表に関連づける形式的基準性とみる見解とがある。旧所得税法第5条1項2文の定める規定は逆基準性と呼ばれ，これは後者の形式的基準性を示す。これが伝統的な基準性原則である。

第2に，BilMoGの制定に伴い，旧所得税法第5条が改正された。立法理由書によると，新たな同条1項1文のなかで実質的基準性を従来通りそのまま堅持するが，商事貸借対照表の情報機能を歪める逆基準性を廃止した。

第3に，改正所得税法第5条1項で定める税務上の選択権行使の範囲をめぐって4つの見解が対立する。1つめはその条文自体から税務上の選択権はたとえ商法上の命令及び禁止の規定が存在しても，それにかかわらずすべて行使できるという広義説である。2つめは，商法上の命令及び規定が存在するとき

には税務上の選択権が存在しても基準性原則を適用し，商法上の選択権と税務上のそれとが併存しているときには後者の行使が独立して可能であるという広義修正説である。3つめは，商法上の命令及び禁止があるときには基準性原則を適用し，商法上の選択権と税務上の選択権とが併存するときには，GoB に準拠する商法上の選択権については事実上の（逆）基準性を適用するが，GoB に合致しない商法上の選択権の場合に限り税務上の選択権の行使が可能であるという狭義説である。4つめは，狭義説を一部修正し租税上の優遇措置による選択権のほかに，商法上の命令及び禁止規定があっても，GoB に準拠していない税務上の選択権の行使を容認し，いわば税務上の財務的良好性を指向する選択権もあるとする狭義修正説である。

第4に，連邦財務省は2010年3月の基準性の通達のなかで広義説を明確に表明した。但し，このなかで一般管理費等の製造原価への算入義務を想定していたが，その後の通達でそれを従来通り算入選択権に変更した。

第5に，この広義説は伝統的なこれまでの基準性原則の適用範囲を大幅に制限し，商事貸借対照表から独立した固有の税務貸借対照表の方向を将来的に示唆する。2014年から実務に対して制度化が予定されている電子貸借対照表の動向はそれを具体的に明示する。

第6に，商事貸借対照表もしくは GoB から完全に分離した形での独自の税務貸借対照表化の方向は，課税強化の恐れないし中小企業への影響面からやはり問題を含む。

注

（1） ブレーメンの所得税法第5条税額査定 B6号2文は次のように規定する。「事業を営む商人が商法典の規定に合致した営業帳簿を記入する場合には，納税義務のある純所得（reines Einkommen）を正規に作成された年次貸借対照表に基づいて計算しなければならない。」また，同条第7号では，商人について，「商取引からの利益は，商法典の規定に基づいて作成された年次決算書から生じたそれと同様に」，純所得が計算されねばならないと規定する。また，ザクセンの所得税法第22条第1項は次のように規定する。「商事及び事業の経営に際して，純利益は，これが財産目録及び貸借対照表に対して商法によって規定され，しかもそれ以外に正規の商人の慣習に合致するように，算定されねばならない。特にこれは，債権債務及びその利息と同様に，固定

資本の増加及び他方で損耗について適用される。」ブレーメンの規定は主に商事貸借対照表との関係を重視した基準性原則であるのに対して，ザクセンのそれは，主に商法上の利益測定に関係づけた基準性原則であるという違いがある（S. Vogt, Die Maßgeblichkeit des Handelsbilanzrechts für die Steuerbilanz, Düsseldorf, 1991年，80頁）。基準性原則の歴史及び内容については，柳裕治『税法会計制度の研究』森山書店，平成13年，第4章〜第6章及び拙稿，「ドイツ基準性原則とその動向」『商学集志』第73巻第2号，平成16年3月，19-38頁参照。
（2）これは次のように規定する。「商業及び鉱山を営む事業からの所得は，一般原則に従って測定される事業利益のなかに存する。この尺度に基づいて商業及び事業経営からの純利益は，普通ドイツ商法典による財産目録及び貸借対照表に対して規定されており，それ以外には正規の商人の慣習に合致する原則に基づいて算定されねばならない。特にこれは，一方で固定資本の増加，他方で価値減少に相当する考慮に見合う毎年の規則的な評価減に適用される。」
（3）「商法典の規定に基づいて商業帳簿をつける納税義務者において，事業利益は，商法典による財産及び貸借対照表に対して規定される原則に基づいて第15条の規定に留意して算定されねばならない。」
（4）「商法典の規定に基づいて商業帳簿を記入する義務があり，あるいはその義務がなく商法の規定に基づいて事実上商業帳簿を記入する納税義務者においては，利益（第7条2項1号，第12条）は，GoBに従い，当期の納税期間末に測定された事業財産と，前期の納税期間末に査定の基礎となった事業財産との差額である。利益の測定に際して，自己の経営からの収入（第12条2項）及び控除による支出（第15条〜第18条）と評価（第19条〜第21条）に関するこの法規定が留意されねばならない。」
（5）「商法典の規定に基づいて帳簿をつける義務のある納税義務者においては，事業年度末にGoBに基づいて表示されねばならない事業財産が計上されねばならない（第4条1項1文）。収入及び出資に関する規定（第4条1文），事業支出に関する規定（第4条3文）及び評価に関する規定（第6条）は遵守されねばならない。」
（6）G. Söffing, Für und Wider der Maßgeblichkeitsgrundsatz, in : G. Förschle・K. Keiser・A. Moxter編，Rechenschaftslegung im Wandel, Festschrift für Wolfgang Dieter Budde, München, 1995年，所収，642頁。
（7）G. Söffing, 前掲論文注（6），650頁。
（8）G. Söffing, 前掲論文注（6），651頁。
（9）（10）G. Söffing, 前掲論文注（6），654頁。
（11）G. Söffing, 前掲論文注（6），655頁。
（12）（13）G. Söffing, 前掲論文注（6），658-659頁。
（14）G. Söffing, 前掲論文注（6），659頁。
（15）G. Söffing, 前掲論文注（6），660頁。

(16) G. Söffing, 前掲論文注 (6), 666-667 頁。
(17) G. Söffing, 前掲論文注 (6), 660-661 頁。
(18) G. Söffing, 前掲論文注 (6), 661-662 頁。
(19) G. Söffing, 前掲論文注 (6), 663-664 頁。
(20) G. Söffing, 前掲論文注 (6), 666 頁。
(21) G. Söffing, 前掲論文注 (6), 667 頁。
(22) S. Vogt, 前掲書注 (1), 94・104 頁。
(23) G. Söffing, 前掲論文注 (6), 668 頁。
(24) G. Söffing, 前掲論文注 (6), 669 頁。
(25) G. Söffing, 前掲論文注 (6), 669-670 頁。
(26) G. Söffing, 前掲論文注 (6), 668-669 頁。
(27) G. Söffing, 前掲論文注 (6), 670 頁。
(28) G. Söffing, 前掲論文注 (6), 670-671 頁。
(29) G. Söffing, 前掲論文注 (6), 671 頁。
(30) G. Söffing, 前掲論文注 (6), 672 頁。
(31) G. Söffing, 前掲論文注 (6), 644-645 頁。
(32) G. Söffing, 前掲論文注 (6), 645-646 頁。
(33) G. Söffing, 前掲論文注 (6), 646 頁。
(34) G. Söffing, 前掲論文注 (6), 647-648 頁。
(35) G. Söffing, 前掲論文注 (6), 648 頁。
(36) G. Söffing, 前掲論文注 (6), 649 頁。
(37) G. Söffing, 前掲論文注 (6), 673 頁。
(38) N. Herzig, Modernisierung des Bilanzrechts und Besteuerung, in : Der Betrieb, 第 61 巻第 1/2 号, 2008 年 1 月, 4 頁。
(39) (40) N. Herzig, Steuerliche Konsequenzen des Regierungsentwurfs zum BilMoG, in : Der Betrieb, 第 61 巻第 25 号, 2008 年 6 月, 1340 頁。
(41) 所得税施行令第 60 条 2 項は次のように規定する。貸借対照表が, 税務上の規定に合致していない計上もしくは金額を含むときには, この計上もしくは金額は追加もしくは注記によって税務上の規定に適合しなければならない。納税義務者は, 税務上の規定に合致した貸借対照表 (税務貸借対照表) もまた添付することができる。
(42) N. Herzig, 前掲論文注 (39), 1340 頁。
(43) G. Förster・D. Schmidtmann, Steuerliche Gewinnermittlung nach dem BilMoG, in : Betriebs-Berater, 第 64 巻第 25 号, 2009 年 6 月, 1343-1344 頁。
(44) P. Bareis, Maßgeblichkeit der Handels- und Steuerbilanz de lege lata und de lege ferenda, in : U. Schmiel・V. Breithecker 編, Steuerliche Gewinnermittlung nach Bilanzrechtsmodernisierungsgesetz, Berlin, 2008 年, 所収, 58-59 頁。

(45) N. Herzig・S. Briesemeister, Steuerliche Konsequenzen des BilMoG-Deregulierung und Maßgeblichkeit, in : Der Betrieb, 第62巻第18号, 2009年5月, 929-930頁。

(46) O. Dörfer・G. Adrian, Zur Umsetzung der HGB-Modernisierung durch das BilMoG : Steuerbilanzrechtliche Auswirkungen, in : Der Betrieb, 第62巻第23号, Beilage 5, 2009年6月, 58頁。D. Fischer・M. Günkel etc. 編, Die Bilanzrechtsreform 2009/10, Bonn, 2009年, 95-96頁。A. Pfirmann・R. Schäer, Steuerliche Implikationen, in : K. Küting・N. Pfitzer・C. P. Weber, Das neue deutsche Bilanzrecht, 第2版, Stuttgart, 2009年, 所収, 126-127頁。H. Ellrott・G. Förschle etc. 編, Beck'scher Bilanz-Kommentar, 第7版, München, 2010年, 72頁。R. Federmann, Bilanzierung nach Handelsrecht, Steuerrecht und IAS/IFRS, 第12版, Bonn, 2010年, 249頁。

(47) H. Weber-Grelet, §5, in : W. Schmidt 編, Einkommensteuergesetz, 第29版, München, 2010年, 376-377頁。

(48) この考え方をデュアリンク (V. Döring)・シュベーニンゲン (V. Schwenningen)・ヘーガー (H. J. Heger) は法文言の修正解釈 (modifizierte wörtliche Auslegung) と名付ける (V. Döring・V. Schwenningen・H. J. Heger, Wegfall der umgekehrten Maßgeblichkeit nach BilMoG und die Bilanzierung von Pensionsverpflichtungen, in : Deutsches Steuerrecht, 第47巻第40号, 2009年10月, 2067頁)。これに近い考え方を示唆するのがベーバー-グレレット (H. Weber-Grellet) である (H. Weber-Grellet, Das BMF und die Maßgeblichkeit, in : Der Betrieb, 第62巻第45号, 2009年11月, 2403頁)。彼は, 一方で部分価値による評価減はたしかに所得税法上の文言では容認 (kann) 規定となっているが, しかし税務上の原則の尺度に基づく目的論的解釈の方法及び憲法に準拠した解釈の方法では今日において命令 (muss) 規定と解されねばならないと述べる。他方で, 商法上及び税務上いずれも選択権があるときに, 両者それぞれの選択権の行使に対して異論を呈していない (H. Weber-Grellet, 前掲論文, 2403頁)。

(49) R. P. Schenke・M. Risse, Das Maßgeblichkeitsprinzip nach dem Bilanzrechtsmodernisierungsgesetz, in : Der Betrieb, 第62巻第37号, 2009年9月, 1957-1958頁。これと同様の見解は以下の通りである。T. Stobbe, Überlegung zum Verhältnis von Handels- und Steuerbilanz nach dem (geplanten) Bilanzrechtsmodernisierungsgesetz, in : Deutsches Steuerrecht, 第46巻第50号, 2008年12月, 2433頁。W. Scheffler, Besteuerung von Unternehmen Ⅱ, Steuerbilanz, 第6版, Hamburg, 2010年, 29-31頁。G. Crezelius, §5, in : P. Kirchhof 編, Einkommensteuergesetz, 第9版, Köln, 2010年, 326頁。

(50) G. Förster・D. Schmidtmann, 前掲論文注 (43), 1343頁。

(51) J. Hennrichs, Neufassung der Maßgeblichkeit gemäß §5 Abs. 1 EStG nach dem BilMoG, in : Die Unternehmensbesteuerung, 第1巻第8号, 2009年8月, 536-537頁。

(52) 4つの見解をクスマウル (H. Kußmaul)・グレーベ (S. Gräbe) は次のように整理する。第1は，租税優遇措置による税務上の選択権だけに限定する見解である。これは狭義説に該当する。第2は，GoB に準拠していない税務上の選択権と解する見解である。これは狭義修正説に該当する。第3は，租税優遇税制措置による選択権と GoB に準拠した選択権と解する見解である。これは広義修正説に該当する。第4は，すべての税務上の選択権と解する見解である。これは広義説に該当する (H. Kußmaul・S. Gräbe, Der Maßgeblichkeitsgrundsatz vor dem Hintergrund des BilMoG, in : Steuern und Bilanzen, 第 12 巻第 4 号，2010 年 4 月，112-113 頁)。

(53) この通達案及び正式な通達の詳細は，千葉修身「ドイツ連邦財務省『基準性』通達の含意」『會計』第 178 巻第 2 号，平成 22 年 8 月，276-284 頁参照。

(54) N. Herzig・S. Briesemeister, Unterschiede zwischen Handels- und Steuerbilanz nach BilMoG−Unvermeidbare Abweichungen und Gestaltungsspielräume, in : Die Wirtschaftsprüfung, 第 63 巻第 2 号，2010 年 1 月，77 頁。

(55) これについては，N. Herzig・S. Briesemeister・J. Schäperclaus, Von der Einheitsbilanz zur E-Bilanz, in : Der Betrieb, 第 64 巻第 1 号，2011 年 1 月，1-9 頁及び千葉修身「ドイツ『貸借対照表法現代化法』の論理」『會計』第 179 巻第 1 号，平成 23 年 1 月，105-109 頁参照。

(56) M. O. Wenk・C. Jagosch・F. Straßer, Die E-Bilanz−Ein Projekt mit Fallstricken, in : Deutsches Steuerrecht, 第 49 巻第 12 号，2011 年 3 月，586-587 頁。

(57) M. Günkel, Die Maßgeblichkeit nach der Bilanzrechtsreform (BilMoG), in : W. Kessler・G. Förster・C. Watrin 編, Unternehmensbesteuerung, Festschrift für Norbert Herzig, München, 2010 年，所収，515-516 頁。

(58) M. O. Wenk・C. Jagosch・F. Straßer, 前掲論文注 (56)，589-590 頁。

第3章 改正商法会計と税法会計

I 序

すでに触れた通り，BilMoGの主な目的は，商法上の年次決算書が従来通り利益分配の基盤のままで，税務上の利益測定における実質的基準性の伝統を堅持することも企図している。このように，この基準性原則を通じてドイツ商法会計はBilMoGにおいてもなお依然として税務会計と密接不可分な関係にあるといってよい。本章では，BilMoGが税務会計に与える影響について，貸借対照表計上及び貸借対照表評価を中心に検討することにしたい。

II 貸借対照表の計上

1 資産の範囲

(1) 商法上の資産の範囲

まず，商法上の資産の範囲に関する問題がある。参事官草案は商事貸借対照表に計上される資産について経済的帰属をメルクマールとすることを提案した（参事官草案商法第246条1項）。これは明らかにIFRSへの接近を明文化しようとしたものである。これはいわゆるIFRSにおける経済実質優先思考を重視した結果であった。ところが，これは法的所有を一義的とし経済的所有を例外とする租税通則法（Abgabenordnung；AO）第39条を逸脱し，経済的所有が法的所有となる危険性が生じた。そこで，政府草案は次のように変更した。

政府草案商法第246条1項：
　　年次決算書はすべての資産，負債，計算限定項目，繰延税金並びに収益・費用を，法が別段定めない限り，収容しなければならない。資産は，それが所有者に対して経済的にもまた帰属しなければならないときにだけ貸借対照表に収容されねばならない。

　この草案における第2文が問題である。この点に関して従来と同様に資産化するためには法的所有のほかに経済的所有もまた存在しなければならないという解釈も考えられる。これに従うと，法的所有と経済的所有とを累積的に満たすことが資産化の要件となる[1]。その結果，単に法的所有だけを満たすケースあるいは単に経済的所有だけを満たすケースともその要件をクリアせず，資産化できなくなる。

　しかし，この解釈は通説ではない。これまで原則として法的所有が一義的であり，例外的に経済的所有が認められるにすぎない[2]。政府草案の条文にはそのような通説とは異なる方向を示す恐れが多分にある。そこで，改正商法は次のように変更する。

改正商法第246条1項：
　　年次決算書はすべての資産，負債，計算限定項目，並びに収益及び費用を，法的に別段の定めがないときには，収容しなければならない。資産は所有者の貸借対照表に計上されねばならない。資産が所有者に属さず，経済的に別の者に属するときには，これはその貸借対照表に表示されねばならない。—以下，略す—

　これによって，政府草案における誤解は生じなくなった。そもそも政府草案は従来の法状況の変更を意図したわけではなく，その明文化を図ったにすぎない。ただ，BilMoGにおける資産と税務上の経済財とが同一内容を示すか否かが問題となる。商法上はこれまで債権者保護の見地から債務弁済に役立つ個別利用可能性を資産概念と解するのが通説である[3]。

　BilMoGはこの点に関して旧商法を一部修正した。開業費及び営業拡大費などの貸借対照表擬制項目を廃止し（旧商法第269条の削除），同様にそれに属する

借方繰延税金を特別項目として表示する（改正商法第266条2項D）。その面では，たしかに改正商法も伝統的な資産の定義を変更してはいないと判断できる。ただ，政府草案は自社開発による無形固定資産の資産化を提案し（旧商法第248条2項の削除），開発費の計上を義務化しようとした。しかし，これは資産概念の変更ではないとされる。というのは，この開発費の資産化にはそれが個別利用可能であることが条件だからである[4]。改正商法は，その資産化要求から借方計上選択権に変更する（改正商法第248条2項1文）。

一方，旧商法上のれんは借方計上選択権があったが（旧商法第255条4項1文），それには個別利用可能性が欠如しているので，通説はそれを資産とはみなさず，貸借対照表擬制項目と解する[5]。また，それは貸借対照表擬制項目でもなければ資産でもなく，固有の価値（Wert eigener Art）を示すという見解[6]もある。いずれにせよ，のれんは本来的な資産とはみなされていない[7]。政府草案はそれをフィクションによる方法で資産と捉える（政府草案理由書，104頁）。しかし，それは個別利用可能性のないのれんの資産性に対する根拠とはならず，むしろその特別な取扱いの必要性を説いたにすぎない[8]。改正商法は，のれんを利用期間に制限のあるその他の固定資産と同様に資産化を義務づける（改正商法第246条1項4文）。

改正商法の法委員会は，改正商法第246条1項2文が租税通則法第39条と相違しないと明言する（改正商法・法委員会理由書，84頁）。

(2) 税法への影響

所得税法上，商法上のGoBに基づく事業財産が税務貸借対照表に計上されねばならない（所得税法第5条1項）。その点で税法は商法上のGoBによる資産がベースとなる。但し，所得税法は資産に代えて経済財という用語を評価との関連で用いる（所得税法第6条）。この経済財の内容に関して連邦財政裁判所の判決は，①民法上の意味における物権及び権利と経済的メリットを中心とする経済的財産価値，②譲渡可能性による把握可能性，③独立した評価可能性という3つをその要件とみなす[9]。その点からみると，資産の帰属に関する商事貸借対照表と税務貸借対照表は原則として一致する[10]。

租税通則法は次のように資産帰属について規定する。

租税通則法第39条1項　経済財は所有者に帰属しなければならない。

同条2項　1項と異なるときには，次の規定が適用される。

 1　所有者とは異なる者が通常の場合における所有者を一般的な耐用年数に対して経済財への影響を排除できる形で経済財の事実上の支配を行使するときには，当該者に経済財が帰属しなければならない。信託関係の場合には，信託委託者に，担保所有には担保提供者に自主占有の場合には自主占有者に当該経済財はそれぞれ帰属する。

 2　複数以上で合有している経済財は，課税上帰属の区別が必要であれば，出資比率に応じて帰属する。

この規定と改正商法第246条1項2文の規定は事実上一致するという見解が一方である。その点で両者は依然として統一貸借対照表としての性質を堅持する[11]。

他方，この見解に対して次のような見解もある。「かかる言及（経済的帰属を中心とする考え方—筆者注）は，決議勧告（Beschlussempfehlung）及び法委員会報告書からは引き出させない。われわれの見解では，最終的に立法者の明確な趣旨を目指さねばならない。その限りでは，この範囲において将来的には商事貸借対照表と税務貸借対照表との間の相違からは出発できない。たとえ経済財所有の商事貸借対照表上の解釈が例えばリースが許容される税務判決及び税務当局の見方よりも広く把握されても，商事貸借対照表の目的にとってのこの意義の解釈が税務上の利益測定へ影響するかどうかという問題が回答されねばならない。ここではルールの競合が重要である。すなわち，商法上のGoB及びそこから派生する直接的な方法の適用に対する所得税法第5条1項の言及が租税通則法第39条の独自の税法規定により優先するかを説明することが肝要である。特別法と一般法との関係に関するこの適用の優先が根拠づけられるであろう。われわれの考え方では，税務上の利益測定は担税力主義（Leistungsfähigkeitsprinzip）から導かれる税法の法ルールに方向付けられねばならない。その結果，租税通則法第39条とこれを補完する税務判例が優先的に適用されねばならない[12]。」

この見解によると，あくまで租税通則法に基づく資産の帰属に対する考え方が商法上の資産帰属の考え方よりも優先すると解される。

2　の　れ　ん

これまで，のれんについて全額償却，次年度以降に少なくとも4分の1以上の規則償却及び臨時償却に対する選択権があった（旧商法第255条4項2文・3文）。改正商法は新たにその資産化と一定期間内における償却を義務づける（改正商法第246条1項4文）。IFRSとは異なり，減損会計は適用されない。

税務上，この商法上の処理変更は何ら影響を受けない。税務貸借対照表では，買入のれんの資産化と15年間にわたる定額法償却がすでに義務づけられているからである（所得税法7条1項3文）。改正商法によるのれんの計上義務化に伴い，商事貸借対照表と税務貸借対照表との会計処理は共通する。ただ，商法上の償却期間により両者の間で差異が生じる可能性がある。

3　自己創設の無形固定資産

従来，自己創設の無形固定資産の計上，つまり自社開発による無形固定資産の資産化は禁止されていた（旧商法第248条2項）。参事官草案及び政府草案ともIFRSとの関係で年次決算書における情報提供面の強化から，その資産計上の義務化を提案した（旧商法第248条2項の削除）。

改正商法は最終的にはその項目の資産化に対して選択権とする（改正商法第255条2項1文）。これに伴い，いわゆる自社内での開発費の資産化が可能となる。但し，対価を伴わない自社の商標，印刷タイトル，版権及び顧客リストその他これに準ずる無形固定資産は資産化できない（改正商法第248条2項2文）。ここで開発費とは，財貨または技術の新開発あるいは重要な変更を通じた財貨または技術の再開発に対する研究結果またはそれ以外の知識の適用をいう（改正商法第255条2a項2文）。これに対して，研究費とは，一般的性質の新しい科学的もしくは技術的認識もしくは経験に対する固有の継続的な探求で，その技術的利用可能性や経済的成果の見込みが原則としてないものをいう（改正商法第255条2a項3文）。研究開発費が相互に信頼できる形で区別できないときには，当該開発費は資産化できない（改正商法第255条2a項4文）。

税務上はこの無形固定資産の資産化ができるのは，その経済財が有償取得の場合に限定される（所得税法第5条2項）。したがって，この税務上の資産化禁止規定により，改正商法による自社開発の無形固定資産の資産化は何ら税務上影響しない。商法上この項目について計上選択権を適用したときには，商事貸借対照表と税務貸借対照表との間で差異が生じる。その結果，商事貸借対照表上の利益が税務貸借対照表の利益により多くなるので，この一時的差異は貸方繰延税金の計上につながる。

4 相殺禁止の例外

これまでは資産と負債，費用と収益，及び土地の権利と土地の負担とのそれぞれ相殺は禁止されていた（旧商法第246条2項）。改正商法はその例外を新たに設ける。それによると，もっぱら老齢扶助義務あるいはそれに類似する長期支払義務の弁済に役立ちその他の債権者の介入ができない資産については，当該債務と相殺されねばならない（改正商法第246条2項2文）。

この処理の変更に対して，税務上は特に影響を受けない。というのは，そのような商法上の規定にもかかわらず，税務貸借対照表では個別表示が原則だからである（所得税法第5条1a項1文）[13]。この税務上の相殺禁止により，改正商法第253条1項4文が規定する当該資産の付すべき価値による評価も，それが資産の取得原価もしくは製造原価を上回るときには，税務上影響しない（所得税法第6条1項1号・2号）。商事貸借対照表において取得原価を上回る付すべき価値で評価され，商法上の利益が税務上の利益を超過するときには，貸方繰延税金が生じる。

5 借方計算限定項目

従来，旧商法上では前払関税及び前払消費税については資産化の選択権があった（旧商法第250条1項1号）。改正商法はIFRSとの関係でそれを廃止し，資産化を禁止する（旧商法第250条1項1号の削除）。これは，一方で用心の原則から，他方で年次決算書の透明性から望ましい改善をもたらす[14]。また，この項目はそもそも伝統的な計算限定項目ではなく，その計上選択権の削除は真実の写像の歪みの解消につながる[15]。但し，借方債務超過差額は従来通り計

上選択権のままであり，その点に問題は残る[16]。

　税務上はこれまで通りその資産化が義務づけられる（所得税法第5条5項2文）。この点で，商事貸借対照表と税務貸借対照表との差異が明確化する。これに伴い，借方繰延税金が発生する。

　なお，棚卸資産に生じる関税については，これを取得原価の付随費用とみなし，商事貸借対照表上も税務貸借対照表上も資産化義務があるという考え方もある[17]。また，消費税の発生は販売に際して強制的な前提だから，製品の特別直接費として商法上及び税務上も資産化義務があるという考え方もある[18]。

6　開業費及び営業拡大費

　旧規定では資本会社に対して開業費及び営業拡大費の計上選択権があった（旧商法第269条）。これは貸借対照表擬制項目とみなされ，その借方計上の際には分配規制の対象であった。改正商法はその規定を削除した。税法は従来その項目を経済財とみなしておらず，その点では両者の処理の違いは解消する。

7　費用性引当金

(1)　改　正　商　法

　いわゆる動態論の立場から費用収益対応の原則に基づいて，費用性引当金を計上する。旧商法は，①決算日の翌日から3ヶ月以内に実施される予定の修繕引当金及び廃石除却引当金の計上を義務づけていた（旧商法第249条1項1号）。②決算日の翌日から3ヶ月を上回り翌期以内に実施される修繕引当金については，旧規定上計上選択権があった（旧商法第249条1項3文）。③同様に大修繕に備える長期の費用性引当金の計上選択権もあった（旧商法第249条2項）。

　改正商法は上記の引当金のうちで②及び③の引当金規定を削除する。その理由は，その計上が財産及び収益の状況を歪めるからである（政府草案理由書，110頁）。このような単に企業内部の経済的な義務にすぎず法的な債務性をもたない項目については，その計上に関する客観性に乏しい[19]。また，企業の将来への備え及び存続の確保に役立つこの費用性引当金の計上は，自己資本と明確に区別することができず[20]，経済的には積立金に相当する[21]。このような理由からIFRSとの接近を図るため，②及び③の計上を禁止する。その点から改

正商法の負債概念はかなり強く法的性質を帯びる。

この点に関連して文献の一部にはこの外部義務基準は過大な客観性に通じ，経済的観察法を正当化しえないという見解がある。というのは，かりにその性質に即した負債を計上できないとすれば，その負担を回収できなくなる結果をもたらすからである。したがって，外部義務に代えて具体化されねばならないそれ以外の客観性の制限が必要なときには，外部義務の例外が場合によっては合目的であるという見解がある[22]。

例えば，大修繕引当金は上記の理由から改正商法では計上できない。たしかにIFRSもそれと同様である。しかし，その見解ではヘリコプターのオーバーホールに関して，交換可能な構成要素ごとについて異なる償却期間を基礎とするときには，改正商法のもとでもその費用性引当金の計上は許容されるべきである。但し，交換可能な条件のない大修繕についてはその限りではない。これに関連して，1987年の判決で連邦財政裁判所はヘリコプターのオーバーホール及び定期点検に関して，そのオーバーホールを実際に実施した後には将来にはじめて法的に生じる公法上の義務は改正商法以前でも費用性引当金とみなされていない[23]。

なお，上記の①については租税政策面を考慮してこれまで通りその計上が義務づけられる（改正商法第249条1項1号）。

(2) 税法への影響

商法上のGoBによる基準性原則に従い，商法上の負債計上禁止並びに負債計上義務は税務貸借対照表にとっても基準となる。これに対して，商法上の負債計上選択権は税務上の負債禁止となる。このように，税法は従来そのような商法上計上選択権のある費用性引当金の計上を認めていない。すでに1969年2月の連邦財政裁判所の判決はそれを明示している。

税務上の事業財産に関する測定では，積極的な経済財に対立するのが消極的な経済財，すなわち負債である。この税務上の負債については，原則として商事貸借対照表における負債計上原則が適用される。つまり，決算日以前に経済的に原因があり，十分に具体化している義務が存在するときに，負債が発生する。この義務が対外的義務であれば，法的もしくは経済的に根拠となる義務は

第三者に対して明白である。税務上は納税義務者が民法上の規定，公共的な規則もしくは事実上の理由から次期以降に第三者に金銭の支払もしくは物財もしくはサービスの提供をしなければならないときに義務が存在する。したがって，対外的義務を示さず単に企業内部での義務は，そのなかに含まれない。それは法的に根拠づけられず，客観的な検証も困難だからである。

その点で，一定の費用性引当金項目の削除は商事貸借対照表と税務貸借対照表との一致の方向を明らかに示し，IFRS とも接近する。ただ，3ヶ月以内の修繕引当金及び廃石除去引当金に限り，両者の相違はそのまま残る。しかし，この2つの例外的な引当金項目は，改正商法による旧規定との妥協の産物で，金額的にみて両者の差異は僅少にすぎないという考え方もある[24]。

8 自 己 持 分

(1) 改 正 商 法

自己持分は旧規定において原則として資産とみなされ，それを分配規制するために，それと同額の自己持分準備金の設定が要求された（旧商法第274条4項1文）。但し，自己株式を株式の消却目的で取得したときには，例外的に資本の払い戻しとして引受済資本金から控除された（旧商法第274条1項4文）。

改正商法は自己持分の取得及び売却を統一的に資本のマイナスとして処理する。自己持分を取得したときには，会社の部分清算とみなし，引受済資本金及び自由に処分可能な準備金と相殺する（改正商法第272条1a項）。自己持分の取得に要した費用は当期の費用に計上する。自由に処分可能な準備金にはいつでも取崩可能なその他利益準備金と，商法第272条2項4号の拘束性のない資本準備金とが含まれる（政府草案理由書，141頁）。自己持分を売却したときには，自己持分取得時の逆仕訳をし，売却価額がその取得原価を上回るときには，その差額を商法第272条2項1号の拘束性のある資本準備金に計上する（改正商法第272条1b項）。

(2) 税法への影響

改正商法による自己持分に関する処理法が所得税法第5条1項の実質的基準性により税務上も要請されるとすれば，自己持分の取得は税務貸借対照表で示

されるべき事業財産のマイナスとなる。その結果,転売目的の自己持分の取得もまた税務上の利益に影響しなくなる。

しかし,改正商法は事実上自己持分が資産として認識されないという価値判断を含んではいないし,また依然として自己持分は資産としての処理が可能であるという解釈が根強い。改正商法は税務上において単に自己持分の表示問題を取り扱うにすぎないと解される[25]。この考え方に従うと,税務上旧商法規定と同様に自己持分は,一方で資産としての性質と,他方で資本のマイナスとしての性質と二面性をもつ。株式の利益消却目的で自己株式を保有したときには資本のマイナスと捉え成果中立的に処理する。その結果,法人税法第38条1項から3項までの旧自己資本の一部としての02の処分かあるいは税務上の出資勘定 (steuerliches Einlagekonto) の減少として処理される。

これに対して,それ以外の場合には自己持分の取得を経済財とみなし資産化する。売却時に会社法上の部分清算の仮定が当てはまるときには,売却取引として処理される。但し,法人が自己持分を売却したときには,二重課税の排除から原則として非課税となる (法人税法第8b条2項・3項)。したがって,売却コストを控除した売却利益の95％が非課税となる。同様に,自己持分売却損も事業費用には計上できない。

III 貸借対照表の評価

1 資産の評価減と価額取り戻し

(1) 改 正 商 法

旧規定は,固定資産の臨時的評価減について,より低い評価に対する選択権があり,持続的な価値減少の場合には,より低い評価を義務づけていた (旧商法第253条2項3文)。改正商法は前者を廃止し後者のみを継承する (改正商法第253条2項3文)。さらに,旧規定で認められていた合理的な商人の判断による評価減を禁止する (旧商法第254条4項の削除)。但し,財務的投資については一時的な価値減少に伴う臨時的評価減は旧規定と同様に例外的に許容される。価値取り戻しについて旧規定ではその理由がもはや消滅しても,より低い評価の

ままで評価しておき，価額を取り戻す必要はなかった（旧商法第253条5項）。改正商法は，のれんを除き，価額取り戻しが要求される（改正商法第253条5項）。

流動資産について，改正商法は旧規定と同様に厳格な低価基準（Niederstwertprinzip）を適用し，固定資産のケースと違って価値減少における持続性の有無にかかわらず，決算日の市場価値によるより低い価値で評価する（改正商法第253条4項）。市場価値が確定できず，取得原価もしくは製造原価がこれを上回るときには，当該資産の付すべき価値で評価しなければならなかった（旧商法第253条3項2文）。旧規定は流動資産固有の評価として，次期に当該資産の価値評価が価値変動を根拠として変動しうる点を考慮して，商人の合理的な判断による評価減を許容していた（旧商法第253条3項3文）。これは一般に拡大された低価基準とみなされ，将来のリスクや見込まれる損失による評価減が可能であった[26]。しかし，改正商法はこれを廃止する。

また，この規定とは別にさらに固定資産と同様に合理的な商人の判断による評価減も許容しており（旧商法第253条4項），そのなかにいわゆる税法固有の評価減も含まれていた。改正商法はそれも廃止する。これに伴い，税法上の規定による評価減の適用を禁止する。価値減少の理由がなくなれば，価額取り戻しが新たに義務づけられる（改正商法第253条5項）。

(2) 税法への影響

税法は，持続的な価値減少が見込まれるときには，固定資産及び流動資産に関して部分価値（Teilwert）に基づくより低い価値評価を許容する（所得税法第6条1項1号2文・第6条1項2号2文）。ここで部分価値とは，事業全体の取得者が購入総額の範囲で各経済財に割り当てる価額をいう（所得税法第6条1項3文）。そこでは従来，商人の合理的な判断による評価減は認められていないし，流動資産だけに拡大された低価基準も適用できない。また，税法は価額取り戻しを固定資産及び流動資産に義務づける（所得税法第6条1項1号4文・第6条1項2号3文）。その点で，改正商法は結果的にこの税法規定に明らかに接近する。但し，のれんの価額取り戻しを要しない改正商法の規定だけは別である。

なお，税法上の規定に基づく評価減，例えば特別償却は商事貸借対照表に関係なく固有の税務貸借対照表において実施できる。既述の通り逆基準性は適用

されない。

2 金融商品の評価

(1) 改 正 商 法

旧規定は金融商品の評価について特に定めていなかった。参事官草案及び政府草案はいずれもIFRSとの関係及び年次決算書の情報機能の強化から金融商品の時価評価を提案した（参事官草案商法第253条1項3文・政府草案商法第253条1項3文）。但し，参事官草案はこの時価評価損益を当期の損益に算入する立場を示したのに対して，政府草案は評価益について分配規制の対象とした（政府草案商法第268条8項）。2008年9月の世界的規模の金融危機発生に伴い，改正商法は一般事業会社に対する金融商品の時価評価を見送り，従来同様に一般事業会社の金融商品について実現原則及び不均等原則を適用する。

この例外措置が金融機関及び金融サービス業である（改正商法第340e条）。ここでは金融商品の時価評価が適用される。その場合，政府草案と同様にその時価評価額からそのリスク分をマイナスするだけでなく（改正商法第340e条3項），さらに商人の判断に基づき金融機関特有のリスクに備えて一般銀行リスク・ファンドの設定も容認する（改正商法第340f条1項）。

(2) 税法への影響

改正商法第240e条の新規定に伴い，所得税法も改正された。これによると，評価単位を形成していない売買目的の金融商品については，付すべき価値からリスク負担分を控除して評価される（改正所得税法第6条1項2b号1文）。この種の金融商品に対して持続的な価値減少が生じているときには，部分価値による評価減は適用されない（改正所得税法第6条2b項2文）。すでに触れたように，改正商法は一般銀行リスク・ファンドを設定しなければならない関係で，これを予定していない改正税法との間でもやはりその部分だけ差異が生じうる。商法上の成果が税務上の成果を上回ると，商法上貸方繰延税金が計上される。

3 ヘッジ会計に対する評価単位

(1) 改 正 商 法

　旧規定では個別評価が原則であった（旧商法第252条1項3号）。改正商法はヘッジ会計の導入に伴い，個別評価原則を制限する評価単位を一定の条件で容認する（改正商法第254条）。この新規定によると，資産，負債，未決取引あるいは発生の可能性が高いと見込まれる取引が，金融商品の有する比較可能なリスクの発生からの逆方向の価値変動あるいはキャッシュ・フローの相殺に対して統一的に評価単位を構成するときには，個別評価原則の例外としてヘッジ会計を適用する。上記の範囲には商品先物取引の売買もその対象となる（改正商法第254条2文）。このようなヘッジ取引の適用に際してはヘッジ関係の有効性の評価が必要となる。この有効性に関する確認方法については企業に委ねられている。しかし，その方法はリスク管理の範囲における目標及び戦略に照らして適切でなければならない。その場合，これまで認められていた個別ヘッジ以外にポートフォリオ・ヘッジ及び包括ヘッジもそれぞれ有効性に関する一定の要件を満たせば，適用可能となる[27]。

　評価単位に関する処理法として次の2種類がある。凍結法とオンバランス法である[28]。前者は，ヘッジ関係が有効に機能しているときには，ヘッジ対象及びヘッジ手段に関する価値変動ないしキャッシュ・フロー変動が貸借対照表にも損益計算書にも反映されない方法である。これに対して，後者は，IFRSの公正価値ヘッジと類似してヘッジ関係が有効のときだけ，ヘッジ対象及びヘッジ手段のすべての価値変動を成果作用的にオンバランス化させる方法である。この2つの処理法のうち参事官草案は凍結法を支持していたが（参事官草案，210-211頁），草案の条文自体はいずれの方法も企業に選択適用できることにした。この点は政府草案（政府草案，211頁）も改正商法の法委員会も基本的にこれと同様な立場に立つ（改正商法・法委員会理由書，86頁）。ただ，情報提供の面からはオンバランス法を支持する見解が有力である。

(2) 税法への影響

　現行税法は，すでに2006年に次の規定を設けている。金融上のリスクヘッ

ジのために商法会計における評価単位の結果は税務上の利益測定にもまた基準となる（所得税法第5条1a項2文）。税務上の利益測定がGoBに拘束される所得税法第5条1項が定める"一般的"で抽象的な基準性原則と対照的に，この所得税法第5条1a項2文の"特別法的な基準性ルール"は直接的に具体的な商法上の会計を念頭に置く[29]。BilMoG制定後には改正所得税法第5条1a項2文の規定により，商法上の評価がそのまま税務貸借対照表にも引き継がれる。それ故に，そこでは所得税法第5条の税務上の計上規定も所得税法第6条の評価規定も，ヘッジ会計によるこの特殊な評価単位を形成する項目には適用されない。

この点から商事貸借対照表と税務貸借対照表との統一は堅持される。ただ，所得税法第5条1a項2文が適用される場合を除くと，税務上の目的にとって個別評価原則が厳格に適用される（所得税法第5条1a項1文）。このため，場合によっては商事貸借対照表で形成される評価単位が所得税法上の規定の範囲を逸脱してしまい，税務上の明確な規定に抵触する可能性も否定できない。そのときにはGoBに違反するので，税務に影響しない[30]。

4 棚卸資産に関する評価簡便法

棚卸資産に対する評価簡便法としてこれまではGoBに合致していれば，Lifo及びFiFo，それ以外の固定在高や平均法，さらに最も高い価格が先に払い出されたと仮定するHifoや最も低い価格が先に払い出されたと仮定するLifoも適用できた（旧商法第256条）。改正商法はそれを変更し，FifoまたはLifoのみに限定する（改正商法第256条）。

税法上評価簡便法として認められるのはLifoである（所得税法第6条1項2a号）。その結果，商法上FiFoを適用すると，税法との間に成果の差異が発生する。

なお，評価簡便法に属さない平均法は商法及び税法とも従来通り適用できる[31]。

5 製造原価

(1) 改正商法

　旧規定は製造原価のなかに直接材料費，直接製造費及び特別製造費を算入し，間接材料費，間接製造費及び固定資産の価値費消で製造で発生した部分も含めることができた（旧商法第255条2項2文・3文）。

　改正商法はそれを以下のように変更する。製造原価には直接材料費・直接製造費及び直接特別製造費，さらに間接材料費・間接製造費及び製造に基づく固定資産の価値消費分が含まれる（改正商法第255条2項1文・2文）。また，改正商法第255条2項3文は一般管理費のうち製造に関して発生した適当部分について製造原価への算入を容認する。この規定の解釈に関して見解が分かれている。一般管理費のうちで材料管理費もしくは製造管理費は管理活動とはいえ製造に関係して生じたコストである以上，製造原価に算入すべきとする考え方がある[32]。これに対して，それはあくまで製造原価に算入可能なコストであるという考え方もある[33]。前者に従うと，この段階までの金額の合計が製造原価の下限となる。後者に従うと，材料管理費もしくは製造管理費を除く部分までの金額が製造原価の下限となる。

　製造原価の計算には製造期間に関係して生じた事業の社会的設備，任意の社会的給付，事業上の老齢扶養費，一般管理費及び第255条3項で規定する資産の製造に必要な他人資本利子も算入できる（改正商法第255条2項3文）。これらの項目を上記の製造原価の下限に加算した金額が製造原価の上限となる。研究費及び販売費は製造原価に算入できない（改正商法第255条2項4文）。また製造プロセスと関係する自己創設の無形固定資産（開発費）については，製造原価に算入する（改正商法第255条2a項）。このように，製造原価に関する開発費については資産化されるが，しかし研究費は資産化できない。

　その具体的内容は第1章で触れた通りである。

(2) 税法への影響

　税法では税務上の利益測定に関する製造原価の定義及びその構成要素の範囲も明文化していない。単に自製の経済財たる固定資産及び流動資産は製造原価

で評価されねばならないことのみを規定するだけである（所得税法第6条1項1号・2号）。それに関して基準となるのは所得税法第5条1項を経由して商法上の製造原価である。それは，商法上の製造原価概念をベースとしてすべての原価要素が税務上の製造原価の測定に算入されねばならないことを意味する。原則として選択権の余地はなく，全部原価で測定される[34]。このなかには直接費だけでなく間接費，さらに製造範囲に負担される事業上の老齢扶助及び任意の社会給付に対するコストも含まれる。但し，狭義の一般管理費並びに事業の社会的設備費は，製造プロセスに関係しないので，製造原価には含まれない。

　税務当局は算入すべき製造原価のほかに一般管理費及び事業の社会的設備費に対するコストの製造原価への算入選択権を認めており，そのなかに他人資本利子も含まれる（所得税施行令R6.34項）。しかし，この選択権は必ずしもGoBと結合しえない[35]。

　改正商法により製造原価に算入すべき間接費部分はたしかに従来の評価下限の変更となる。しかし，その変更は必ずしも税務上には影響しない。というのは，間接費の負担分はすでに税務上製造原価に算入すべき構成要素だからである。これに対して，一般管理費や任意の社会設備及び事業上の老齢扶助に対するコストは，商法上算入選択権であるので，それは税務上影響しない[36]。商法上の製造原価が基準となるのは，それに対する算入が義務づけられるコストだけに税務上は限定されるからである。

6　負　債

(1)　改　正　商　法

A　負債の一般的評価

　旧規定上の負債はその返済額で評価するのが原則であった（旧商法第253条1項2文）。改正商法は負債をその履行価額で評価する（改正商法第253条1項2文）。この変更理由は，返済額だと負債の支払面だけしか関係せず，余りに範囲が狭いことによる。履行額により単に支払面だけでなく物財の提供も考慮されるからである。したがって，債務は従来通り評価されねばならない。借方超過差額についてはあくまで計上選択権がある[37]。

B 退職給付債務

　旧規定は反対給付がもはや期待できない退職給付債務について現在割引価値による評価を定めていた（旧商法第253条1項2文）。改正商法はそれについて引当金と同様に過去7年間の平均的な市場利子率で割り引いた金額で評価する（改正商法第253条2項3文）。もちろん，個別評価原則から退職給付債務の割引利子率をその支払期限に即して決定することも可能である[38]。また割引利子率の選択権を用いて15年の期間に関係する平均市場利子率を簡便法として用いることもできる（改正商法第253条2項3文・第253条2項2文）。

C 引　当　金

　引当金に関して旧規定は商人の合理的な判断で必要な額で評価することしか規定していなかった（旧商法第253条1項2文）。改正商法はその点を一部変更し，原則として商人の合理的な判断で必要な履行額による評価を明文化する（改正商法第253条1項2文）。このなかには，将来の価格及びコストの上昇が含まれる（参事官草案理由書，104頁。政府草案理由書，114頁）。

　1年を上回る引当金のなかに利息要素が含まれるときには，すべての引当金の現在割引価値で評価する（改正商法第253条2項1文）。その際の割引率は過去7年間の平均市場利子率を用いる。支払期限が1年以内の引当金に関する利息控除について改正商法は特に触れていない。この点に関して上記の改正商法第253条2項1文を狭義に解すれば，利息控除はできない。しかし，それを広義に解し1年を上回る引当金と同様の利息控除も認められるとすれば，利息控除に対する選択権が想定される[39]。

　退職給付引当金について旧規定は，すでに触れた負債の一般的規定を準用して商人の合理的な判断で必要な額で評価する点しか定めていなかった。改正商法はそれを修正し，次のように明文化する。すなわち，退職給付引当金及びこれに準ずる長期債務に関しては，価格及びコスト上昇分を加味してその履行額で評価する（改正商法第253条1項）。割引率については個別的な支払期限を考慮して原則として平均的な市場利子率を用いる（改正商法第253条2項1文）。但し，簡便的に15年間を想定した平均市場利子率を用いることもできる（改正商法第253条2項2文）。

　退職給付債務の額をもっぱら有価証券の付すべき時価で評価し，この付すべ

き時価が最低保証額を上回るときには，退職給付引当金はこの付すべき時価で評価する（改正商法第253条1項3文）。

(2) 税法への影響

　税務上，債務の評価は所得税法第6条1項2号を準用する（所得税法第6条1項3文）。この所得税法第6条1項2号に従うと，債務は取得原価もしくはそれより高い部分価値で評価される。債務の取得原価はその額面価額である。これが債務評価の下限である。債務の部分価値は，事業の取得者が債務がなければ，あるいは売り手からその債務を引き受けなければ支払われないであろう金額をいう。この債務の部分価値が債務の上限である。GoB によると，部分価値を下回る金額で評価してはならない。さもないと，未実現利益が示されるからである。また持続的な価値増加があるときには，基準性原則により部分価値より高い金額で評価する。未実現損失を計上しなければならないからである[40]。支払期限が1年を上回る債務については，5.5％の割引率を用いて評価する（所得税法第6条1項3号）。但し，支払期限が1年以内の債務，利付債務及び前受金等については利息控除が除外される。

　支払期限が1年以内の負債については改正商法と税法との間には違いはない。ところが，それが1年を上回る無利息負債について改正商法はその履行額で評価する。問題はその具体的内容である。それが返済額ではなくて，負債の割引評価を意味するとすれば，税法と同一方向を示す。ただ，その割引率が税法の5.5％と一致すれば特に問題はない。既述のように改正商法が定める割引率と一致しないのが普通であろう。また改正商法の債務に関する履行額をその名目的な返済額で評価すれば，ここでも税法との差異も生じる。このように，商事貸借対照表と税務貸借対照表との間でやはり差異が生じる[41]。その場合には税効果の対象となる。

　改正商法において明文化された引当金に関する商人の合理的な判断に基づいて必要な履行額による評価のなかには，将来の価格及びコストの上昇等を考慮した金額が含まれる（政府草案理由書，114頁）。ところが，BilMoG 制定後の改正税法は原則としてそのような将来の価格及びコスト上昇の考慮を禁止する（改正所得税法第6条1項3a号 f）。税務上は決算時点での価値関係が重要だからで

ある。その点で商事貸借対照表と税務貸借対照表とは相違する。

　1年を超える引当金について税法上5.5％の割引率を用いるのに対して，改正商法は過去7年間の平均市場利子率を用い，退職給付引当金やこれに準ずる長期債務については簡便的に15年間を想定した平均市場利子率をそれぞれ用いうる点で，ここでも商事貸借対照表と税務貸借対照表との間で微妙な差異が生じる。また，改正商法上1年以内の引当金について利息控除の処理に関する選択権を行使すれば，税法と相違する。

7　為　替　換　算

(1)　改　正　商　法

　外貨建資産負債の換算に関して，旧規定は特に定めていなかった。このため，その基準を GoB から導くことが文献で議論されてきた。その結果，商法第252条及びドイツ会計基準 (Rechnungslegungsstandard) 第14号がその目安となる，ただ，この会計基準第14号は連結決算書に関する換算基準を対象としており，それが直ちに年次決算書に適用されるかどうかは見解の相違があった。このような事情から BilMoG は為替換算方法の明文化を試みた。参事官草案は，当初は決算日レート法の採用を提案した（参事官草案商法第256a条）。

　政府草案は1年を超えて支払期限が到来する資産及び負債項目の外貨換算については，実現原則及び不均等原則を考慮し，慎重な評価及び取得原価をベースとすることを要求した（政府草案商法第256a条）。これに伴い，長期の資産負債に関しては為替換算差益の計上は禁止され，1年以内の資産負債の為替差損益だけが当期の損益に算入されることになった。改正商法はこれと内容はほぼ同じである。ただ，内容を明確化するため，文言を一部修正し次のように変更した。外貨建資産負債は決算日の直物仲値相場で換算し，支払期限が1年以内の項目については商法第253条1項1文及び第252条1項4号2文の適用はない（改正商法第256a条）。

　いずれにせよ，短期的な資産負債の換算から未実現利益の計上につながる。これは現行実務及び IFRS への会計にはたしかに接近するが，しかしドイツ会計の伝統である用心の原則に反する結果をもたらす[42]。

(2) 税法への影響

税法では取得原価が評価の上限である（所得税法第6条1項1号・2号）。その結果，1年以内の支払期限をもつ外貨建債権債務については改正商法の定める決算日レートでは換算しない。それ故に，商事貸借対照表と税務貸借対照表との間で相違し，繰延税金が生じる。

IV　その他の事項

1　帳簿及び会計に関する義務の免除

これまで旧規定ではすべての商人に対して帳簿作成義務があった（旧商法第238条1項1文）。改正商法は零細な個人商人に関して帳簿作成の義務を免除する（改正商法第241a条2項）。資本市場性のない小企業に対して，商人としての帳簿及び決算書の作成義務が免除される。2期連続で売上高が500,000ユーロ及び年度剰余額が50,000ユーロをそれぞれ下回ることがその適用条件である。政府草案は帳簿及び会計義務を免除する零細企業に対しては，所得税法第4条3項の収入余剰計算（Einnahmen-Überschuss-Rechnung）の導入を提案した（政府草案理由書，101頁）。

税務上の帳簿及び会計に関する義務を定めているのが租税通則法である。これによると，売上税による売上高を除き，暦年で50,000ユーロ以上の売上高のある納税義務者には帳簿及び記録義務がある（租税通則法第141条1項1号）。この点で，商法と税法との間では帳簿に関する免除規定の範囲に差異がある。さらに，改正商法は年度剰余額の一定額も帳簿免除の条件とする点で，両者の間には大きな隔たりが生じる。

改正商法第241a条の新規定に対応して，租税通則法第141条も次のように改正する。それによると，従来の租税通則法第141条1項2文のなかに，商法第240条と第242条との間に第241条（第241a条も含む。）の規定が新たに追加・挿入される。その結果，商法上の帳簿及び会計義務の免除対象企業は直ちに所得税法第4条3項で定める収入余剰計算に対するオプションをもたず，むしろさらに租税通則法第141条に基づく税務上の帳簿義務がある[43]。

84　第3章　改正商法会計と税法会計

2　連結決算書の範囲

　連結決算書に関しても改正商法は変更を加える。

　連結の範囲に関して旧規定では統一的指揮（einheitliche Leitung）を重視し，そこでは子会社への投資を要求していた。改正商法はその点を修正する。すなわち，他企業に対する支配的影響力の面から投資要求を解除する（改正商法第290条1項・2項）。この統一的指揮は明らかに経済的観察法を前提とする以上，投資自体の有無を問う必要はないという理由からである。これとの関連でリスクとチャンスの多くを担う特別目的会社（Zweckgesellschaft）も新たに連結の範囲に含まれる。

　この改正商法は所得税法第4h条で定める税務上の利子制限との関連で影響する。事業がコンツェルンに属さないとき（所得税法第4h条2項1文b），あるいは事業の自己資本比率がコンツェルンの自己資本比率よりも低いときには（所得税法第4h条2項1文c），利子制限は適用できない。前者の要件並びに後者の要件に対する基準となるのはいずれもIFRSが優先する[44]。但し，親会社がIFRSに基づく連結決算書の作成義務がなく，過去5年間にIFRSの連結決算書を作成してこなかった場合には，ドイツ商法ベースの決算書を利用することもできる。

　改正商法による連結範囲の変更は所得税法第4h条2項1文の連結範囲には影響しない。将来的に連結グループに帰属することに基づいて，利子制限が適用されねばならず，他人資本による資金調達費用に対する事業支出の控除は必要ではないからである[45]。

V　結

　以上の論旨を整理すれば以下の通りである。
　第1に，貸借対照表計上の面では以下の結果をもたらす。
　その1は，資産の帰属に関して改正商法と税法との違いは解消する。
　その2は，のれんについて改正商法は資産化を義務づけることに伴い，商事貸借対照表と税務貸借対照表との差異は解消するが，しかし償却期間に関して

差異が残る。

　その3は，改正商法において新たに容認される自己創設による無形固定資産（開発費）の計上選択権は税務上との差異をもたらす。税務上はその計上が禁止されるからである。

　その4は，資産負債の相殺禁止の例外規定を改正商法は導入するが，しかし税法は個別評価を原則としており，その点で違いが生じる。

　その5は，前払税金等の特定の借方計算限定項目の計上選択権を改正商法は廃止することにより，その計上を義務づける税法との違いが発生する。

　その6は，費用性引当金の計上選択権を改正商法は原則的に廃止したことにより，税法との接近が図られる。ただ，一部の費用性引当金項目（3ヶ月以内に実施が予定されている修繕引当金及び廃石除却引当金）については例外的にその計上を義務づけたままであり，その点で税法と若干相違する。

　その7は，自己持分に関して改正商法は資本のマイナスとして一元的に処理するが，しかし税法はそれについて資本のマイナスまたは資産としての二元的処理を前提とし，両者の間で差異が生じる。

　第2に，貸借対照表の評価に関して次のように整理できる。

　その1は，資産の評価減及び価額取り戻しに関する改正商法の変更に伴い，かなりの税法との接近が図られる。ただ，逆基準性の廃止により税法規定による評価減の影響は排除され，また改正商法はのれんの価額取り戻しを禁止する関係で，商事貸借対照表と税務貸借対照表との間には差異がある。

　その2は，金融商品に関して改正商法は2008年9月の世界的な金融危機の発生により一般事業会社に対するその時価評価を見送り，金融機関のみに例外的に一定のリスク分を考慮しながらも時価評価を適用する。この時価評価の導入の点で，税法との違いが生じる。

　その3は，改正商法によるヘッジ会計の導入について基本的にはそれをすでに制度化した税法と整合性をもつ。ただ，税務上の厳格な個別評価原則を適用するときには，税務貸借対照表において商事貸借対照表上の評価単位が影響しないケースもでてくる。

　その4は，棚卸資産の評価簡便法についてFifoまたはLifoに限定する改正商法に対して，税法はLifoのみを適用するので，両者の間に差異がある。

その5は，製造原価の範囲を拡張した改正商法の内容はほぼ税法と一致する。

その6は，改正商法による負債評価の変更は基本的に税務上と類似した結果をもたらす。ただ，割引率や将来の価格またはコスト上昇を加味するか否かについて若干相違する。

その7は，1年以内の外貨建貨幣項目に関する換算方法について改正商法は決算日レートを用いるのに対して，税法は取得原価をベースとする点で，依然として差異が残る。

第3に，その他の項目に関しては帳簿及び会計義務の免除規定及び連結の範囲に関して変更する改正商法の規定は税法と異なる結果をもたらす。

注

（1） K. Küting・T. Tesche, Wirtschaftliche Zurechnung, in : K. Küting・N. Pfitzer・C. P. Weber 編，Das neue deutsche Bilanzrecht, Stuttgart, 第1版，2008年，所収，163頁。
（2） K. Küting・T. Tesche, 前掲論文注（1），162頁。
（3） Adler・Düring・Schmaltz, Rechnungslegung und Prüfung der Unternehmen, 第5巻，第6版，Stuttgart, 1998年，189頁。J. Baetge・H. J. Kirsch・S. Thiele, Bilanzen, 第8版，Düsseldorf, 2005年，158頁。H. Kahle・S. Günter, Vermögensgegenstand und Wirtschaftsgut–Veränderung der Aktivierungskriterien durch das BilMoG？, in : U. Schmiel・V. Breithecker 編，Steuerliche Gewinnermittlung nach Bilanzrechtsmordernisierungsgesetz, Berlin, 2008年，所収，82頁。
（4） H. Kahle・S. Günter, 前掲論文注（3），84頁。
（5） H. Kahle・S. Günter, 前掲論文注（3），87頁。
（6） Adler・Düring・Schmaltz, 第1巻，第6版，Stuttgart, 1995年，421頁。
（7）（8） H. Kahle・S. Günter, 前掲論文注（3），88頁。
（9） H. Kahle・S. Günter, 前掲論文注（3），74頁。
（10） Deloitte & Touche GmbH 編，Die Bilanzrechtsreform 2009/10, Bonn, 2009年，48頁。N. Herzig・S. Briesemeister, Steuerliche Konsequenzen des BilMoG—Deregulierung und Maßgeblichkeit, in : Der Betrieb, 第62巻第18号，2009年5月，928頁。
（11） Deloitte & Touche GmbH 編，前掲書注（10），48頁。
（12） A. Pfirmann・R. Schäfer, Steuerliche Implikationen, in : K. Küting・N. Pfitzer・C. P. Weber 編，Das neue deutsche Bilanzrecht, Stuttgart, 第2版，2009年，所収，130-131頁。

(13)　A. Pfirmann・R. Schäfer, 前掲論文注 (12), 131 頁。

(14)　K. Petersen・C. Zwirner 編, BilMoG, München, 2009 年, 400 頁。

(15) (16)　K. Petersen・C. Zwirbner 編, 前掲書注 (14), 401 頁。

(17)　F. Jürgen, Zur Überflüssigkeit einer nach § 5 Abs. 5 Satz 2 EStG erweiteren Rechnungsabgrenzung, in : U. Schmiel・Breithecker 編, 前掲書注 (3), 所収, 210 頁。

(18)　F. Jürgen, 前掲論文注 (17), 215 頁。

(19)　W. Scheffler, Rückstellungen in der Steuerbilanz nach dem BilMoG, in : U. Schmiel・V. Breithecker 編, 前掲注 (3), 所収, 232 頁。

(20)　Adler・Düring・Schmaltz, 前掲書 (3), 408 頁。

(21)　H. Kessler・M. Leinen・M. Stickmann 編, Handbuch BilMoG, Freiburg・Berlin・München, 2009 年, 264 頁。

(22)　A. Drinhausen・J. Ramsauer, Zur Umsetzung der HGB-Modernisierung durch das BilMoG : Ansatz und Bewertung von Rückstellungen, in : Der Betrieb, 第 62 巻第 23 号, Beilage 5, 2009 年 6 月, 49 頁。

(23)　Deloitte & Touche GmbH 編, 前掲注 (10), 137 頁。

(24)　W. Scheffler, 前掲論文注 (19), 233 頁。

(25)　Deloitte & Touche GmbH 編, 前掲注 (10), 106-107 頁。A. Pfirmann・R. Schäfer, 前掲書注 (12), 135 頁。O. Dörfer・G. Adrian, Zum Umsetzung der HGB−Modernisierung durch das BilMoG : Steuerbilanzrechtliche Auswirkungen, in : Der Betrieb, 第 62 巻第 23 号, Beilage 5, 2009 年 6 月, 63 頁。

(26)　K. Petersen・C. Zwirner 編, 前掲注 (14), 412 頁。

(27)　P. Scharpf, Finanzinstrumente, in : K. Küting・N. Pfitzer・C. P. Weber 編, 前掲書注 (12), 所収, 215-216 頁。

(28)　K. Petersen・C. Zwirner 編, 前掲注 (14), 429-430 頁。

(29)　G. Kraft・J. Bischoff, Zur Problematik von Bewertungseinheiten in der Steuerbilanz, in : U. Schmiel・V. Breithecker 編, 前掲注 (3), 所収, 176 頁。

(30)　A. Pfirmann・R. Schäfer, 前掲論文注 (12), 138 頁。

(31)　A. Pfirmann・R. Schäfer, 前掲論文注 (12), 138 頁。K. Petersen・C. Zwirner 編, 前掲論文注 (14), 450 頁。

(32)　K.. Küting, Herstellungskosten, in : K. Küting・N. Pfitzer・C. P. Weber 編, 前掲注 (1), 所収, 174-175 頁。

(33)　K. Petersen・C. Zwirner 編, 前掲論文注 (14), 438 頁。

(34) (35)　H. Karrenbrock, Vollkostenansatz ante portas : Die Neuregelung der bilanziellen Herstellungskosten nach dem Regierungsentwurf des BilMoG, in : U. Schmiel・V. Breithecker 編, 前掲注 (3), 所収, 137 頁。

(36) H. Karrenbrock, 前掲論文注 (34), 138 頁。
(37)(38) K. Petersen・C. Zwirner 編, 前掲論文注 (14), 413 頁。
(39) K. Küting・J. Cassel・C. Metz, Ansatz und Bewertung von Rückstellung, in : K. Küting・N. Pfitzer・C. P. Weber 編, 前掲書注 (1), 所収, 330-331 頁。
(40) R. Winnefeld, Bilanz-Handbuch, 第 4 版, München, 2006 年, 1118 頁。
(41) Deloitte & Touche GmbH 編, 前掲書注 (10), 66 頁。
(42) K.. Küting・M. Mojadadr, Währungsumrechnung, in : K. Küting・N. Pfitzer・C. P. Weber 編, 前掲書注 (1), 所収, 478 頁。
(43) O. Dörfer・G. Adrian, 前掲論文注 (25), 63 頁。
(44)(45) O. Dörfer・G. Adrian, 前掲論文注 (25), 64 頁。

第2部 資本会計制度

第4章

資本会計制度の構造

I 序

周知の通り，わが国の明治23年に公布された旧商法典のルーツは1861年の普通ドイツ商法典（Allgemeines Deutsches Handelsgesetzbuch ; ADHGB）である。その後，幾たびかの改正を経て平成17年に制定された現行会社法に至っている。一方，ドイツ商法も株式法を含め数回の改正を経てから EC 会社法指令を変換した結果，1985年商法が成立した。しかし，国際的な会計基準との調整面から2009年に BilMoG が制定された。本章では資本会計制度の構造[1]に焦点をあてて，まずその伝統的な特徴を明らかにするとともに，次に BilMoG により改正商法においてその内容がどのように変化し進展したのかについて検討する。併せて2008年11月に「有限会社法の現代化及び濫用の抑制に対する法」（Gesetz zur Modernisierung des GmbH-Rechts und Bekämpfung von Missbräuchen ; 以下，MoMiG と略す。）の制度化に伴う改正有限会社法の資本会計制度にも触れる。

II 資本会計制度の概要

1 自己資本の部の分類

自己資本の部は次のように分類される（商法第266条3項A）。

引受済資本金，資本準備金，利益準備金（(1) 法定準備金（gesetzliche Rücklage)・(2) 支配企業もしくは過半数投資企業に対する持分準備金（Rücklage für Anteile)・(3) 定款準備金（satzungsmäßige Rücklagen）(4) その他利益準備金（andere Rücklagen），繰越利益・繰越損失，年度剰余額（Jahresüberschuß)・年度欠

損額（Jahresfehlbetrag）

　この分類は，わが国とほぼ同様である。繰越損益と年度剰余額（または年度欠損額）をそれぞれ独立させるのも特徴である。年度剰余額に関する利益処分後の結果を示した貸借対照表利益（Bilanzgewinn）もしくは貸借対照表損失（Bilanzverlust）の表示も認められる（商法第268条1項）。

2　引受済資本金

(1)　株式と資本金

　株式会社は株式に分割された資本金を有する制度である（株式法第1条2項）。株式と資本金は依然として密接な関係を有する。最低資本金は5万ユーロである（株式法第7条）。株式には券面額のある額面株式（Nennbetragsaktien）と，それのない無額面株式（Stückaktien）とがある。この無額面株式は1998年に導入され，それ以前は額面株式しか認められていなかった。額面株式の最低券面額は1ユーロを下回ってはならず（株式法第8条2項1文），額面金額未満の発行は禁止される（株式法第9条1項）。

　無額面株式についても額面株式と同様に資本金と関係づけられ，無額面株式の発行による資本金の額をその株数で除した1株あたりの資本金を算出し，それは1ユーロを下回ってはならない（株式法第8条2項）。1株あたりの資本金を下回る無額面株式の発行も認められない（株式法第9条1項）。このように無額面株式といっても，額面に相当する金額が算出される点で，それは不真性無額面株式（unechte nennwertlose Aktien）と呼ばれる。同一企業で額面株式と無額面株式との併存は認められず，どちらかのタイプを選択する必要がある。

(2)　引受済資本金の表示

　引受済資本金は，株主の有限責任を前提とする株式会社において債権者保護の見地から会社財産の一定の金額の維持を図る制度である。引受済資本金のうち未請求未払込額の表示方法については2つの方法からの選択が認められた。1つは，引受済資本金の未払込総額を借方側の固定資産の前に表示し（旧商法第272条1項2文），そのうち払込請求済額を内訳表示し，引受済資本金に関しては払込額あるいは未払込額，請求済あるいは未請求かのいかんを問わずその総

Ⅱ　資本会計制度の概要　93

額を表示する方法である。他の1つは，未請求未払込額を引受済資本金の総額から直接的に控除し，請求済資本金を貸方側で示し，請求済未払込額を流動資産に計上する方法である（旧商法第272条1項3文）。

改正商法はこれを後者に一元化する。

(3) 引受済資本金の増加

引受済資本金が増加するのは，次の4つのケースである[2]。

① 払込による資本金増加

これには金銭出資と現物出資とがある

② 条件付資本金増加（bedingte Kapitalerhöhung）

この条件付資本金増加は，株主総会の決議に基づいて会社が新株を与える転換権もしくは購入権を用いた資本金の増加である（株式法第192条1項）。この額面金額は資本金の2分の1を上回ってはならず，さらに従業員及び役員に対する新株引受権の額面金額はその発行時点の条件付資本金の10分の1を上回ってはならない（株式法第192条3項）。

③ 認可資本金（genehmigtes Kapital）の範囲における資本金増加

これに伴い，定款の定めで取締役に対して5年以内に認可資本金まで新株発行による資本金増加の権限を与えることができる（株式法第202条1項）。認可資本金の額面金額は認可資本金の権限の与えられる時点における資本金の2分の1を上回ってはならない（株式法第202条1文）。

④ 準備金の資本金組入れによる資本増加

これは会社に何ら資金の流入を伴わない会社財源からの資本金増加である。株主総会の決議による資本準備金及び利益準備金の資本金組入れがこれである（株式法第207条）。この資本金組入れに際しては商法第272条2項第1号から第3号までの資本準備金と法定準備金の合計額が資本金の10分の1（あるいは定款の定めでそれを上回る額）を超えている場合に限られる（株式法第150条4項）。資本準備金及び法定準備金の合計が資本金の10分の1（もしくは定款の定めでそれを上回る額）を超えているときには，商法第272条2項第4号の資本準備金及びその他の利益準備金の全額を資本金に組み入れることができる（株式法第208条1項2文）。

このほかに会社の組織再編に伴う合併等によっても資本金は増加する。

(4) 引受済資本金の減少

引受済資本金は次の3つの方法で減少する。1つめは通常の減資である。2つめは簡易の減資（vereinfachte Kapitalherabsetzung）である。3つめは株式の消却（Einziehung von Aktien）による資本金減少である。

A 通常の減資

通常の減資を実施するには資本金の4分の3以上を占める多数による総会の特別決議が必要である（株式法第222条1項）。この減額は株式の額面金額の引き下げあるいは無額面株式については1株当たりの資本の減額により実施される。但し，減資によって1株当たりの金額が最低金額の1ユーロを下回ってはならず，1ユーロを下回るときには，株式の併合を伴って減資が実施される（株式法第222条4項）。通常の減資目的は原則として自由であるが，債権者保護手続を要する。有償減資による資本の払戻はこの債権者手続を要する通常の減資だけである。これによって生じる減資差益は会社の部分清算（Teilliquidation）とみなされ，商法第272条2項4号の拘束性のない資本準備金に該当し，利益処分の対象となる[3]。

B 簡易の減資

簡易の減資は価値減少の相殺，その他の損失の補填，あるいは資本準備金の減少により資本金を減額させる場合である。ここでは減資の目的が限定されるとともに，後述する一定の要件を満たすことが条件である。この簡易の減資は，通常の減資と同様に資本金の4分の3以上による株主総会の特別決議を要する。但し通常の減資と異なり会社の更生（Sanierung）を目的とするので，債権者保護手続を要しない（株式法第229条3項）。

簡易の減資には次の3つの要件が必要である。①繰越利益が存在しないこと，②あらかじめ利益準備金を取り崩すこと，③資本準備金と法定準備金の合計が減資後の資本の10分の1を上回るときには，その超過分を取り崩すこと，この3点である（株式法第229条2項）。

この簡易の減資に関しては，その他利益準備金の法定準備金への組入れ及び資本金の減額による資本準備金への組入れについては，資本準備金と法定準備

金の合計額が資本金の10分の1を上回ってはならない (株式法第231条1文)。これは, 資本金が絶対的に必要な範囲までしか引き下げられないように制限を加えたもので, 株主の利益に役立つ。

減資を決議した年度及びそれ以降の2年間以内において, 想定された価値減少及びその他の損失が実際には発生しなかったり, あるいは補填されなかったときには, 減資額を下回る損失額は資本準備金に組み入れねばならない (株式法第232条)。この趣旨は, 債権者保護の見地からこの過大となった損失の修正分が株主に配当されることを回避する点にある[4]。この資本準備金への繰入は, 株式法第240条に従い, 損益計算書のなかで利益準備金の取崩の次に, "簡易の減資に基づく規定による資本準備金の繰入"として示す。

この場合, それが商法第272条2項で定めるどの種類の資本準備金であるかについては法は明言していない。簡易の減資差益について旧株式法は, 資本準備金も含む法定準備金のなかに収容させて強制的に拘束した (1965年株式法第150条2項)。現行株式法第150条はそれを削除する。しかし, かりに, 株式法第232条及び第237条に基づいて拘束を解かれた金額を株主に配当として処分すれば, それは債権者保護に反する結果となるので, 通説はその処理を認めない[5]。

いずれにせよ, 簡易の減資及び株式の消却に基づく減資差益は旧株式法と同様に商法第272条の第1号から第3号までの拘束性のある資本準備金に準じて分配規制される。それは商法第272条2項で規定する資本準備金そのものには該当せず, これとは別に株式法上の特別規定から計上される。

簡易の減資後の資本準備金及び法定準備金の合計額が資本金の10分の1に達していないときには, 利益配当はできない (株式法第233条1項)。また, 減資後2年以上が経過しなければ, 100分の4を上回る利益は分配できない (株式法第232条2項1文)。

C 株式の消却

株式の消却には強制消却と任意消却とがある。いずれの株式の消却とも通常の減資手続で実施されねばならない (株式法第237条2項)。但し強制消却は原始定款もしくは定款変更の決議で定められる。通常の減資手続に基づく株式の消却のほかに株式の消却も認められている。それは会社に無償で提供された株式

の消却や，年度剰余額もしくはその他利益準備金に基づく株式の利益消却である。株主総会の普通決議で実施でき，債権者保護手続を要しない（株式法第237条3項及び4項）。つまり簡易の株式利益消却制度である。

簡易の減資手続により株式の利益消却目的で自己株式を取得したときには，引受済資本金からその自己株式の額面金額もしくは無額面株式の計算的価値（rechnerischer Wert）を控除した金額を貸借対照表に表示する（商法第272条1項4文）。その処理は額面法による。減資差損は利益準備金にチャージする。自己株式を消却したときには，額面金額に相当する自己株式も同様に利益準備金と相殺され，引受済資本金の減少額を債権者保護の見地から資本準備金に組み入れる（株式法第237条5項）。ドイツ株式法では株式と資本は連動しているので，株式の消却に伴い引受済資本金は減少する。その結果として生じる減資差益は，債権者保護の見地から拘束性のある資本準備金に振り替えられ，株主に対する利益処分の対象とはならない（株式法第237条5項）。

3 資 本 準 備 金

商法第272条2項は資本準備金として表示しなければならない4つの項目を指摘する。

(1) 第1号から第3号までの資本準備金

第1号は，株式発行に際して額面金額を超えるプレミアム，額面金額がなければ計算的価値を超えて得られた金額である。つまり，額面超過金と，無額面株式の発行価額のうちで計算的価値を超える金額，つまり株主による払込資本のうちで引受済資本金とならなかった金額である。第2号は，転換社債及び新株引受権付社債の発行に伴い，持分の取得で得られた金額である。このなかには，額面発行であっても，市場利子率よりも当該社債の利子率が低い場合も含まれる[6]。第3号は，持分の優先の授与に対する出資者の追加支払額（Zuzahlung）である。第4号は，第3号との関連で出資者が自己資本に供与するその他の追加支払額（andere Zuzahlung）である。

これらの資本準備金はすでに1965年旧株式法第150条2項第2号から第4号までに規定されたものと同一で，拘束性があり特に問題はない。

(2) 第4号の資本準備金

　商法第272条2項4号の資本準備金は1985年の商法改正により新たに追加された。その趣旨は，これまでは会社法上の出資以外で出資者が会社に提供した追加支払額に関して商法上の臨時収益と処理してきた。この是正がその趣旨である。通説は出資者による出資意図が明確なものだけを任意の出資取引と捉え，この第4号の資本準備金に計上する[7]。したがって，配当の支払いや欠損填補といった目的からの出資者による支払額は第4号の資本準備金には属さず，収益に計上される。

　この通説には批判がある。第1は，出資者の出資意図を重視すれば，その主観的な判断に伴い会社の収益状況が恣意的となり真実の写像表示に反するという考え方である。そこで，追加払込額の成果中立的処理が主張される[8]。但し，欠損填補の支払額は収益状況の判断には支障をきたさないので，例外的に収益の増加として処理する。第2は，会社関係に起因する出資者の追加支払額は強制的に拘束性のある資本準備金に計上すべきであるという考え方である。会社関係に起因せず隠れた財産移転については慎重に見積もられた時価で評価し，この時価と契約上の購入価格との差額は資本準備金に計上する[9]。第3は，出資者の意図はあまりに主観的であり，それに代えてその客観的な判断に基づいて処理すべきという考え方である[10]。それによると，会社にとって投資価値増加の可能性のある出資者の追加支払額のうち抽象的な資産化の要件とその他の資産計上禁止規定に反しないときには，出資者による任意の出資 (freiwillige Einlage) とみなす。これを第1号から第3号までの資本準備金と同様に拘束し，株主に対する分配規制する。

　このように，会社法上の出資取引以外の出資者による払込額の処理については，通説以外に様々な見解がある。

4　利　益　準　備　金

(1)　法　定　準　備　金

　法定準備金は，年度剰余額から繰越損失を控除した額の20分の1を，商法第272条2項1号から3号までの資本準備金と合わせて，資本金の10分の1に達するまで積み立てねばならない（株式法第150条2項）。この法定準備金はわ

が国の会社法上の利益準備金に相当する。定款に別段の定めのあるときには，法定準備金の設定金額を資本の10分の1よりも高く設定することもできる。

(2) 自己持分準備金

旧商法では，株式の消却以外で会社が自己持分を保有するときには，それと同額の自己持分準備金を設定しなければならなかった。ドイツ商法でいう自己持分，つまり株式会社における自己株式は原則として有価証券として処理された（旧商法第266条2項）。ただ，この自己株式の取得は経済的には資本の返済であるので，資産化された自己株式の取得原価に等しい金額は分配規制された。貸借対照表利益もしくは処分可能な利益準備金，繰越利益も自己持分準備金の設定に利用できた。

この自己持分準備金の取り崩しは，その自己持分の発行，売却，消却，さらに商法第253条3項に基づいてより低い価値で評価される場合に限られた（旧商法第272条4項2文）。

自己持分の処理に対する改正商法の変更については後述する。

(3) 定款準備金

定款もしくは契約により，それ以外の利益準備金を設定したのが定款準備金であり，積立金設定に対する拘束力のある義務に基づく。その結果，単に利益準備金の設定に対する権限を含み，判断を伴う準備金としての定款規定ないし会社契約規定は定款準備金の設定ではない。それは後述するその他利益準備金に該当する。ドイツ株式法は，貸借対照表の作成に際して年度剰余額に対する一定の処分を認めている（商法第268条1項1文）。これは，取締役及び監査役が年次決算書を確定する場合（株式法第172条）と，株主総会がそれを確定する場合（株式法第173条）とに区別される。

前者によると，定款は取締役及び監査役に対して年度剰余額の2分の1を上限とする金額の処分権限が与えられる（株式法第58条2項1文）。この準備金は定款に基づくが，上述の原則に従い定款準備金ではなくてその他利益準備金に属する。

後者によると，株式法第58条1項に基づく定款は利益準備金の計上に対す

る義務を含みうるので、それは定款準備金に該当すると解される。しかし、この点に関して株式法第58条1項1文及び2文は同じくその他利益準備金への計上を指示する。

(4) その他利益準備金

その他利益準備金が設定されるのは、以下の通りである。

第1は、株主総会が年次決算書を確定する場合に限り、定款の定めで年度剰余額の2分の1以内の金額をその他利益準備金に計上できる（株式法第58条1項2文）。

第2は、取締役及び監査役が年次決算書を確定する場合、年度剰余額の2分の1以内の金額をその他利益準備金に計上できる。定款の定めにより年度剰余額の2分の1を上回る金額もしくはそれを下回る金額でその他利益準備金の設定を取締役及び監査役に付与できる（株式法第58条2項2文）。この規定はあくまで取締役及び監査役に対して準備金設定に関する権限を付与したもので、その義務を示したものではない。したがって、取締役及び監査役がその権限を行使してその他利益準備金を設定するか否かはその判断に委ねられている。但し定款の定めで取締役及び監査役がその他利益準備金を設定できるのは、その他利益準備金が資本金の2分の1を超過していない場合、あるいはその他利益準備金を設定した結果、それが資本金の2分の1を超えていない場合に限られる（株式法第58条2項3文）。

第3は、資産の価額取り戻し（Wertaufholung）による項目や、税法上の利益測定から設定されたもので準備金的性質として表示してはならない項目をその他利益準備金に計上できる（株式法第58条2a項）。

第4は、株主総会の決議で利益処分の範囲で設定されるその他利益準備金である。

5 準備金の取崩

(1) 資本準備金と法定準備金の取崩

準備金の取崩のうちで、まず資本準備金と法定準備金の取崩に関して取り上げる。

商法第272条2項の資本準備金のうち第1号から第3号までの資本準備金と法定準備金については，欠損塡補と資本金組入れ以外には取り崩すことができない。

但し，それには条件がある。商法第272条2項1号から3号までの資本準備金と法定準備金の合計額が資本金の10分の1または定款の定めでそれ以上の金額を下回るときには，①年度欠損額を繰越利益及びその他利益準備金で塡補できないとき，②繰越欠損額を年度剰余額及びその他利益準備金で塡補できないときに限り，上述の資本準備金及び法定準備金を取り崩すことができる（株式法第150条3項）。

これに対して，第1号から第3号までの資本準備金と法定準備金の合計額が資本金の10分の1または定款の定めのあるそれ以上の金額を上回るときには，その超過額を以下のケースで取り崩すことができる（株式法第150条4項）。①年度欠損額を前期繰越利益で塡補できないとき，②繰越損失を年度剰余額で塡補できないとき，③資本金に組み入れるときの3つのケースである。但し①及び②のケースでは，同時に利益準備金が利益配当に取り崩されるときには，その超過額の取崩は認められない（株式法第150条4項2文）。欠損塡補により資本準備金を取り崩すときには，損益計算書のなかで前期繰越利益の後で利益準備金取崩の前に表示する（株式法第158条1項）。

商法第272条2項1号から3号に該当しない資本準備金，つまり第4号の資本準備金について株式法第150条は何ら触れていない。このため，第4号の資本準備金については特に分配規制はなく，株主総会の決議で取り崩すことができる[11]。

法定準備金と資本準備金の合計が資本金の10分の1（もしくは定款に定めのあるそれを上回る金額）を下回るときには，この合計額については，前期繰越利益で年度欠損額を塡補できずその他利益準備金の取り崩しによってもなお塡補できない場合，あるいは年度剰余額で前期繰越損失を塡補できずその他利益準備金の取り崩しによってもなお塡補できない場合に処分できる（株式法第150条3項）。いずれのケースもあらかじめその他利益準備金は取り崩されねばならない。

これに対して，法定準備金及び資本準備金の合計が資本金の10分の1（も

しくは定款の定めでそれ以上の金額）を上回るときには，その超過額について，前期繰越利益が年度欠損額を塡補できない場合，あるいは年度剰余額が前期繰越損失を塡補できない場合に処分できる（株式法第150条4項1文1号及び2号）。取り崩し可能なその他利益準備金が存在するケースも同様である。但し，利益準備金を同時に利益配当に対して取り崩すときには，その超過額を欠損額の塡補に取り崩してはならない（株式法第150条4項2文）。資本金の10分の1を上回る法定準備金については，既述の通り資本金に組み入れることもできる（株式法第208条1項～第220条）。

なお，ドイツには分配可能利益の資本準備金組入れ（Schütt-aus-hol-zurück-Verfahren）もある。分配可能利益を資本金ではなくて商法第272条2項4号の拘束性のない資本準備金に組み入れる。これは，配当よりも社内留保のほうが税負担が低いことを利用した制度である。しかし，2001年の税法改正で両者の税率が統一されたため，その特典は失われた[12]。

(2) 準備金の取崩順序

法定準備金及び資本準備金を取り崩す場合，どちらを先に優先させるのかが問題となる。この点に関して，1つには法定準備金を先に取り崩し，その後で資本準備金を取り崩すという考え方がある。法定準備金は資本準備金と並んでその設定に際して変動しうる調整項目であるので，法定準備金をまず取り崩すのが妥当であるというのがその理由である。企業はその経済的リスクを何よりも営業活動から稼得された準備金で負担しなければならず，それが足りない場合にのみ，株主の出資で補塡すべきであるという別の見解もある。

しかし，法はそのような準備金の取崩についての順序に関しては特に明言していない。株式法第158条1項は，年度成果について年度剰余額から貸借対照表利益への方向を示し，資本準備金の取崩が法定準備金よりも優先するという考え方もある。しかし，ここでは貸借対照表利益の表示が問題であり，その点からは取崩に関する順位を導き出すことはできない[13]。

6 分配規制

(1) 分配可能利益

　上記の自己資本の各要素のうち特定項目についてドイツ法は債権者保護の見地から株主に対して分配規制する。分配可能利益（ausschüttungsfähiger Gewinn）については，まず次のような規定がある。株式法第57条1項によると，株主に対してその出資額は返済されてはならない。つまり，資本金は分配規制される。次に既述の通り株式法第150条2項に従い，資本金の10分の1（もしくは定款で定めるそれを上回る金額）まで法定準備金と商法第272条で規定する拘束性のある第1号から第3号までの資本準備金とを併せて設定する必要がある。したがって，自己資本の額のうち資本金及び法定準備金及び資本準備金が資本金の10分の1（もしくは定款で定めるそれを上回る額）に相当する額は分配規制される。ドイツ株式法では最低資本金が50,000ユーロであるので，準備金は少なくともその10分の1を設定しなければならないので，維持するべき会社財産は55,000ユーロ（資本金50,000ユーロ＋強制準備金5,000ユーロ）となる。

　分配規制は自己資本の部だけでなく，資産の一部にも存在する。改正前商法では開業費及び営業拡大費を計上した場合（旧商法第269条2文）と，税効果会計に対して繰延法を適用して生じる借方繰延税金についてその計上選択権を適用した場合（旧商法第274条2項3文）が分配規制の対象だった。いずれの項目も貸借対照表擬制項目とみなされた。これは商法本来の資産性を有していないからである[14]。

　改正商法は開業費及び営業拡大費の借方計上選択権を廃止する。改正商法は分配規制について一部変更する。その内容については第7章で詳述する。

(2) 貸借対照表利益

　この分配可能限度額のうち株主は貸借対照表利益に対して請求権をもつ（株式法第58条4項）。但し，法もしくは定款の定め，株主総会の決議もしくは利益処分決議で貸借対照表利益の株主への分配を制限する場合は除く。この貸借対照表利益は以下のように算定する（株式法第158条1項）。

　　　　　年度剰余額（もしくは年度欠損額）
　　　±）前期繰越損益
　　　＋）資本準備金取崩
　　　＋）利益準備金取崩
　　　　a）法定準備金取崩
　　　　b）支配企業もしくは過半数投資企業の持分準備金取崩
　　　　c）定款準備金取崩
　　　　d）その他利益準備金取崩
　　　－）利益準備金積立
　　　　a）法定準備金積立
　　　　b）支配企業もしくは過半数投資企業の持分準備金積立
　　　　c）定款準備金積立
　　　　d）その他利益準備金積立
　　　＝貸借対照表利益（貸借対照表損失）

　すでに触れたように，株式法第229条1項及び第232条で規定する簡易の減資に伴う減資差益が存在するときには，上記の利益準備金取崩の後に"減資差益による収益"を計上すると同時に，"簡易の減資に伴う資本準備金積立"を計上する（株式法第240条1項）。この点は株式法第237条5項で規定する株式の利益消却の場合も同様に処理する。その結果，それらはいずれも配当規制の対象となる。

　定款の定めにより，取締役に対して貸借対照表利益の見積額を株主に前払する権限を与えることができる（株式法第59条1項）。それには条件がある。前期に年度剰余額があり，しかも年度剰余額から法または定款で利益準備金に計上しなければならない額を控除した額の2分の1を上限とし，かつ前期の貸借対照表利益の2分の1を上回ってはならない（株式法第59条2項）。

Ⅲ　自己資本の範囲

1　形式的自己資本と実質的自己資本

(1)　ゲゼルシャフト法上の実質的自己資本

　ゲゼルシャフト法（Gesellschaftsrecht）は，共同目的を達成するために法契約により形成された人的結合体をいい，具体的には民法上の組合（Gesellschaft），

この組合の一種たる合名会社（offene Handelsgesellschaft）及び合資会社（Kommanditgesellschaft）と，社団（Körperschaft）とがそこに含まれる。このゲゼルシャフト法において，形式的な（formell）自己資本と実質的な（materiell）自己資本との区別がある。前者による自己資本は一般に次のような特徴を要するといわれる[15]。

① 自己資本は原則として構成員（企業の所有者）に関係する。
② 自己資本は拘束資本（gebundes Kapital）であり，自由な信用の解約が奪われる。
③ 自己資本は責任資本（haftendes Kapital）であり，倒産時には倒産債権（Insolvenzforderung）の適用が除外される。

これに対して後者による自己資本の出発点は，ファイナンスとしての自己資本の責任任務（Haftungsaufgabe）であり，企業維持に対する拠出（Beitrag）である[16]。つまり，リスクの程度に応じて常に自己資本は最初にリスクにさらされ，その後に他人資本がリスクを負担する。その結果，破産時には自己資本が失われ，他人資本はその返済が期待されるにすぎない。両者の間の責任法上の対立が最も明らかとなるのは倒産状況である。この責任資本面に基づいて債権者保護の見地から機能的自己資本[17]（funktionales Eigenkapital）あるいは劣後的責任資本[18]（nachrangiges Haftkapital）や準自己資本[19]（Quasi-Eigenkapital）が重視される。

この機能的自己資本には以下の3つの種類がある。

①個別契約上，責任資本と同一視される他人資本，具体的には劣後条項（Rangrücktrittklausel）のある他人資本
②出資契約上，責任資本と同一視される他人資本，具体的には匿名資本（stille Gesellschaft）
③強制法上，責任資本と同一視される他人資本，具体的には資本化される借入金（eigenkapitalersetzender Kredit）

このような機能的自己資本は，"正規の企業ファイナンスの諸原則"[20]（Grundsätze ordnungsmäßiger Unternehmensfinanzierung）に基づき，出資者はファイナンスの責任（Finanzierungsverantwortung）を伴うという考え方[21]である。

(2) 商事貸借対照表法上の実質的自己資本

ゲゼルシャフト法上と並んで,商事貸借対照表法でも自己資本の範囲が問題となる。(1)と同様に形式的自己資本と実質的自己資本がある。後者の直接的な切っ掛けは享益権 (Genussrecht) の処理である。ここで享益権とは一般に債務法上の請求権を意味し,そこでは成果参加権と残余財産分与権という財産権が付与される。この内容からみて,享益権は株式に類似する性質を有する。

A ドイツ経済監査士協会における実質的自己資本の要件

ドイツ経済監査士協会の専門分野委員会 (Hauptfachausschuss des Instituts der Wirtschaftsprüfer in Deutschland；以下,HFAと略す。) の公式見解は,商法上の債権者保護の観点から経済的観察法に基づき享益権の自己資本表示については次の3つを要件とする[22]。

①劣後性
②報酬の成果依存性 (Erfolgsabhängigkeit der Vergütung) 及び全額までの損失負担 (Teilnahme am Verlust bis zur vollen Höhe)
③資本提供の長期性 (Längerfristigkeit der Kapitalüberlassung)

①の劣後性とは,倒産時もしくは清算時にすべてのその他の債権者の債権弁済後にはじめて享益権資本の弁済を意味する。この劣後性の要件には特に異論はない。

②のうちで報酬の成果依存性内容に関しては,HFAは特に触れていない。ただ,報酬の成果依存性により分配した後には分配規制があり,基準となる利益として年度剰余額,貸借対照表利益,配当可能利益などが考えられる。全額までの損失負担については,遅くとも返済時点で損失負担が実施され,分配規制のある自己資本構成要素に影響せず,発生損失と自己資本構成要素との相殺は,享益権資本の金額がゼロとなった場合にのみ認められるという2つの前提がある。

③の資本提供の長期性について1993年に公表された"享益権会計"のHFA草案では,清算ないし破産の前に享益権の所有者による解約の可能性がなく,無期限の資本提供が実は享益権の自己資本表示に対する要件であった。1994年のHFA公式見解では資本提供の長期性に変更された。つまり解約の可能性があり,あるいは享益権の返済期限が無期限でなくとも,資本提供が長期的で

あれば享益権の自己資本表示を妨げない。この資本提供の長期性に関する具体的な期間についてHFAは明示していない。

B HFAに対する批判的見解

このようなHFAの見解に対して劣後性以外の要件には様々な批判的見解がある。

① 報酬の成果依存性

まず報酬の成果依存性についてである。利益に対して独立的な固定利息が支払われるときには、たしかに厳密にここでは報酬の成果依存性はない。ところが、固定利息の支払が約束されていても、それが利益に依存する条件があるときには見解が分かれる[23]。1つめは利息の支払が固定である以上、それは成果の依存性がないとみる厳格な考え方である。これ以外にその解釈をやや弾力化した見解もある。2つめは、利益発生の場合だけ支払われたり、あるいは損失年度には支払われないが、次期以降の利益年度にその固定報酬の補塡を認め、報酬の利益依存性を容認する考え方である。3つめは、HFAと同様に分配規制のない自己資本の構成要素から支払われるときにそれを認める考え方である。

このほかに利益率、配当、年度剰余額等に依存した分配のタイプや、利益独立的利息要素と利益依存的分配要素等が結合したタイプもある。これらについては、少なくとも利益に左右されるので、一般に報酬の成果依存性は認められる。

② 全額の損失負担

享益権の損失額を減資または貸借対照表損失で負担させる場合には、必ずしもHFAが義務づけている資本維持を堅持することができない。減資の実施に先立ちあらかじめ資本準備金及び法定準備金を取り崩すのが一般的であり、これは貸借対照表損失の場合も同様である。年度欠損額に享益権の損失額を負担させるときには、資本維持に抵触しない。年度欠損額は準備金の取り崩しによって影響されないからである。このため、厳格な資本維持を堅持するとすれば年度欠損額に享益権の全額を負担させるのが望ましい[24]。

全額の損失負担のさせ方については、蒙った損失を享益権資本に按分的に負担させて減額するという見解と、自己資本の金額が維持すべき自己資本の金額

を下回る場合にのみ，損失負担をすればよいという見解とが対立する。HFAは後者の立場に立つ。

③ 資本提供の長期性

実質的自己資本の要件として最も論議があるのが資本提供の長期性である。それは具体性を欠くからである。享益権の返済期間の有無等の契約内容を整理すると，まず返済期限の定めのあるものと定めがないものとに大別できる。さらに前者の返済期限を5年，5年から15年，15年から25年，そして25年を超えるものに細分できる。解約権は享益権の発行者側にあるケースとその保有者側にあるケースとがある。したがって，返済期間の定めと解約権の組み合わせにより多種多様なタイプが存在する[25]。

後者の返済期限の定めがなく，企業の倒産もしくは清算まで返済が予定されておらず無期限のときには，解約不能の定めがある場合と解約可能な場合とがある。解約可能なときには，さらに享益権の発行者側に解約権が付与されるケースと，その保有者側に解約権が付与されるケースとがある。

C 貸借対照表への表示方法

機能的自己資本に関する貸借対照表表示方法に関して，次の3つの見解[26]がある。

1つめは匿名組合や享益権といった任意の補完資本（gewillkürtes Ergänzungskapital）及び出資者借入金といった強制的責任資本（erzwungenes Haftkapital）をファイナンスの責任面から実質的自己資本概念とみなす考え方は法制度にはなじまず，それを自己資本の部に表示すべきではないという見解である。

2つめは，機能的自己資本を自己資本の部に表示すべきであるという見解である。これに従うと，匿名組合及び享益権に損失負担と劣後性の条件があれば，商法第265条5項2文に基づいて利益準備金と繰越利益または繰越損失との間か，あるいは自己資本の部と引当金の部との間にそれらの項目が表示される。

3つめは，自己資本と負債との中間項目を設置し，そのなかに機能的自己資本を表示すべきであるという見解である。商法第265条5項2文の規定に従い，内容が規定された項目と整合性をもたないときには，定められた項目とは

異なる再分類が許容されるからである。

2 出資者借入金の資本化制度

ドイツでは，旧有限会社法との関連で債権者保護の見地から一定の条件を満たすときには出資者借入金の資本化制度[27]がすでにあった。

(1) 判例ルール

その1つが1959年のドイツ連邦通常裁判所の判決に伴い，資本金（Stammkapital）を維持するための出資者借入金の資本化制度である。これは判例ルール（Rechtsprechungsregeln）と呼ばれる。結果的に欠損金または債務超過の状態をもたらすような出資者借入金の返済は債権者保護の見地から望ましくなく，その返済を規制しようというのがその趣旨であった（旧有限会社法第30条及び第31条）。企業業績の回復により会社の信用力が再び回復したときには，出資者借入金資本化の要件は解除され出資者借入金は返済される。払戻しが禁止されている出資者借入金を会社が返済したときには，その出資者にはその返済義務があった（旧有限会社法第31条1項）。

(2) 新ルール

出資者借入金の資本化制度にはこの判例ルールのほかに1980年に成文化された新ルール（Novellenregeln）もあった。これは，例えば会社が債務超過もしくは支払不能（Zahlungsunfähigkeit）といった倒産開始原因の場合だけでなく，会社が市場から借入ができないほど信用力が低下した場合（Kreditunwürdigkeit）のように，いわゆる会社の危機的状況のときに出資者が自己資本に代えて貸付金を提供した場合，出資者借入金は資本化された（旧有限会社法第32a条1項及び2項）。これを通じて債権者保護が図られた。会社の信用力が回復すれば，資本化の基本的要件は解消し，その規定は適用されなかった。倒産時に出資者借入金は完全に拘束されず，その他の出資者の債権に対して劣後的地位になった。

この新ルールには例外措置が設けられていた。1つは，資本金の10％以下しか出資しておらず，業務執行に関与していない出資者には，新ルールは適用されなかった（旧有限会社法第32a条の3項2文）。もう1つは，会社の危機を克服す

るために会社の持分を貸付金の提供者が取得するときには，その時点の借入金もしくは新しく提供される借入金について資本化のルールは適用されなった（旧有限会社法第32a条の3項3文）。

このような判例ルールにせよ新ルールにせよ，出資者借入金の資本化制度は出資者によるファイナンス結果責任に基づいていた。

ただ，この判例ルールと新ルールとの関係及び適用をめぐって従来様々な見解が対立していたことも事実である[28]。例えば両者を会社法と倒産法との並列的関係による二元的な保護システム（duales Schutzsystem）と捉える見解や，両者を二段階的方式による保護システム（zweistufiges Schutzsystem）と捉える見解などがあり，後者が通説であった。

このような出資者借入金の資本化制度は単に有限会社だけに適用されるものではなかった。一定の条件のもとで，つまり有限会社並びに有限責任社員が合資会社の無限責任社員もしくは構成員となる場合には商法に，また株主が会社の資本金に対して25％以上の出資をしている場合には株式法にそれぞれ準用された。

Ⅳ　資本会計制度の進展

1　有限会社法改正に伴う資本制度への影響

ドイツはイギリスのリミテッド・カンパニー制に対処するため，有限会社法の現代化の必要に迫られ，MoMiGが2008年に成立した。このなかに資本制度の改正点も含まれている。

(1)　資　本　金

旧有限会社法の最低資本金は25,000ユーロであった（旧有限会社法第5条1項）。政府草案では10,000ユーロへの引き下げが提案されたが（政府草案有限会社法第5条1項），しかし最終的にはこの案は見送りになり，従来通り最低資本金は25,000ユーロのままである[29]。

但し，その例外をMoMiGは設ける。イギリスのリミテッド・カンパニー

(limited company) 制に対抗するため，新たに最低資本金10,000ユーロを下回る事業者会社 (Unternehmergesellschaft)，すなわちミニ有限会社の設立を認める (改正有限会社法第5a条1項)。ここでは現物出資は認められず，金銭出資をした時点で登記申請が可能となる。前期繰越損失控除後の4分の1を法定準備金として設定し，当該準備金は資本金への組入れだけに処分されるにすぎない (改正有限会社法第5a条3項)。会社の資本金が25,000ユーロに達するときには，ミニ有限会社の規定は適用されない (改正有限会社法第5a条5項)。

また，一般の有限会社と同様にミニ有限会社にも旧規定と同様に年次貸借対照表及び期中で作成される貸借対照表により資本金の2分の1が減少したときには，遅滞なく社員総会の招集が義務づけられる (改正有限会社法第49条3項)。この規定にかかわらず，ミニ有限会社固有の規定として支払不能の恐れ (drohende Zahlungsunfähigkeit) があるときにも遅滞なく社員総会の招集が義務づけられる (改正有限会社法第5a条4項)。

(2) 資 本 維 持
A キャッシュ・プーリングによる処理の容認

まず資本維持との関係で重要なのは，一定の条件付でいわゆる連結財務諸表に関するキャッシュ・プーリング (cash pooling) による処理の容認である。キャッシュ・プーリングとは，特に親会社が銀行の場合において親子会社間における現金管理を合理的に実施するために行われる親会社と子会社間での資金授受をいう。これに関して2003年11月にドイツ連邦通常裁判所は次のような判決を下した。親会社のキャッシュ・プーリング勘定に対する子会社の資金提供は，債権の返還請求権の有無にかかわらず，事実上子会社の債権による隠れた現物出資 (verdeckte Sacheinlage) に該当し，したがって間接的に親会社の資本の払戻しに相当するという趣旨である。その結果，当該金額は旧有限会社法第30条1項に基づいて分配規制の対象となり，資本金維持に必要な資産は出資者に支払われてはならなかったからである。その判決は実務に衝撃を与えた。そこで，改正有限会社法第30条1項はその点を考慮し，次のような条文となる。

改正有限会社法第30条1項：

> 資本金維持に必要な会社の資産は出資者に支払われてはならない。この1文は，支配契約（Beherrschungsvertrag）もしくは利益移転契約（Gewinnabführungsvertrag）（株式法第291条）の契約により，あるいは出資者に対する全額の反対給付請求権もしくは求償権によりその支払が補償されるときには適用されない。加えて，1文は出資者借入金の返済及び出資者借入金に経済的に合致する法取引による債権の支払に適用できない。

　従来と同様に改正有限会社法は，その1文で出資者に対する会社財産の支払を資本金維持により原則として禁止する。但しその例外が2文及び3文である。同条2文[30]によると，親子会社間において資産交換（Aktivtausch）が成立し，出資者に対する全額の反対給付請求権もしくは求償権がその払戻しに補償されているときには，1文の原則規定は適用されない。同条3文によると，出資者借入金等にもそれは適用されない。その全額補償に関してさらに具体的な条件が付加されている。その反対給付請求権がいつでも支払期日が到来したり，あるいは会社の無期限の解約権により支払期日が到来することがその要件である（改正有限会社法第19条5項1文）。

B　隠れた現物出資規定

　もう1つは隠れた現物出資に関する新規定である。旧法は例えば金銭出資で会社を設立した直後に出資者が物財を会社に売却する事後設立の場合に隠れた現物出資とみなし，設立自体を無効とした。

　MoMiGはこの点を改正する。隠れた現物出資に相当するときには，設立自体は無効ではないが（改正有限会社法第19条4項1文），出資者の金銭出資義務が発生する。その場合，その義務は当該資産価値と相殺され，その差額のみとなる（改正有限会社法第19条4項3文）。

(3)　出資者借入金資本化制度の変更

　従来，判例ルールと新ルールから成る出資者借入金の資本化制度に関して，改正有限会社法は第30条1項3文を新たに設け，前者を廃止する。その点について政府草案理由書によると，出資者借入金は責任自己資本とはみなされな

い。この判例ルールの廃止に伴い，将来的には出資者借入金の返済は第30条の類推適用を拒否できなくなる。この点に関して，政府草案理由書は次のように述べる。「他人資本として提供された金額は自己資本に算入されない。このような方法で自己資本化される出資者借入金に関するいわゆる判例ルールと新ルールとの混乱をもたらす二元化は除去される。それによって，有限会社法はより単純化され，中産階級の目標グループにとってわかりやすくなる[31]。」

一方，新ルールは有限会社法第32a条及び第32b条から倒産法に新たに移行する（改正倒産法第39条1項5号）。これに伴い，その適用範囲は有限会社以外に株式合資会社（Kommanditgesellschaft auf Aktien ; KGaA），新ルールの規定はさらに自然人が無限責任社員でない合名会社，合資会社及び有限合資会社（GmbH & Co. KG）にも拡大される（改正倒産法第39条4項）。

但し，従来の規定に類似して次の2つの例外措置を設けている。1つめは，債権者が会社の支払不能の発生またはその恐れあるいは債務超過のときに会社更生の目的でその会社持分を取得する場合には，持続的な会社更生までは出資者借入金は劣後債権とならない（改正倒産法第39条4項）。2つめは，責任資本に対して10％以下しか出資しておらず，かつ業務執行に携わっていない少数出資者についても従来通り出資者借入金は劣後債権とならない（改正倒産法第39条5項）。

なお，改正有限会社法が旧法と違って出資者に対する責任を強化した面もある。具体的には会社の財務内容が健全なときに出資者が会社に資金を提供し，その返済をした時点から会社の倒産の申し立てまでの期間が1年以内の場合，当該返済額は会社に返還義務が生じる。同様に倒産法上の取消権はこれまでの資本化法よりも拡大し，改正法では第三者にまで及ぶ[32]。

このように，出資者借入金資本化制度の改正はたしかに一定のメリットがある。それが単純化し緩和化されたからである。たしかに一方で，その制度自体に対して疑問視する見解からはこの改正に好意的である。例えばその根底にあるファイナンス責任原則はそもそも会社法上の権限分離システムになじまない[33]。判例ルールにみられる事前的保護システムは債権者保護の枠組みでは正当化されない[34]。資本化法は法形式に中立的に倒産法のもとで規定されるべきである[35]。

他方で，その制度改正に対して批判的見解も依然として根強い。この点について連邦通常裁判所の判事は以下の考え方を明示する[36]。資金計画による借入金 (Finanzplankredit) を導入し，それを実質的自己資本として取り扱うべきであるという考え方を示す。また，自己資本として予定されている借入金の返済もまた民法第826条に従い存続否認 (Bestandvernichtung) とみなす方向もありうる。さらに出資者にとって担保となりうる会社財産が債権者による介入を拒むという観点で，当該借入金の返済が民法第826条による損害賠償責任の根拠ともなりうる。

このような種々の考え方から，出資者借入金制度について判例が立法者の改正趣旨に即して緩和するかどうかについては，慎重なスタンスを示唆している点は注目に値する。加えて，判例ルールの廃止は事前的債権者保護システムの後退及び低下を意味し，問題であるとする見解[37]もある。改正法の施行後においても，倒産申し立てを意図的にずらして出資者借入金を返済する措置が講じられる可能性も否定できない[38]。

2　商法改正に伴う資本制度への影響

BilMoG の制定は資本制度にも少なからず変更を伴う。

(1)　引受済資本金の表示

すでに第1章で触れたように，引受済資本金に表示に関するこれまでの総額表示または純額表示の選択適用から，BilMoG は純額表示のみとする。すなわち，流動資産の部には請求済未払込資本金を示し，自己資本の部には引受済資本金から未請求払込額を控除して請求済資本金の純額を表示する。

その理由に関して政府草案はその手続によって統一化が図られ簡素化するとともに，経済的な実態表示につながり年次決算書における情報機能の強化に資すると説明する[39] (政府草案理由書, 143頁)。選択権を排除し処理の統一化を図るという視点からは，この変更はたしかに首肯できよう。この点に関して未払込額は経済的に一方で会社に対する請求権としての性質と並んで自己資本の修正としての性質も併せて兼ね備えている。改正商法は後者の面を特に強調したといってよい。

ただ未請求未払込資本額を引受済資本金及びそこから生じる請求済資本金に対する修正項目として表示させると，その項目名称と事実上の項目内容とに関する誤解を招きやすい欠点がある。この請求済資本金という項目のなかには，すでに株主が払い込んだ額だけでなく，請求済未払込額も含まれるからである。むしろ貸方側は払込済もしくは請求済資本金という項目名称にし，借方側に請求済未払込資本金を表示するか，あるいは請求済資本金に対する払込済額を注記するかのいずれかの表示方法が適切であるという見解[40]もある。

(2) 自己持分に関する処理法の変更

旧商法は自己持分を，株式の利益消却目的で取得する場合を除き，資産として処理した。

BilMoG はこの処理法を変更する。政府草案では自己持分を取得したときには，引受済資本金から資本の払戻し (Kapitalrückzahlung) として明記し控除する方式が提案された（政府草案商法第272条1a項1文）。最終的には自己持分を引受済資本金から控除する点では同じであるが，政府草案のように資本の払戻しとしての明記は必要なくなる（改正商法第272条1a項1文）。その場合，自己持分の取得価額がその額面金額もしくは計算価値を上回るときには，その差額を自由に処分できる準備金 (frei verfügbare Rücklagen) と相殺する（改正商法第272条1a項2文）。ここで自由に処分できる準備金に該当するのは，その他利益準備金及び商法第272条2項4号の拘束性のない資本準備金である。なお，参事官草案は自由に処分できる準備金に代えてその他利益準備金のみとの相殺を想定していた。政府草案はその点を変更した。その他利益準備金だけでは範囲が狭いからである。そこで，それに代えて自由に処分できる準備金とし，商法第272条2項4号で規定する拘束性のない資本準備金もまたその範囲に含まれる。自己持分の取得に係る付随費用は当期の費用に計上する（改正商法第272条1a項3文）。

自己持分の売却金額がその取得原価及び額面金額もしくは計算価値を上回るときの処理が問題となる。売却価額が額面金額もしくは計算価値を上回り，かつ自己持分の取得原価に達するまでの差額については自由な処分可能な準備金に計上する。さらに取得原価を上回る額，つまり自己持分処分差益については

商法第272条2項1号で規定する拘束性のある資本準備金に計上する(改正商法第272条1b項2文)。参事官草案は自己持分の売却価額と取得原価との差額については当期の利益への計上が想定していた(参事官草案商法第272条1a項2文)。つまり,自己持分の取得と売却に関して,やや変則的な二元的処理を予定していた。これに対して,政府草案及び改正商法は資本取引としての一元的な処理法に変更する。

この処理法は,自己株式処分差益をその他資本剰余金とみなし資本準備金と取り扱わないわが国の会社法とは相違する。自己持分の取得及び売却に係る付随費用は当期の費用に計上する(改正商法第272条1a項3文・1b項3文)。

自己持分の詳細な会計処理については第6章で論及する。

3 分 配 規 制

参事官草案は,新たに自己創設の無形固定資産(開業費)及び借方繰延税金について分配規制を提案した(参事官草案商法第268条8項)。一方で自己創設の無形固定資産の資産化(参事官草案商法第248条・現行商法第248条2項の削除)に伴う分配規制である。他方で繰延法から資産負債法への変更による借方繰延税金の計上義務(参事官草案商法第274条1項)に対する分配規制である。この参事官草案は金融商品の時価評価が提案していた(参事官草案商法第253条1項3文)。しかし,それに伴う時価評価差益に関する分配規制を予定していなかった。貸借対照表擬制項目としての開業費及び営業拡大費の計上選択権及びその分配規制は,その計上禁止に伴い,分配規制から除外された。

これに対して,政府草案及び改正商法は分配規制の範囲を一部変更する。それによると,借方計上選択権のある自己創設の無形固定資産からその貸方繰延税金を控除した額,借方超過繰延税金,退職給付債務と相殺されるべき年金資産の時価評価とその取得原価との差額から貸方繰延税金を控除した額が分配規制される[41](改正商法第268条8項)。

分配規制の具体的な内容については,第7章で論及する。

V 結

　以上のドイツ資本会計制度に関する論旨をわが国のそれと比較して整理すれば，以下の通りである。

　第1に，ドイツ法は株式会社の本質を株式に分割された資本金を有するものと捉えており，資本金と株式は連動する。これに対して，わが国の商法では戦後から資本金と株式は切断されており，両者の直接的な関係はない。

　第2に，ドイツ法は最低資本金制度を堅持するのに対して，わが国の会社法はそれを廃止した。

　第3に，ドイツ法は無額面株式の発行を認めるが，その発行価額をその株数で除して額面株式の券面額に相当する1株当たりの資本金の額を算出する不真性無額面株式としての性質を有し，これと額面株式との併用は認めていない。これに対して，わが国は無額面株式に一本化し，額面株式はすでに消失した。

　第4に，ドイツ法もわが国も資本の部は発生源泉別分類を前提とする点で，共通する。

　第5に，法定準備金の設定方法に関して資本準備金を併せて考慮する点でドイツ法もわが国も同様である。ただ，ドイツ法では年度剰余額（但し繰越損失をマイナス）の5％を資本金の10分の1またはそれを上回る定款上の定めの金額まで設定するのに対して，わが国では剰余金の配当額の10分の1を資本金の4分の1まで設定する。

　第6に，利益消却目的による自己持分の取得を除き，伝統的に自己持分は原則として資産として取り扱われ，その取得に対する分配規制のために自己持分準備金が設定されてきた。これを改正商法は変更し，自己持分を資本のマイナスとして一元的に処理する。この点はわが国の会社法と同様である。但し，ドイツ改正商法はそれを額面法で処理し，その取得及び売却の都度，資本金は増減する。自己持分売却益を拘束性のある資本準備金に計上する。これに対して，わが国の会社法はそれを取得原価法で処理し，資本金自体はその取得及び売却で変動せず，自己株式は株主資本から控除される。自己株式売却益は非拘束性のその他資本剰余金に計上する。これらの点で両者の間には違いがある。

第7に，ドイツでは債権者保護の手続を要しない簡易の減資及び株式の利益消却による減資差益は利益処分計算のプロセスで資本準備金に繰り入れられるので，株主に対する配当財源とはならず分配規制されるのに対して，債権者保護手続を要する通常の減資における減資差益は直ちに株主に払い戻すことができる。これに対して，わが国では減資差益については債権者保護手続を実施している以上，その種類を問わずその他資本剰余金として処理し原則として配当財源となる。この点で両者の間に違いがある。

　第8に，ドイツ法は資本準備金及び法定準備金について欠損塡補及び資本金組入れしか取り崩すことができない。これに対して，わが国の旧商法もかつてはたしかにドイツ商法と同様にその取崩について厳しい規制をしていたが，現行の会社法は準備金の取崩に関してドイツ商法に比べてかなり緩和し，一定の手続を経ればその減少が可能となる弾力的な取扱としている。

　第9に，分配規制についてドイツ商法は従来貸借対照表擬制項目としての開業費・営業拡大費及び借方繰延税金と自己持分を対象としてきた。改正商法は，自己創設の無形固定資産を計上選択権を行使して借方計上する額からその貸方繰延税金を控除した額，退職給付債務と相殺される年金資産の時価評価とその取得原価との差額から貸方繰延税金を控除した額，借方超過繰延税金を新たに分配規制の対象とする。わが国も同様に分配可能額に関して一定の規制があるが，その範囲は異なる。

　第10に，ドイツでは債権者保護の見地から実質的自己資本概念及び出資者借入金の資本化制度といったユニークな制度が存在するのに対して，この制度はわが国にない。

　このような種々の点で特徴のあるドイツの伝統的な資本会計制度は，債権者保護の見地から一方で貸借対照表による資本金維持制度及び分配規制といった資本制度を縦軸とし，他方でそれを実質的自己資本概念及び出資者借入金の資本化制度による横軸とする構造を示すといってよい。

　第11に，MoMiG及びBilMoGは，その現代化を図り，その一部を変更する。一方で，縦軸に関して有限会社に最低資本金制度の例外としての事業者会社を容認し，かつ資本の払い戻しの例外としてキャッシュ・プーリングも一定の条件で容認する。他方で，横軸に関して出資者借入金の判例ルールを廃止

し，新ルールを倒産法へ移行して出資者借入金制度の簡素化と明確化を図る。

このように，ドイツ資本会計制度は従来の枠組みを基本的に継承しつつも，その一部を現代化のために変更し進展している。

注

（1）　この内容については，拙著，『資本会計制度論』森山書店，平成20年，3-35頁・36-58頁参照。

（2）　Adler・Düring・Schmaltz, Rechnungslegung und Prüfung der Unternehmen, 第5巻，第6版, Stuttgart, 1997年，317頁以下。

（3）　B. Kropff・J. Semler, Münchener Kommentar zum Aktiengesetz, 第7巻，第2版, München, 2001年，8頁。

（4）　Adler・Düring・Schmaltz, 前掲書注（2），第4巻，Stuttgart, 1997年，450頁。

（5）　Adler・Düring・Schmaltz, 前掲書注（2），第4巻，450頁。K. Küting・C. P. Weber 編, Handbuch der Rechnungslegung, 第2巻，第5版, Stuttgart, 2005年，30頁。

（6）　Adler・Düring・Schmaltz, 前掲書注（2），第5巻，351頁。

（7）　Adler・Düring・Schmaltz, 前掲書注（2），357頁。G. Döllerer, Verdeckte Gewinnausschüttungen und verdeckte Einlagen bei Kapitalgesellschaften, 第2版, Heidelberg, 1990年，185-186頁。K. Küting・C. P. Weber 編, Handbuch der Rechnungslegung, Einzelabschluss, 第2巻，第5版, Stuttgart, 2005年，45頁。

（8）　J. Schultze-Osterloh, Die anderen Zuzahlungen nach §272 Abs. 2 Nr.4 HGB, in : K. Martens・H. P. Westermann・W. Zöllner 編, Festschrift für Carsten Peter Claussen, Köln・Berlin・Bonn・München, 1997年，所収，778-779頁。

（9）　S. Thiele, Das Eigenkapital im handelsrechtlichen Jahresabschluß, Düsseldorf, 1998年，197-200頁。

（10）　M. Castedello, Freiwillige („verdeckte") Einlagen im Jahresabschluß von Kapitalgesellschaften, Frankfurt am Main, 1998年，99・310-311頁。

（11）　W. Zöllner 編, Kölner Kommentar zum Aktiengesetz, 第4巻，第2版, Köln・Berlin・Bonn,・München, 1992年，447頁。A. G. Coenenberg, Jahresabschluß und Jahresabschlußanalyse, 第17版, Landberg・Lech, 2000年，291頁。

（12）　K. Küting・C. P. Weber 編，前掲書注（7），51頁。

（13）　Adler・Düring・Schmaltz, 前掲書注（2），246頁。

（14）　現行商法は税効果に関して期間損益計算の見地から費用収益対応の原則により繰延法を適用するので，開業費及び営業拡大費と同様に借方に計上される繰延税金の項目は債権者保護の見地に基づく財産概念と結び付かない（Adler・Düring・Schmaltz,

前掲書注（2），398-399頁）。
- (15)(16) K. Schmidt, Gesellschaftsrecht, 第4版, Köln・Berlin・Bonn・München, 2002年, 515頁。
- (17) P. Hommelhoff, Das Gesellschafterdarlehen als Beispiel institutioneller Rechtsfortbildung, in : Zeitschrift für Unternehmens- und Gesellschaftsrecht, 第17巻第3号, 1988年7月, 460・490頁。K. Schmidt, Finanzplanfinanzierung, Rangrücktritt und Eigenkapitalersatz, in : Zeitschrift für Wirtschaftsrecht, 第20巻第30号, 1999年7月, 1241頁。
- (18) M. Lutter・P. Hommelhoff, Nachrangiges Haftkapital und Unterkapitalisierung, in : Zeitschrift für Unternehmens- und Gesellschaftsrecht, 第8巻第1号, 1979年1月, 31頁。
- (19) K. Schmidt, Quasi-Eigenkapital als haftungsrechtliches und als bilanzrechtliches Problem, in : H. Havermann編, Bilanz- und Konzernrecht, Düsseldorf, 1987年, 所収, 487・493頁。H. Herrmann, Quasi-Eigenkapital im Kapitalmarkt- und Unternehmensrecht, Berlin・New York, 1996年, 24・82-83頁。
- (20) K. Schmidt, 前掲書注 (19), 533頁。
- (21) K. Schmidt, 前掲書注 (19), 534頁。
- (22) Hauptfachausschuß des Instituts der Wirtschaftsprüfer in Deutschland (HFA), Zur Behandlung von Genußrechten im Jahresabschluß von Kapitalgesellschaften, in : Die Wirtschaftsprüfung, 第47巻第13号, 1994年7月, 420頁。
- (23) この詳細については拙著，前掲書注 (1), 8-9頁参照。
- (24) K. Küting・H. Kessler, Genußrechtskapital in der Bilanzierungspraxis, in : Betriebs-Berater, 第51巻第8号, Beilage 4, 1996年2月, 11頁。
- (25) この詳細については拙著，前掲書注 (1), 11頁参照。
- (26) この詳細については拙著，前掲書注 (1), 11-13頁参照。
- (27) この詳細については拙著，前掲書注 (1), 128-131頁参照。なお，これに関する主な文献は以下の通りである。N. Vervessos, Das Eigenkapitalersatzrecht, Köln, 2001年。M. Bormann, Eigenkapitalersetzende Gesellschafterleistungen in der Jahres- und Überschuldungsbilanz, Heidelberg, 2001年。T. Kuthe, Die Änderungen im System der eigenkapitalersetzenden Gesellschafterdarlehen, Lohmar・Köln, 2001年。C. Buck, Die Kritik am Eigenkapitalersatzgedanken, Baden-Baden, 2006年。
- (28) この詳細については拙著，前掲書注 (1), 131-133頁参照。
- (29) この変更理由について最低資本金の定めのない事業者会社の設立を容認した以上，100年以上にわたって確立されてきている有限会社の最低資本金をあえて引き下げる必要はないのが法委員会の考え方である（W. Goette, Einführung in das neue GmbH-Recht, München, 2008年, 173頁)。

(30) 参事官草案では次の条文が予定されていた。「出資者が会社において堅実な商人として自己資本を提供するであろう時点で会社に借入金が確保された場合には，出資者借入金の返済について1文は適用されない。」
(31) 政府草案 MoMiG 理由書 A, 58 頁。
(32) W. Goette, 前掲書注 (29), 26 頁。
(33) M. Schaumann, Reform des Eigenkapitalersatzrechts im System der Gesellschafterhaltung, Frankfurt am Main, 2009 年, 161 頁。
(34) M. Schaumann, 前掲書注 (33), 212 頁。
(35) M. Schaumann, 前掲書注 (33), 213 頁。
(36) M. Gehrein, Die Behandlung von Gesellschafterdarlehen durch das MoMiG, in : Betriebs-Berater, 第 63 巻第 17 号, 2008 年 4 月, 854 頁。
(37) C. F. Birkendahl, Reform des GmbH-Rechts, Köln, 2009 年, 65・228 頁。
(38) W. Goette, 前掲書注 (29), 22 頁。
(39) 政府草案 BilMoG 理由書, 143 頁。
(40) S. Hayen・S. Prasse・S. Weigert, Eigenkapital, in : K. Küting・N. Pfitzer・C. P. Weber 編, Das neue deutsche Bilanzrecht, 第 2 版, Stuttgart, 2009 年, 所収, 304 頁。
(41) 資産の時価評価とそれに伴う分配規制については，伝統的な GoB に反するという考え方がある。というのは，GoB が利益測定原則として機能せずに，利益処分の機能が重視されているからである（S. Rammert・A. Thies, Mit dem Bilanzrechtsmodernisierungsgesetz zurück in die Zukunft－was wird aus Kapitalerhaltung und Besteuerung?, in : Die Wirtschaftsprüfung, 第 62 巻第 1 号, 2009 年 1 月, 36-39 頁）。

第5章

資本準備金

I 序

　近年，会計をめぐる情勢はきわめて流動的である。一方で企業の国際化及び金融の自由化を通じてその進展はめざましい。しかし，他方でそれに関する議論もいろいろ活発化している。その一分野が資本の部もしくは純資産の部に関する領域である。わが国においてそれが顕著である。平成9年のストック・オプションの導入に伴う自己株式の緩和を契機にその後度重なる資本の部が改正されてきた。そして，平成17年に会社法が制定され，純資産の部の内容が国際的な動向を踏まえて一応決着し，現在に至っている。それによると，個別財務諸表における純資産の部は株主資本，評価・換算差額等及び新株予約権に大別され，そのうち株主資本は資本金，資本剰余金，利益剰余金及び自己株式に細分される。さらに，資本剰余金は資本準備金とその他資本剰余金から成る。
　本章では，わが国の資本剰余金に相当するドイツの資本準備金を取り上げてその内容を検討し，それを通じて両者を比較することにしたい。

II 資本準備金制度の沿革

1 1985年商法以前の資本準備金

(1) 1884年株式改正法

　まず，資本準備金に関する沿革をみていく。
　資本準備金という用語はまだ用いられてはいないけれども，実質的にそれに類似する考え方がはじめて制度化されたのは1884年株式法改正

(Aktienrechtsnovelle) 第185b条においてである。それは次のように規定する。

> 1884年株式改正法185b条：
> 貸借対照表から損失の塡補として積立金 (Reservefonds) が設定されねばならない。そのなかには以下のものが計上されねばならない。
> 1 積立金が資本金の10分の1もしくは会社の定款で定めるそれを上回る額に達するまで毎年の純利益 (Reingewinn) のうちで少なくとも20分の1
> 2 会社の設立もしくは資本金の増加に際して株式の発行により額面金額を上回って得られる利益

この規定から次の点が判明する。第1に，今日のいわゆる準備金制度はそもそも損失補塡を目的とする点である。そこではその源泉に注目し，資本準備金もしくは利益準備金に分けるという考え方はまだない。第2に，第185b条1号は現行ドイツ制度の法定準備金，わが国の利益準備金にそれぞれ該当する。第3に，同条第2号はかつてのわが国商法における株式発行差金，現在の株式払込剰余金であり資本準備金に相当する。第4に，その当時にこの株式発行差金が利益として解されていた点である。

この積立金の取崩は，貸借対照表損失が確定したときに強制される。

(2) 1897年商法

1897年商法は1884年株式改正法第185b条で定めた規定を一部修正した。これによると，積立金自体は依然として貸借対照表上の損失塡補を目的とした制度で，それに関して従来の2項目に新たに以下の第3号を追加した。

> 1897年商法第262条3号：
> 株式の優先権 (Vorzugsrecht) の付与に対して株主の資本金を増加せずになされる追加支払額で，この追加支払額が臨時的評価減あるいは臨時的損失の塡補の処分として決議されない場合に限る。

この第3号は，株主に対する優先権に伴うプレミアム相当分である。ただし，それは臨時的評価減あるいは臨時的損失塡補に処分されない場合に限定される。文言上はたしかに臨時的評価減あるいは臨時的損失塡補に処分されない

場合となっているが，通常の評価減や通常の営業損失のケースも妨げない[1]。

なお，1884年株式改正法上の株式発行差金について利益という表現に代えて1897年商法は金額という用語に替わり，かつこの株式発行差金から発行費用をマイナスすることになった（1897年商法第262条2号）[2]。

(3) 1937年株式法

1937年株式法は，従来の積立金制度についてその呼称並びに内容について大幅に変更した。強制的に積み立てを要する積立金は新たに法定準備金と呼ばれ，これを規定するのは第130条である。

> 1937年株式法第130条：
> 　法定準備金は設定されねばならない。
>
> 同条2項：
> 　そのなかには第185条，第192条5項で定める減資のケースにおける法定準備金のほかに，以下のものが計上されねばならない。
> 1 少なくとも毎年の純利益の20分の1に相当する金額で，但し準備金が資本金の10分の1もしくは定款で定めるそれを上回る金額に達成していない場合
> 2 株式の最初もしくはそれ以降の発行に際して額面金額及び発行費用額を上回って得られる金額
> 3 転換社債の発行により条件付資本金に際して引受株式の額面金額及び社債発行・株式発行で生じる費用を上回る金額，但し，引受株式の額面金額の総額にその発行及び社債発行で生じる費用を加えた金額が社債発行総額に等しいかあるいはそれを超える場合は除く。
> 4 株主が自己の株式に対する優先（Vorzug）を付与することに対して供与する追加支払額
>
> 同条3項：
> 　法定準備金は価値減少もしくはその他の損失塡補に対してのみ処分することができる。法定準備金の処分に際して価値減少及びその他の損失の塡補に任意で定める準備金が存在することを妨げない。

この規定のなかで特に資本準備金との関連で重要な点は以下の通りである。

第1に，株式法第185条で定める簡易の減資及び株式法第192条5項で定める株式の利益消却によって生じる減資差益は，いずれも法定準備金のなかに計上されねばならない点である。この詳細については後述する。

第2に，従来の株式発行差金（第2号）及び優先付与に対する追加支払額（第4号）に加えて転換社債のプレミアムもまた法定準備金として新たに計上しなければならない点である。この新規定に関して議論が生じた。1つめは，転換社債の転換時点においてはじめてその発行価額と転換価額との差額（但し発行費用はマイナスする。）を株式法第130条2項3号に計上すべきであるという見解である[3]。これに対して，2つめは転換価額の発行時点でその発行価額が額面金額を上回るときにその差額を法定準備金に計上すべきとする見解である[4]。この考え方によると，転換社債の転換時点でも同様に生じたプレミアムも法定準備金に計上する。このケースでのプレミアムは新規定の第3号ではなくて，第2号に該当する。

第3に，1897年商法第262条3号における優先権という表現に代えて，1937年株式法は優先という用語に一部修正する。この優先は株式法第11条の会社法上の優先権，例えば給付する株主が給付しない株主に対して自己の株式併合を回避しうる優先権だけを意味しない[5]。それ以外に保険会社であれば組織上の資金提供あるいは鉄道業であれば土地取得上の備えといった会社法上の権利とは異なる目的の優先もありうる。この種の株主からの贈与は金銭だけでなく物財もありうる。それは法定準備金に計上する必要はなく，株主総会の決議及び会社に贈与する当該株主の意図に応じて処分される。また，この贈与を臨時的評価減もしくは臨時損失の補填に利用するときには，法定準備金にあえて計上する必要はない。株式法第130条3項に基づいて法定準備金は損失補填に取り崩すことができるので，それによって損失をカバーできれば，そもそもそのような株主の贈与はなかったはずだからである[6]。

第4に，法定準備金の取崩に関して従来の貸借対照表上の損失填補に代えて価値減少及びその他の損失填補においても取り崩すことが可能となった点である。しかも，その際に価値減少及びその他の損失填補に対する任意準備金をそのままにして法定準備金を取り崩すことも許容される。

このように，資本準備金に関して1937年株式法は株式発行差金，株式の優先付与に伴う追加支払額のほかに，債権者保護手続を要しない簡易の減資及び株式の利益消却で生じる減資差益及び転換社債のプレミアムも新たに追加してその拡充を図るとともに，その取崩の範囲も拡大し価値減少及びその他の損失塡補にも利用できるようになった。

(4) 1965年株式法

1965年株式法上の資本準備金に該当する項目の範囲は1937年株式法のそれと同一内容である（1965年株式法第150条2項）。但し，1937年株式法第130条2項3号の規定に関する解釈が既述のように分かれたことに対する疑義を解消するため，1965年株式法はその点を明確化した。すなわち，それは転換社債の発行時点におけるプレミアムである。その理由は，そのプレミアムが事業上の利益ではなくて，株式発行に伴う資本増加と同様のプレミアムであるからである[7]。株式発行差金から株式発行費用を控除できるという従来の規定は削除された（1965年株式法第150条2項2号・3号）。

1965年株式法は法定準備金の取崩に関して大幅に変更した。すなわち，法定準備金の金額が資本金の10分の1（あるいはそれを上回る定款で定めた額）を下回るケースと上回るケースとにそれぞれ分けてその取崩を規定する。

前者では法定準備金は，繰越利益及び任意準備金の取崩によって年度欠損額が塡補できないときに年度欠損額の塡補に利用できる。また，年度剰余額によって繰越損失が塡補できない場合あるいは任意準備金の取崩によって繰越損失を塡補できないときに，その塡補手段として法定準備金を取り崩すことができる（1965年株式法第150条3項）。

後者では，法定準備金と資本金の10分の1（もしくはそれを上回る定款で定めた額）との差額について年度欠損額が前期繰越利益によって塡補できない場合あるいは繰越損失を塡補できないときにそれを塡補する場合，さらに会社財源（Gesellschaftsmitteln）を資本金に組み入れる場合には法定準備金を取り崩すことができる。但し，前二者の実施にあたっては同時に任意準備金を利益分配に取り崩すときには認められない（1965年株式法第150条4項）。

Ⅲ　資本準備金の内容

1　資本準備金規定

既述の通り，1965年株式法第150条において資本準備金に相当する項目は法定準備金を構成する要素として掲げられていたにすぎず，また資本準備金として文言自体も存在していなかった。1985年商法は資本準備金という項目をはじめて貸借対照表の分類のなかで表示する（1985年商法第266条3項AⅡ）。これは，EC会社法第4号指令第9条で定めているプレミアムに依拠しながら，それをアメリカ流の資本準備金及び利益準備金という源泉別分類に準備金の分類を変更したものである[8]。この資本準備金について第272条2項は以下のように規定する。

　　1985年商法第272条2項：
　　　資本準備金として表示しなければならない項目は以下の通りである。
　1　持分発行に際して引受持分を含め，額面金額あるいは額面金額がないときには計算的価値を上回って得られる金額
　2　転換社債及び持分取得に対するオプション権に対して得られる金額
　3　出資者が自己の持分の優先的付与に対して支払う追加支払額
　4　出資者が自己資本のなかに供与するその他の追加払込額

上記の第1号から第3号までの資本準備金は1965年株式法第150条2項とほぼ同じ内容となっている。

ただ，第1号では無額面株式の発行を容認したために一部文言の修正がなされている。

第2号では転換社債のプレミアムのほかに新株引受権付社債に関する事項が追加されている[9]。これらに関して一般市場利子を下回るケースも考慮した処理が容認されている。そこでは，それらの発行額のうち転換権もしくは新株引受権に相当する金額と社債に相当する部分とを区分し，前者を商法第272条2項2号の資本準備金に計上する[10]。注意すべきは，いわゆるわが国の新株

予約権付社債の発行時点においてすでに資本準備金への計上が想定されており，わが国のように新株予約権の行使時点ではない点である。ドイツ商法では転換権もしくは新株引受権が事実上行使されなくても何らその修正は必要ない。その結果，発行に伴う払込額がプレミアム部分及び社債の額よりも下回るときには，借方債務超過差額が生じる。これについては借方計算限定項目として計上選択権がある（商法第250条3項1文）。最近では，利息要素とそうでない債務から構成されるハイブリッドな債務については常にこの借方債務超過差額を計上する義務があるという見解がある[11]。

第3号はこれまでの株主という表現に代えて出資者という表現に変更されている。いずれにせよ，第1号から第3号までは内容上の大幅な変更ではない。

明らかに内容上の変更を加えたのが第4号の新規定である。これは第3号と密接な関連がある。というのは，両規定とも出資者の追加支払額という点で共通するからである。ただ，そのうち第3号でカバーできない範囲が第4号の資本準備金に該当する。その点は"その他の追加支払額"という表現から明らかである。

また，1937年株式法第130条2項1文及び1965年株式法第150条2項1文には簡易の減資及び株式の利益消却から生じる減資差益が法定準備金に計上することが明文化されていた。1985年商法ではその文言が削除された。これに伴い，この減資差益の取扱について資本準備金の第4号規定との関連で二つの立場が対立する。この点は後述する。

2　商法第272条2項4号の資本準備金

(1)　商法第272条2項4号規定の経緯

1965年株式法においては，出資者たる株主が会社への拠出額のうち成果中立的に処理されるのは株式法第150条2項で定める項目に限られる。すなわち額面資本金への払込み，株式発行に伴うプレミアム，転換社債及びオプション社債のプレミアム，優先付与に伴う追加支払額がこれである[12]。これらは出資者による会社法上の出資 (Einlage)，つまり出資者による狭義の資本流入 (Kapitalzuführung) であるとみなされる。だが，これだけがそのすべてではない。会社側による直接的な反対給付を伴わない出資者の資本流入も存在するか

らである。例えば出資者が会社に財産贈与をするケースがその典型である。従来，これに関して通説では臨時収益と処理されてきた。

　この点において出資者と会社との間の取引である以上，少なくとも当該取引を成果作用的にではなくて，むしろ成果中立的に処理すべきであるという考え方が展開される[13]。このような取引を資本流入に含めたときには，広義の資本流入と解される。

　また，この有力説に関連してすでに税法では課税所得計算のなかで会社法上の出資と隠れた出資（verdeckte Einlage）との区別が明確に認識されている。出資者と会社との間の取引において何ら事業上の利益ではない会社の財産増加について法人税を課すのは妥当ではないという見地から，出資者が会社に対する債権を放棄した場合，財産を市場価格よりも高い価格で出資者が会社に代金を支払う場合等には税務上固有の隠れた出資とみなされる[14]。

　このような背景からすでに触れた商法第272条2項4号が新たに規定された。この間の事情について連邦議会の考え方はこうである。「第3号の条文もまた余りに狭いことがわかった。というのは，出資者による追加払支払額は優先権の付与だけで支払われるわけではないからである。それ故に，委員会は第4号において出資者が自己資本のなかに提供するそれ以外のすべての追加支払額が資本準備金として示されることを提案する。自己資本への提供という意図がなければならない。その結果，隠れた出資あるいは失われた助成金（Zuschüss）もまた直ちには把握されない。この資本準備金はその一般的な性質のために株式法第150条の法定準備金には含まれるべきではないので，この規定は第3号とは区別して行われる[15]。」

　この論述から以下の点が判明する。

　第1に，第4号の新設はあくまで第3号との関連で想定されている点である。文言上，第3号の追加支払額という表現を受けて第4号は"その他の追加支払額"という表現となっている。その意味で，第4号は第3号で把握できない範囲をカバーするのがその規定を新たに設置した趣旨である。

　第2に，自己資本へ提供する出資者の意図が重視されている点である。したがって，その出資者の意図が明確でないときは第4号に該当しないと解される。

Ⅲ 資本準備金の内容　129

第3に，その結果として第4号の資本準備金は税務上の隠れた出資とは一線を画する。というのは，税務上の隠れた出資とは，①出資者もしくはそれに準じた者が，②出資可能な資産の特典を，③対価なしで提供し，④この提供が会社関係に起因する場合に想定されるからである[16]。それ故に，そこでは商法第272条2項4号の資本準備金の解釈で示された出資者の主観的な意図は問題ではなく，あくまで客観的な判断がそのベースにある。別言すれば，両者の範囲は必ずしもイコールではない。商法第272条2項4号の資本準備金は税務上の出資概念を踏襲したわけではない。

第4に，第4号の資本準備金は1965年株式法第150条の法定準備金には含まれない。その結果，いわゆる分配規制の対象項目は第1号から第3号までの資本準備金に限定される。

このような第4号の資本準備金については，その取崩の権限のある組織機関の決議により，いつでも取り崩すことができる。

(2) 商法第272条2項4号の解釈

商法第272条2項4号規定は，一方で財務諸表利用者に対して外部からの資本調達と自己金融に関する真実の写像の表示に貢献する。他方で，従来出資者からの拠出額が必ずしも資本として処理されずに収益として処理される欠点の是正に役立つ[17]。

A　その他の追加支払額の範囲

すでに触れたように，その他の追加支払額は第3号の資本準備金に対する補足規定である。問題はその具体的内容である。これは原則として出資者が会社関係にその原因をもち，出資者が会社に与える拠出額をいう。但し，この拠出額に関して次の2つが区別される。その拠出額を財産価値として確定しうるケースと，そうでないケースとがある。

前者は資本流入を意味するのに対して，後者は資本流入ではなく会社にとって成果となる点に違いがある[18]。

前者はさらに次の2つに細分化される。1つめは狭義の資本流入である。それは出資者が会社に資産を提供する見返りとして会社法上の権利，例えば利益請求権もしくは残余財産分配権といった反対給付を有する場合である。これに

含まれる資本流入は成果中立的な資本出資を示す。2つめは広義の資本流入である。ここでは狭義の資本流入と違って会社への直接的な反対給付のない場合である。その点から間接的な反対給付にすぎない性質をもつのがその特徴である。ここで"間接的な"反対給付という意味は，出資者が一定の資産を会社に出資した結果，その会社の財源が価値増加し，出資者がその価値増加を享受する点である。この広義の資本流入は明らかに出資者の会社関係に起因し，贈与 (Schenkung) から区別される。

この広義の資本流入こそ，まさしく商法第272条2項4号でいう資本準備金にほかならない。したがって，出資者による追加支払額は単に金銭の提供だけでなく，現物出資も含まれる。但し，既述の通り出資者の広義の資本流入のうち第4号の資本準備金に該当するのは出資者がその意思で成果中立的な財産増加を資本会社に働きかけることがその条件である。その意味で，この資本準備金は狭義の資本流入と異なり意図的な資本出資としての性質をもつ。この出資者による意図的な働きかけがなく，あるいはそれが明確でないときには，この第4号の資本準備金に計上することはできない。それ故に，それは成果作用的に処理される[19]。

このような第4号の資本準備金は反対給付が間接的な任意の拠出額である。すでに触れたように，出資者が自己の意思を表明するときには第4号の資本準備金としての要件を満たす。これに対して，出資者による広義の資本提供が債務法上もしくは法的な義務に基づくときには，出資者の意図はその義務となる説明のなかで具体化している。

B 第1号から第3号までの資本準備金との違い

第4号の資本準備金の性質にとって重要なのは次の2点である。

1つめは，第1号から第3号までの資本準備金と対照的に法的拘束性がない点である。別言すれば，第4号の資本準備金については処分制限はなく，この準備金の取崩はその権限をもつ機関による決議によりいつでも可能である。

2つめは，第4号の資本準備金に関して出資者の出資意図が前提となるので，それは税務上の出資と必ずしもイコールではない点である。税務上の出資に関しては会社関係が不可欠である。その判定にあたっては第三者との比較が必要となる。つまり，正規の商人の慎重義務の適用に際して会社に資産提供を

出資者でない第三者は付与しなかったであろうという推論がこれである。

C 税務上の出資との違い

その結果，商法上の出資と税務上のそれとの間には以下のような差異が生じる。両者の「本質的な差異は，税務上出資の存在にとってもっぱら会社関係を起因とするのに対してこの基準は商法上たしかに必要ではあるが，しかし十分ではない点にある。資本準備金のなかに確定化できる経済的価値をもつ出資者の拠出額を成果中立的に計上できるのは，さらに出資者のそれに応じた意図の説明が必要である[20]。」

このように，出資者の資本拠出のうち出資者が明確に資本拠出への意図を明言したという主観的側面から商法上の出資，つまり商法第272条2項4号の資本準備金に該当する。けれども，出資者の意図が明確でなく，あるいは明言されていないときには商法上の出資には含まれない。

一方，税務上は第三者との比較を通じて会社関係から起因する出資者の拠出額はその意図の有無にかかわらず，税務上の出資に該当する。このうち出資者による出資に対して反対給付として会社権が付与される出資を公示の出資（offene Einlage）といい，反対給付がなく会社権が付与されない出資を隠れた出資という。いま，両者の出資に関する関係を図示すれば次の〔図5-1〕の通りである。

〔図5-1〕 商法上及び税務上の出資概念に関する範囲の比較

出資者の資本提供	引受済資本金		会社法上の出資	商法上の自己資本	公示の出資	税務上の出資
	資本準備金： 　第1号 　第2号 　第3号	拘束性資本準備金				
	第4号（出資者の主観的な意図）	非拘束性資本準備金 （商法上の隠れた出資または任意の出資）			隠れた出資	
	商法の収益（配当目的・欠損塡補による出資者による任意の資本提供）					

D 第4号資本準備金

さて,第4号の資本準備金に属するのは以下の項目である。

金銭による助成金の場合には,その目的が重要となる。出資者が金銭の助成金を損失填補として支払うときには,それが出資者の出資に該当するのか,それとも会社の更生助成金なのかが問題となる。会社関係に基づく前者のケースでは出資とみなされる。これに対して,不測の多額となりうる損害の恐れを回避する更生助成金のケースでは,会社関係がないので成果作用的に処理される[21]。同様に年度欠損額や貸借対照表損失の除去ないし費用の補填の目的による金銭的助成金も成果作用的に処理される。投資助成目的から出資者が会社に対して機械を購入させるために資金助成するときには,第4号の資本準備金に該当する[22]。

金銭以外の追加払込額,例えば出資者が無償もしくは著しく廉価で会社に物財を提供したときには,当該物財の時価と購入価格(またはゼロ)との差額は第4号の資本準備金に含まれる。その時価は慎重に見積もられたものでなければならない。

出資者による無償取得の無形固定資産の提供を会社が受けたときには,様々な見解がある。1つめは,現物出資については有償取得に限定されるので,その資産化は認められないというグロー(M. Groh)の主張する見解である[23]。しかし,この見解に対する批判が強い。もし無償取得による無形固定資産の資産化ができないと仮定すると,無形固定資産の通常の出資もまた株式法第27条2項の一般的な見解に反して不可能となり,少なくとも会計上影響しないことになるからである[24]。2つめは,たとえ商法上その資産化が禁止されていても(商法第248条),無償取得の無形固定資産は出資可能であるという通説的な見解である[25]。この場合,債権も出資可能だから,出資者による債権放棄は第4号の資本準備金に該当する。但し出資者の労働サービスに基づく債権は別である。

物財の利用権(Nutzungsrecht)ないし利用可能性の提供についても対立がある。第1は,現物出資による物権上の利用権だけに限定し,しかし当該物財が譲渡可能であり,あるいはその行使が少なくとも別の者に譲渡できることがその条件であるという見解である[26]。第2は,物権上の権利ある利用権のほか

に第三者に対して譲渡可能な請求権が具体化する債務上の利用権も含める通説的な見解である[27]。つまり，それが金銭出資の有用な代用を示すときには，この種の利用権も出資可能と解される。義務を伴う利用権が出資とみなされるのは以下の要件を満たす場合である[28]。

① 当該利用権が資産として把握できる。
② 当該利用権は会社に自由に利用できる。
③ 当該利用権は第三者の権利に対して包括的な保護を享受する。

但し，会社の権利の立場が保護されていない利用権は出資可能ではない。

以上述べてきた通説的な出資概念に関する解釈に対する批判もある。これについては，第9章「隠れた出資」のなかで詳述する。

IV 減資差益の取扱

1 減資の沿革

1843年プロシヤ株式法は，すべての資本増加と同様に減資について定款変更を要し，しかもこれには国家の認可を必要とした（1843年プロシヤ株式法第4条）。したがって，減資について国家が干渉するため，特に債権者保護手続は想定されていなかった。1861年普通ドイツ商法は減資手続に関する規定を設けず，単に株主への資本金の一部払戻しの規定のみを定めたにすぎなかった（1861年普通ドイツ商法第248条）。これについては株主総会の決議及び国家による許可を通じて，清算による債権者保護手続の規定を予定していた。

1870年株式法改正は国家による減資の許可要求を削除し，減資を第248条において固有の事実として定めた。それによって何よりも清算法による債権者保護手続の適用が明確化され，その内容は現行株式法第267条・第272条に合致したものであった[29]。1884年株式法改正は，1870年株式法改正を基本的に引き継ぎ，ただ減資の決議を過半数決議から4分の3の特別決議に変更し，債権者保護手続の必要性を明文化した（1884年株式法改正第248条1項）。

1897年商法はこの資本の払戻しと減資をもはや区別できず，減資という統一的事実から出発し，減資の決議は部分清算もしくは株式の消却を決定しなけ

ればならないと定めた (1897年商法第288条2項)。その結果，名目的な減資は固有の特別な事実ではなく，むしろ常にその目的が欠損塡補の除去にある減資の統一的制度の一部と解された[30]。しかし，更生目的で実施される減資についてすら，債権者保護手続は考慮されていなかった。

更生目的による簡易の減資の必要性をはじめて認識したのが，1930年代の金マルクへの移行及び為替危機を背景とした1931年の経済及び金融の安定と政治的不法行為の克服とに対する帝国大統領指令 (Verordnung des Reichspräsidenten zur Sicherung von Wirtschaft und Finanzen und zur Bekämpfung politischer Ausschreitung) 第2章第1条3と，それを拡大した1932年緊急指令 (Notverordnung) である[31]。

これを受けて1937年株式法は，すでに触れたように現行株式法と同様に減資を3つに分類した。すなわち，通常の減資 (株式法第175条～第181条)，簡易の減資 (株式法第182条～第191条) 及び株式の消却 (株式法第192条～第194条) がこれである。

2 減資差益の性質

(1) 1965年株式法までの処理

通常の減資は債権者保護手続を要するのに対して (株式法第178条)，簡易の減資と株式の消却のうち一定の要件を満たすものは債権者保護手続を要しない (株式法第182条2項・第192条4項)。ここで一定の要件とは，会社が無償で処分できること，さらに年次貸借対照表から生じる純利益もしくは任意積立金の負担で消却すること，つまり株式の利益消却がその要件である (株式法第192条3項1号・2号)。

通常の減資により生じる減資差益については，すでに触れたように部分清算という考え方を根拠に当期の成果としてみなされる。

これに対して，簡易の減資及び株式の利益消却により生じる減資差益はそれとは別である。簡易の減資で自由となる金額，別言すれば減資差益は，債権者保護の見地から法的に拘束され法定準備金に計上される[32]。株式の利益消却から生じる利益としての減資差益の法定準備金への計上は資本金の維持に役立ち，また純利益に算入すると利益配当の財源となりうることを回避できる[33]。このような見解から判断すると，簡易の減資及び株式の利益消却による減資差

益については，債権者保護の見地から法定準備金に計上することによって拘束し分配規制するのがその趣旨であるといってよい。

注意すべきは，その1937年株式法当時において減資差益がその性質上株主の払込資本の一種だからという理由で，拘束性あるものとして法定準備金に計上されているわけではない。むしろ，その重点は債権者保護の見地からそれを法定準備金に計上し，その取崩を価値減少との相殺及び損失填補といったものだけに制限する点（株式法第130条3項）にある。このような1937年株式法の考え方は1965年株式法上条文の移動はあったが，そのまま継承された。

(2) 1985年商法制定後の処理

ところが，1985年商法第272条2項は資本準備金規定のなかで簡易の減資及び株式の利益消却に関する規定を示していない。また，株式法第150条2項は1965年株式法までに置かれていた法定準備金のなかには簡易の減資及び株式の利益消却が含まれるという明文規定を削除した。その結果，その処理が新たに問題となる。

A 簡易の減資及び株式の利益消却に伴う減資差益

現行法において簡易の減資を実施するには，まず以下の3つの要件がある（株式法第229条2項）。1つめは，繰越利益が存在しないこと，2つめは利益準備金をあらかじめ取り崩しておくこと，3つめは法定準備金及び資本準備金の合計が減資後の資本金の10分の1を上回るときには，その超過額を取り崩すことである。この場合の資本準備金には商法第272条2項で掲げる第1号から第4号までのすべての資本準備金を含む点に注意を要する。

さらに，もう1つの要件がある。それは簡易の減資を実施する際に資本準備金への繰り入れ及び法定準備金への繰り入れに対する制限事項である。その他利益準備金を取り崩して法定準備金に計上する場合と，減資差益を資本準備金に計上する場合には，資本準備金及び法定準備金の合計が資本金の10分の1に達していないときだけ可能であるにすぎない（株式法第231条）。

株式の利益消却目的で簡易の減資手続により自己株式を取得したときには，ドイツでは引受済資本金からその額面金額または無額面株式のときにはその計算価値を控除した金額で表示する（商法第272条1項4文）。その差額については

利益準備金に負担させる。自己株式を消却したときには，自己株式の額面金額もしくは計算価値を利益準備金に負担させるとともに，引受済資本金の減少分を減資差益として資本準備金に計上する（株式法第237条5項）。

B　減資差益の取扱

このような減資差益の取扱[34]については，見解が分かれている。

1つは，1965年株式法と同様にそれを拘束力のある資本準備金とみなす通説的見解である。その点の指摘を1965年株式法と違って削除してしまったのは立法者のミスであるというのが1つの根拠である[35]。さらに，この減資差益を拘束性資本準備金とみなさないと，それは配当財源ともなり債権者保護に反する結果となるというのがもう1つの根拠である[36]。いずれにせよ，「株式法第150条2項で明確に挙げられている資本準備金のほかに，株式法第229条及び第237条5項で形成される資本準備金もまた法定積立金に含まれねばならないことが依然として確認されねばならない[37]。」

もう1つは，そのような減資差益を商法第272条2項4号の拘束性のない資本準備金と解する少数的見解である[38]。ただその理由については特に明らかにされていない。1965年で定められていた簡易の減資及び株式の利益消却に関する規定の削除が主たる理由と解される。

V　改正商法による資本準備金範囲の拡大

1　旧商法における自己持分

旧商法は自己持分に関して原則として資産として取り扱ってきた（旧商法第266条2項BⅢ2）。但し，それを取得したときには，債権者保護の見地からこれと同額の自己持分準備金の計上が義務づけられ，分配規制の対象とされた（旧商法第272条4項1文）。この自己持分準備金は，自己持分を発行したり売却したり消却したり，あるいは資産側に関してより低い価額で計上されたときにだけ取り崩すことができた（旧商法第272条4項2文）。自己持分を消却目的で取得したときには，例外的にそれを引受済資本金からその額面金額もしくは計算価値を控除し（旧商法第272条1項4文），その取得価額との差額についてはその他利

益準備金にチャージした。

2 改正商法における自己持分

BilMoGの制定に伴い，改正商法は資本準備金自体の規定について特に内容上変更してはいないが，自己持分の処理を変更する。

まず参事官草案は自己持分を取得したときには，その額面金額（もしくは計算価値）を引受済資本金から控除し，自己持分の取得原価がその額面金額（もしくは計算価値）を上回るときには，その他利益準備金を減額する（参事官草案商法第272条1a項）。このように，自己持分について資本のマイナスによる処理を提案した。この自己持分を売却したときには，上記の逆仕訳をし，売却価額が取得原価を上回るときには，成果作用的に処理することを提案した（参事官草案理由書，137頁）。

しかし，この処理法は問題を含んでいた。自己持分の取得時には資本のマイナスとして処理するが，その売却には従来と同様に当期の売却益として処理するのは首尾一貫せず，いわば自己持分の二面性に着目した妥協的な処理であるという批判[39]であった。

その結果，政府草案及び改正商法はその点を是正し，自己持分を以下のように資本のマイナスとして統一的に処理する。

まず，自己持分を取得したときには，引受済資本金からその額面金額（もしくは計算価値）をマイナスし，その取得原価とその額面金額（もしくは計算価値）との差額については，自由に処分可能な準備金を減額する（改正商法第272条1a項2文）。この場合，自由に処分可能な準備金にはその他利益準備金のほかに，商法第272条2項4号の拘束性のない資本準備金も含まれる（政府草案理由書，145頁）。

自己持分を売却したときには，上記の逆仕訳を行い，売却価額が取得原価を上回るときには商法第272条2項1号の拘束性のある資本準備金に計上する（改正商法第272条1b項2文）。但し，売却損失が発生したときの処理法については改正商法は特に触れていない[40]。なお，自己持分の取得または売却に係る付随費用は当期の損益に計上する（改正商法第272条1a項3文・1b項3文）。

VI 結

1 論旨の整理

以上の論旨を整理すれば，以下の通りである。

第1に，1985年商法の制定までは法文上資本準備金という用語はまだ登場しておらず，それがはじめて明文化されるのはこの商法第272条2項である。

第2に，1884年株式法改正において株式発行プレミアムは利益とみなされ，まだ払込資本の一部としての認識はなく，欠損填補目的からその積立が強制された。

第3に，今日の資本準備金制度の骨格が形成されたのは1937年株式法第130条である。そこでは，資本準備金という用語はないが，それに対する認識がうかがえる。それに属する項目として簡易の減資及び株式の利益消却から生じる減資差益，株式発行差金，転換社債の発行に伴うプレミアム，自己の株式に対する優先の付与による株主の追加支払額が例示されている。この規定は1965年株式法第150条2項にほぼ継承された。

第4に，EC会社法第4号指令をベースとして制定された1985年商法第272条2項は，4つの種類の資本準備金を規定する。第1号は株式発行プレミアム，第2号は転換社債または新株引受権付社債の発行に伴うプレミアム，第3号は出資者が自己の持分の優先的付与に対して提供する追加支払額，そして第4号は自己資本のなかに出資者が提供するその他の追加支払額である。このうち，第1号から第3号までは株主が会社法上の請求権を有するので拘束性があり，その使途に関して一定の条件のもとで欠損填補もしくは資本金組入れにしか取り崩すことができない。これに対して第4号については株主が会社法上の請求権をもたないので，拘束性がなく株主への配当財源となりうる。なお，法文上は明記されていないが，1965年株式法と同様に，簡易の減資及び株式の利益消却に伴う減資差益について通説は従来同様に拘束性がある資本準備金と解する。

第5に，第4号の資本準備金に属するのは出資者が出資意図を明確に表明し

た贈与に限定され，それ以外の例えば欠損塡補目的の贈与については当期の損益に計上すると解するのが通説である。しかし，税法はこれとは異なる考え方を示す。税法上の出資は，出資者あるいはその近親者が会社に出資可能な財産を会社関係に基づいて提供した場合に生じる。これには会社法上の権利として反対給付を付与する公示の出資と，それを伴わない隠れた出資とがある。

第6に，減資に関しては通常の減資から生ずる減資差益については部分清算という考え方により株主の配当財源となるのに対して，簡易の減資及び株式の利益消却から生じる減資差益については，株主の払込資本の一部という理由ではなくて，債権者保護の見地から拘束性のある資本準備金に計上する。

第7に，改正商法は自己持分について原則として資産とみなす従来の処理法から，資本のマイナスと捉える処理法に変更する。その結果，自己持分処分差益については拘束性のある第1号の資本準備金に計上する。

2　わが国の会社法における資本準備金制度との比較

このような特徴をもつドイツの資本準備金制度は，わが国の会社法上のそれと表面上はたしかに類似する。わが国の会社法も同様に資本剰余金を拘束性のある資本準備金と，それ以外の拘束性のないその他資本剰余金に区別するからである。しかし，その内容は多少異なる。

第1は拘束性のある資本準備金に関してである。ドイツにおいてそれを規定するのは商法第272条2項における第1号から第3号までの資本準備金である。これは株主に対する対価として会社法上の権利を付与する出資に該当し，その金額決定に関する裁量の余地は全くない。会社法上の権利付与面から，新株予約権付社債の発行時点の段階で新株予約権を資本準備金に計上するのがその特徴である[41]（商法第272条2項2号）。この点はわが国の会社法と異なる。新株予約権の行使により資本金及び資本準備金等の株主資本の増加となるからである。ドイツ商法は，資本準備金の取崩しについて一定の厳格な条件のもとでの欠損塡補及び資本金への組入れのケースに限定する。

一方，わが国の会社法において拘束性のある資本準備金に属するのは，会社の設立または株式の発行に際して株主の払込みまたは給付の額から生じる株式払込剰余金と，組織再編に伴う合併差益，株式交換剰余金・株式移転剰余金・

分割剰余金の各項目とから構成される。たしかにこれらの項目もやはり会社法上の出資としての性質をもつが，しかしそれらの金額決定について必ずしも統一的ではない。株式払込剰余金については最低資本金組入れ額との関連で資本準備金に計上すべき金額は定められている（会社法第445条2項・3項）。これに対して合併差益等については株主資本等変動額，つまり払込資本の範囲内で資本金，資本準備金及びその他資本剰余金に計上すべき金額を各契約または各計画の定めで決定できる（会社計算規則第35条2項・第37条2項・第39条2項・第45条2項・第49条2項・第52条2項）。言い換えれば，その払込資本の額の枠内において資本準備金に計上すべき金額決定について裁量の余地がある。その結果，場合によっては資本準備金を全く計上しないことも可能である。金額決定に関する統一性の面からは，平成13年改正前商法と同様に組織再編に伴う処理に関しても株式払込剰余金と同じ規制を課すか，あるいは逆に株式払込剰余金の計上について払込資本の枠内での決定を委ねるかのいずれかに統一化する方向が考えられる。

　ただ，後者を適用すると資本金制度が揺らぐ恐れが多分にある。資本金を全く計上しない場合が生じるからである。既述の通り，組織再編に関して特に株主資本等変動額内での任意的な決定を容認するのは，組織再編の当事者が少なくともその行為前にあった分配可能額を行為後に減少させずに維持したいとする会社側及び株主の要望を考慮する結果とされる[42]。とすれば，その行為後に行為前の分配可能額の減少につながらないように歯止めをかけ，それを未然に防止する措置を講じれば十分であろう。それがそもそも資本取引である以上，行使後に分配可能額の増加をあえて認める必要はないはずである。したがって，債権者保護の見地からは行為後に行為前の分配可能額の減少となるケースにおいてのみ，その金額に相当する額だけその他資本剰余金の増加を例外的に認め，それ以外の払込資本部分はやはり資本金または資本準備金に計上する方法も考えられよう。

　資本準備金の取崩しについて，わが国の平成13年以前の旧商法はドイツ法と同様にかなり厳格であった。現行会社法はそれを緩和し，原則として株主総会での普通決議と債権者保護手続を経ればその金額を減少できる（会社法第448条・第449条）。

第2は拘束性のない資本準備金についてである。これはドイツ商法第272条2項4号の規定する資本準備金である。株主に対して会社法上の権利が付与されずに，株主が出資意図を明確にした任意の出資がこれに該当する。そのなかには配当可能利益を資本準備金に組み入れる場合も含まれる。この資本準備金は直ちに配当可能な貸借対照表利益には含まれない。その取崩しについては，しかるべき権限のある機関決議を経ていつでも減額することができる。

一方，わが国において拘束性のない資本準備金に属するのはその他資本剰余金である。これに属するのが減資差益及び自己株式処分差益である（会社計算規則第27条）。それはドイツ法と違って機関決議のプロセスを経ずに直ちに配当財源となる（会社計算規則第149条・第150条）。わが国では，拘束性のある資本準備金と拘束性のないその他資本剰余金との区別は，会社法上において分配規制に関する政策上の問題とされる[43]。

ただ，それらの項目を直ちに処分の対象としてよいかどうかは一考を要する問題である。例えば，欠損塡補などの減資から生じる減資差益については，法的な債権者保護手続を経たからといって，それを直ちに処分可能と解するのは問題を含む。というのは，債権者のなかには例えば仕入先のように会社に注文をつけえない弱者としての債権者を保護する法制度はぜひとも必要だからである。とすれば，これまで主として会計サイドで主張されてきたように，減資差益が株主の払込資本の一部であるという理由からではなくて，むしろそのような弱小の債権者を事実上保護する必要性からは，既述の減資差益を拘束することも一定の意義をもつであろう。

また，ドイツ改正商法が自己持分処分差益を株主に対する会社法上の権利との関連から，やはり拘束性のある第1号の資本準備金とみなし，わが国のようにその他資本剰余金と解していない点も注目に値する。

第3に，出資者による出資意図をもった追加支払額もしくは会社関係による出資者による会社への資本提供を資本準備金に計上するドイツ法の見解は，たしかにわが国では否定的である。ただ，ドイツ法と同様に立法論として出資者と会社との間におけるいわば広義の資本取引をひとまずその他資本剰余金に計上しておき，株主総会の決議等でそれを取崩すことができる処理法についても

142　第5章　資本準備金

検討すべきであろう。

いずれにせよ，このようなドイツの資本準備金制度は，わが国の会社法における資本準備金及びその他資本剰余金との関連において，重要な考え方を示唆している。

注

（1）　H. Staub, Staub's Kommentar zur Handelsgesetzbuch, 第1巻，第9版，Berlin, 1912年，997-998頁。

（2）　この Agio に関する規定は，それを強制的に計上しなければならないわけではなく，その計上については会社の任意であるとされる（H. Staub, 前掲書注（1），997頁）。その結果，Agio を計上せずに額面金額で計上することも許容される。

（3）　H. Adler・W. Düring・K. Schmaltz, Rechnungslegung und Prüfung der Aktiengesellschaft, 第1版，Stuttgart, 1938年，178頁。

（4）　W. Gadow・E. Heinchen・E. Schmidt・W. Schmidt・D. Weipert 編，Aktiengesetz, Berlin, 1939年，572-573頁。

（5）（6）　W. Gadow・E. Heinchen・E. Schmidt・W. Schmidt・D. Weipert 編，前掲書注（4），575頁。

（7）　B. Kropff 編，Aktiengesetz 1965, 復刻版，Berlin, 2005年，221頁。慶應義塾大学商法研究会訳，『西独株式法』慶應義塾大学法学研究会，昭和44年，255頁。

（8）　K. Küting・C. P. Weber 編，Handbuch der Rechnungslegung, Einzelabschluss, 第2巻，第5版，Stuttgart, 2005年，31頁。

（9）　H. Helmrich 編，Bilanzrichtlinien-Gesetz, München, 1986年，123-124頁。

（10）　Adler・Düring・Schmaltz, Rechnungslegung und Prüfung der Unternehmen, 第5巻，第6版，Stuttgart, 1997年，353-354頁。K. Küting・C. P. Weber 編，前掲書注（8），34頁。この詳細については，拙著，『資本会計制度論』森山書店。平成20年，221-224頁参照。

（11）　K. Schmidt 編，Münchener Kommentar zum Handelsgesetzbuch, 第4巻，第2版，München, 2008年，502頁。

（12）　このほかに有限会社における出資者の設立後の追加払込額（Nachschuss）も含まれる（有限会社法第42条2項）。

（13）　J. Wilhelm, Die Vermögensbindung bei der Aktiengesellschaft und der GmbH und das Problem der Unterkapitalisierung, in : H. H. Jakobs・B. Knobbe-Keuk 編，Festschrift für Werner Flume, Köln, 1978年，所収，336頁。

（14）　G. Döllerer, Verdeckte Gewinnausschüttungen und verdeckte Einlagen bei

Kapitalgesellschaften, 第2版, Heidelberg, 1990年, 73頁。
(15) H. Helmrich, 前掲書注 (9), 124頁。
(16) B. Jager・F. Lang, Körperschaftsteuer, 第17版, Achim, 2005年, 148頁。
(17) K. Küting・C. P. Weber 編, 前掲書注 (8), 所収, 43頁。
(18) K. Küting・C. P. Weber 編, 前掲書注 (8), 所収, 44頁。
(19) K. Küting・C. P. Weber 編, 前掲書注 (8), 所収, 45頁。
(20) (21) K. Küting・C. P. Weber 編, 前掲書注 (8), 所収, 47頁。
(22) K. Küting・C. P. Weber 編, 前掲書注 (8), 所収, 48頁。
(23) M. Groh, Verdeckte Einlagen unter dem Bilanzrichtlinien-Gesetz, in : Betriebs-Berater, 第45巻第28号, 1990年2月, 381頁。
(24) K. Schmidt 編, 前掲書注 (11), 所収, 510頁。
(25) (26) K. Küting・C. P. Weber 編, 前掲書注 (8), 所収, 49頁。
(27) K. Küting・C. P. Weber 編, 前掲書注 (8), 所収, 49-50頁。
(28) K. Küting・C. P. Weber 編, 前掲書注 (8), 所収, 50頁。
(29) H. Adler・W. Düring・K. Schmaltz, 前掲書注 (3), 169頁。
(30) H. Adler・W. Düring・K. Schmaltz, 前掲書注 (3), 170頁。
(31) この詳細については, 拙著, 前掲書注 (10), 89-93頁参照。
(32)～(34) Adler・Düring・Schmaltz, Rechnungslegung und Prüfung der Unternehmen, 第4巻, 第6版, Stuttgart, 1997年, 238頁。K. Küting・C. P. Weber 編, 前掲書注 (8), 30頁。
(35) J. Baetge・H. J. Kirsch・S. Thiele, Bilanzen, 第8版, Düsseldorf, 2005年, 495頁。R. Winnefeld, Bilanz-Handbuch, 第4版, München, 2006年, 746頁。
(36) Arbeitskreis Bilanzrecht der Hochschullehrer Rechtswissenschaft, Stellungsnahme zu dem Entwurf eines BilMoG : Einzelfragen zum materiellen Bilanzrecht, in : Betriebs-Berater, 第63巻第5号, 2008年1月, 215頁。
(37) S. Hayn・S. Prasse・M. Reuter・S. Wegert, Eigenkapital, in : K. Küting・C. P. Weber 編, 前掲書注 (8), 所収, 310頁。拙稿,「ドイツ貸借対照表法現代化法案の特質」『商学集志』(日本大学商学研究会) 第78巻第4号, 2009年3月, 79頁。
(38) J. Baetge・H. J. Kirsch・S. Thiele, Bilanzen, 第8版, Düsseldorf, 2005年, 495頁。R. Winnefeld, 前掲書注 (35), 746頁。
(39) Arbeitskreis Bilanzrecht der Hochschullehrer Rechtswissenschaft, 前掲論文注 (36), 215頁。
(40) S. Hayn・S. Prasse・M. Reuter・S. Wegert, Eigenkapital, in : K. Küting・C. P. Weber 編, 前掲書注 (8), 所収, 310頁。拙稿, 前掲論文注 (37), 79頁。
(41) 拙著, 前掲書注 (10), 221-223頁。
(42) 江頭憲治郎『株式会社法』有斐閣, 平成18年, 588頁。

(43) 弥永真生『「資本」の会計』中央経済社, 平成15年, 55頁。

第6章

自 己 持 分

I 序

　周知の通り，わが国の平成13年前における旧商法における自己株式と同様に，改正前ドイツ商法は株式会社及び有限会社といった資本会社における自己持分の取得を原則として取得取引とみなして資産として取り扱い，但し分配規制の面からその同額の自己持分準備金を設定するのが伝統であった（旧商法第272条4項1文）。この自己持分を売却したときには，その取得原価と売却価額との間で売却損益が発生した。1998年の「企業領域における統制及び透明化に対する法」(Gesetz zur Kontrolle und Transparenz im Unternehmensbereich ; KontraG)に基づいて自己持分の消却目的で自己の持分を取得したときには，例外的に引受済資本金から控除することになった（旧商法第272条1項4文）。その結果，自己持分は商事貸借対照表においてその保有目的に応じて資産もしくは資本のマイナスという二重性質をもつと解されてきた。この処理法は基準性を通じて税務貸借対照表にも継承されてきた。BilMoGの制定により，この伝統的な自己持分の処理法を変更する。

　本章ではその内容を税務貸借対照表との関係も併せて取りあげるとともに，わが国の自己株式の処理法と比較検討することにしたい。

II 改正商法における自己持分

1 BilMoG草案における自己持分の処理

　BilMoGの参事官草案は，自己持分の保有目的のいかんにかかわらず，その

取得原価と額面金額（無額面株式の場合は計算価値）との差額を引受済資本金から控除し，それを上回る差額についてはその他利益準備金との相殺を提案した（参事官草案商法第272条1a項）。自己持分を売却したときには，その売却価額のうちで額面金額（無額面株式の場合は計算価値）に相当する金額は引受済資本金を増加させ，それを上回る金額については成果作用的に当期利益への計上を提案した（参事官草案理由書，137頁）。自己持分の取得及び売却に関する付随費用は当期の費用に計上する。

これに対して，政府草案は参事官草案の一部変更を提案した。第1に，自己持分の取得に際してその取得原価と額面金額（もしくは計算価値）との差額の相殺について自由に処分可能な準備金とし，単にその他利益準備金だけでなく，さらに拘束性のない商法第272条2項4号で定める資本準備金も含める（政府草案商法第272条1b項2文）。第2に，自己持分の売却価額が額面金額及び自由に処分可能な準備金を上回るときには，成果作用的な処理に代えて拘束性のある商法第272条2項1号の資本準備金に計上する（政府草案商法第272条1b項3文）。

2 改正商法による自己持分の処理

(1) 一般的な処理

2009年3月に連邦議会で公布され，4月に連邦参議院で可決成立したBilMoGにより，商法が改正された。その結果，自己持分の処理に関してすでに触れた政府草案がそのまま正式に制度化された。

自己持分の取得をすべて引受済資本金の控除とするのは，その保有目的に応じた異なる処理法が主観的なため，経済的観察法に基づく処理に変更する[1]。その場合，自己持分の取得後に即座に売却するか，あるいは消却するかは問わない。それ故に，自己持分の取得及び売却に関する取引は資本取引であり，自己資本の修正項目としての性質を有する。

〔設例1〕
いま，ある会社の商事貸借対照表Aが以下の内容であると仮定する。

II 改正商法における自己持分　147

商事貸借対照表 A　　　　　　（単位：ユーロ）

諸資産	18,000	引受済資本金	1,000
当座預金	2,000	資本準備金	3,000
		利益準備金	5,000
		年度剰余額	1,000
		諸負債	10,000
	20,000		20,000

　自己持分の10％を1,900ユーロで取得し，その取得費用100ユーロを支払ったとする。その場合，取得原価と引受済資本金の差額について自由に処分可能な資本準備金とその他利益準備金をそれぞれ900ユーロで相殺すると，以下のように仕訳される[2]。

（借）引受済資本金	100	（貸）当座預金	2,000
資本準備金	900		
利益準備金	900		
自己持分取得費用	100		

　その結果，商事貸借対照表Bは以下のようになる。

商事貸借対照表 B　　　　　　（単位：ユーロ）

諸資産	18,000	引受済資本金	1,000	
		自己持分	100	900
		資本準備金		2,100
		利益準備金		4,100
		年度剰余額		900
		諸負債		10,000
	18,000			18,000

〔設例2〕

　〔設例1〕の商事貸借対照表Aを前提とし，自己持分を2,000ユーロで取得した後に，自己持分を2,400ユーロで売却し，売却費用100ユーロを支払ったと仮定する。その場合の仕訳は以下の通りである[3]。

148　第6章　自己持分

(借)当　座　預　金	2,300	(貸)引受済資本金	100
自己持分売却費用	100	資本準備金	900
		資本準備金	500
		（株式払込剰余金）	
		利益準備金	900

　その結果，商事貸借対照表Cは以下のようになる。

商事貸借対照表C　　　　　　　（単位：ユーロ）

諸資産	18,000	引受済資本金	1,000
当座預金	2,300	資本準備金	3,500
		利益準備金	5,000
		年度剰余額	800
		諸負債	10,000
	20,300		20,300

　自己持分の売却価額がその取得原価を上回るときには，その差額を拘束性のある資本準備金に計上する。

　政府草案理由書では，自己持分の売却について経済的な資本増加と表現していた。しかし，その説明は必ずしも妥当でないという見解がある。自己持分の売却は株式法第182条で定める正式な資本増加ではないからである。たしかに自己持分の売却を通じて会社に持分付与との交換で資産が流入する。しかし，それは新規の持分ではないからである[4]。

　このように，改正商法は自己持分をその保有目的いかんにかかわらず，一律に引受済資本金のマイナスとして処理する。

　これに関連して支配企業もしくは過半数投資企業の持分を取得するケースがある。ここでは旧商法と同様にそれを資産化するとともに，それと同額の持分準備金を設定する（改正商法第272条4項1文）。この準備金は自由に処分可能な準備金に対して設定され，当該持分の売却あるいは消却や，あるいは積極側における資産の評価減に伴いその準備金を取り崩す（改正商法第272条4項3文・4文）。その結果，支配企業もしくは過半数投資企業に対する持分の取得については，その持分準備金の設定を通じて分配規制される。

(2) 個別的論点
A 取得時

このような一般的な自己持分の処理に対して、さらに細部にわたって個別論点がある。まず自己持分の取得に関するものを取り上げる。

第1は、自己持分の取得原価と額面金額との差額をどのような順序で自由に処分可能な剰余金の内部で負担させるかである。この点について改正商法は特に言及していない。ただ、文献上では旧商法において自己持分を消却する際には以下の①及び②の順序で相殺し、なお相殺できないときには③に計上する[5]。

① その他利益準備金もしくはそれと同等の拘束性のない資本準備金
② 年度成果の一部
③ 貸借対照表損失

ここでも①においてその他利益準備金と拘束性のない資本準備金とは対等関係にある。そこで、どちらを先に相殺するかは会社側に任されており、特に規制はない。改正商法においても自由に処分可能な準備金の内部における相殺の順序は特にない。また、自己持分の取得前における拘束性のない資本準備金とその他利益準備金との割合で、つまりプロラタ方式でそれぞれを減少させる必要もない。また、場合によっては定款に定めた目的によりまさしく自己持分の取得が可能であり、あるいはそれを充足できるときには、定款準備金も自由に処分可能な準備金に含まれる[6]。

ドイツ株式法では、年度剰余額の2分の1の範囲まで取締役及び監査役会がその他利益準備金の設定に関して利益処分の権限がある場合と、定款の定めにより株主総会が利益処分の権限がある場合とがある（株式法第58条1項・2項）。前者のケースでは、自己持分の取得に際してその取得原価と資本との差額相殺に先立ち、法定準備金の計上並びに繰越損失の控除が必要となる。後者のケースでは、株主総会が年度剰余額及び繰越利益を含めて利益処分の権限を有するので、あらかじめ法定準備金の計上金額についてはマイナスできない[7]。

第2は、貸借対照表の作成時点で自由に処分可能な準備金がなくなってしまったときの処理である。この場合には、③の貸借対照表損失として計上する[8]。

第3は，自己持分の取得原価が額面金額を下回るときの処理問題である。この点についても法は特に触れていない。これには次の2つの見解がある。1つは利益準備金に計上すべきとする見解であり，他の1つは，少なくとも当面の間分配規制の面から拘束性のない資本準備金に計上すべきとする見解である。この点について取得取引と同様にラッキーバイとして財産が増加し，あるいは会社の更生による収益の補助に相当するときには，商法第272条2項4号の拘束性のない資本準備金に計上するのが望ましいという見解がある[9]。

第4は，引受済資本金の減少に伴う問題である。改正商法により自己持分を取得したときに引受済資本金が減少する。しかし，それは債権者保護の見地からは問題を含む。減少した引受済資本金の金額だけ逆に配当財源が増加してしまうからである。この点に関して，簡易の減資手続に基づく有償の株式消却に際しては，債権者保護の面から自己株式の取得は貸借対照表利益もしくは自由に処分可能な準備金に財源は限定される（株式法第237条3項）。さらに，その減資によって生じる減資差益については拘束性のある資本準備金に計上しなければならない（株式法第237条5項）。この規定をBilMoGに基づく改正商法にも準用し従来の資本保護の基本的スタンスをそのまま継承するとすれば，自己持分の取得と同時にその同額の自己持分準備金を設定すべきであるという見解がある[10]。その考え方によれば，次の仕訳が必要となる。

（借）繰　越　利　益　　100　　　（貸）自己持分準備金　　100
（または貸借対照表利益）

これに対して，改正商法は従来の規定を緩和させたと捉え，額面金額を下回る取得のケースのみ自己持分準備金の設定は限定されるという見解[11]や，その準備金を設定すべき必要は全くないとする見解もある[12]。

B 売　却　時

自己持分に関する売却時には次の論点がある。

第1は，自己持分の売却価額が額面金額もしくは計算価値を上回るが，しかしその取得原価を下回るケースの処理である。例えば，上記の〔設例2〕において売却価額が2,400ユーロではなくて1,400ユーロで，その他の条件は変わらないとする。その場合には売却に伴う当座預金の純増加分1,300ユーロと額

面金額100ユーロとの差額をどのように処理するかが問題となる。ここでは自由に処分可能な資本準備金をまず増加させるのか，それともその他利益準備金を増加させるのか，それともその順位は会社に任意に委ねられているのかである。この点について改正商法は特に定めていない。そこで，いま資本準備金と利益準備金の両者について同じ比率，つまり50％ずつ増加させると仮定する。その場合の仕訳は次の通りである[13]。

(借)	当座預金	1,300	(貸)	引受済資本金	100
	自己持分売却費用	100		資本準備金	650
				利益準備金	650

その結果，商事貸借対照表Dは以下の通りである。

商事貸借対照表D （単位：ユーロ）

諸資産	18,000	引受済資本金	1,000
当座預金	1,300	資本準備金	2,750
		利益準備金	4,750
		年度剰余額	800
		諸負債	10,000
	19,300		19,300

この場合には，資本準備金と利益準備金の増加を同額とした。かりに自己持分の取得時に資本準備金900ユーロ，利益準備金を300ユーロをそれぞれすでに減少させた場合には，この両者の比率に応じていわゆるプロラタ方式で自己持分の売却時に両者を増加させるべきとする見解もある[14]。

第2は，自己持分の売却価額が額面金額もしくは計算価値を下回る場合の処理である。改正商法は特にこれについて触れていない。この点に関して一方でその差額を損失として計上すべきという見解[15]があるのに対して，他方で成果中立的処理を前提とし，自由に処分可能な準備金と相殺すべきとする見解[16]もある。もし自由に処分可能な準備金が全くないときには，一時的にマイナスの自由に処分可能な準備金として処理せざるをえないであろう。改正商法の趣旨からいえば，後者が妥当である。

Ⅲ 税法における自己持分

1 資 産 説

BilMoG 制定以前では，税法における自己持分の処理は旧商法の処理と同様であった。つまり，原則としてそれを資産として取扱い，その売却時には売却損益として処理するのが原則であった。但し，自己持分を消却目的で取得した場合に限り，例外的に資本のマイナスとして処理してきた。

BilMoG の制定に伴い，税法における自己持分の処理が問題となった。それについて BilMoG 制定後もその従来からの処理法の変更は必要でないとする見解が当初から根強い。「貸借対照表の表示目的に対して民法上実施された取得取引を会社法上実施された部分清算と解するこの商法上の評価（フィクション）は，私の考え方では，一方で自己持分が自己資本の修正項目として，他方で真の資産価値としての貸借対照表法上の二重性質をもつという事実を何ら変えるものではない。自己持分の消却が予定されていないときには，税務上経済財と解されねばならない資産としてのその性格はそのままである[17]。」このように，改正商法ではあくまで自己持分の表示方法の変更にすぎず，けっして自己持分の本質は従来通り資産としての処理が原則であるという立場がこれである[18]。

〔設例1〕に関してこの見解に従うと，税務貸借対照表 E は次のような結果となる[19]。

税務貸借対照表 E　　　　　　　　　　（単位：ユーロ）

諸資産	18,000	引受済資本金	900
自己持分	1,900	資本準備金	2,100
		利益準備金	4,100
		税務上の調整項目	1,900
		年度剰余額	900
		諸負債	10,000
	19,900		19,900

この税務貸借対照表 E において留意すべきは，自己持分 1,900 ユーロが資産

の部に計上され，しかも引受済資本金の額は改正商法上の処理により 100 ユーロだけ減額されて 900 ユーロで示されている点である。このため，税務貸借対照表において商事貸借対照表との違いから税務上の調整項目 1,900 ユーロが貸借対照表の貸方側に追加計上される。

〔設例 2〕においては自己持分の取得原価 1,900 ユーロと売却差額 2,400 ユーロとの差額について自己持分売却益が 500 ユーロ生じる。そのケースにおける税務貸借対照表 F は以下の通りである[20]。

税務貸借対照表 F　　　　　　　　　　（単位：ユーロ）

諸資産	18,000	引受済資本金	1,000
自己持分	2,300	資本準備金	3,500
		利益準備金	5,000
		税務上の調整項目	−500
		年度剰余額	1,300
		諸負債	10,000
	20,300		20,300

ここでもまた，同様にマイナスの税務上の調整項目が 500 ユーロ発生する。

法人税法第 8b 条によれば，自己持分売却益 500 ユーロとその売却費用 100 ユーロとの差額 400 ユーロについては，非課税となる。但し，自己持分取得費用は課税所得から控除できない。

2　資本控除説

このような原則的に資産として自己持分の取得及び売却を処理するという見解に対して，新たに改正商法と同様に資本の控除説も展開され，これが最近ではかなり有力説となりつつある。これを当初から強く主張するのがヘアツィヒである。「商法上 BilMoG は政府草案商法第 272 条 1b 項のなかで自己持分の売却を資本増加と性格付け，その結果としてすでに減少させられた資本金は減少させられた自由に処分可能な準備金と同様に遡って増加されねばならないと解する。けれども，税務上の処理にとって決定的に重要なのは，当初の取得原価を上回る売却金額は資本準備金に計上されねばならない点である。それによってこの超過差額分は株式払込剰余金（Agio）に相当し，それは税務上の出資と

して性格づけられねばならず，それ故に成果に与える影響は全くない。資本準備金への計上は出資として性格づけられねばならないので，この判断は自己持分の売却に伴う超過分にもまた妥当する[21]。」

同様な立場に立つブリュックマイヤー（G. Bruckmeier）等も次のように述べる。「自己持分の処理変更は基準性原則に基づいて税務上の利益測定にもまた影響する。特別な債務上の例外規定（例えば貸借対照表以外での修正によるタイプ）は存在しない。自己持分の新しい表示と，自己持分に関係する取引の処理は，税務上の利益には関連しない会社法上起因する取引が問題であることを示す。自己持分の売却に伴う成果中立的な処理を通じて商法上の成果は，成果中立的な資本取引の理由から減少する。当初の取得原価を上回る売却価額は株式払込剰余金に相当する。これは税務上出資として性格づけられねばならず，計算上生じた売却利益は何ら税務上の成果には影響しない[22]。」

このように，税法のなかに自己持分に関する固有の規定がない。したがって，基準性原則を通じて改正商法による自己持分の資本控除的処理は税務貸借対照表にも同様に作用すると解するのがこの見解の特徴である[23]。

この場合，法人税法第27条1項3文との関連で自己持分の取得原価と額面金額との差額及び自己持分の売却価額と額面金額との差額を税務上の出資勘定で処理すべきとする見解[24]が一般的である。ここで税務上の出資勘定とは，額面金額の払戻しを除く資本会社への給付のうち，当期中のその給付合計が前期末の分配可能利益を上回る金額をいう。

自己持分の新たな資本控除説が出資者に対する課税にもまた影響するかどうかという問題がある。その点についてその規定は出資者側の課税とは一応別問題であるとされる[25]。というのは，出資者側には課税ルールが依然として存在するからである。

いずれにせよ，自己持分の処理に関して2つの見解が対立している。最終的に税務当局がいずれの立場を明確に表明するかである。これによって自己持分の税務上の処理は決定される。連邦財務省は，2010年8月10日付の通達のなかですでに1998年12月2日付で公表した自己持分の処理に関する通達，つまり自己持分を資産化したときにはその売却益に対して課税し，株式消却目的でそれを取得したときには課税の対象外とする旨の通達を廃止した。しかし，そ

の後にそれに代わる明確な処理法はまだ示されていない。

Ⅳ 自己持分処理の検討

以上述べてきた自己持分の処理について，わが国のそれと比較検討することにしたい。

1 基本的スタンス

(1) ドイツのみなし消却法

ドイツ商法の改正に伴い，自己持分の処理は一元化された。従来のように，自己持分の保有目的による区別に基づく処理は解消した。いわゆる資本控除説がこれである。その点はわが国と基本的なスタンスと同様である。ただ，具体的な処理法は異なる。

ドイツの処理法は自己持分の取得と売却とをそれぞれ別々の取引とみなし，いわゆる二取引基準を前提とする。しかも，自己持分の取得時にその消却に類似する処理，すなわちみなし消却法[26] (constructive retirement method) の適用により資本の構成要素の減少を，またその売却時には資本増加に類似してその増加をそれぞれ計上する点にその特徴がある。このような処理法を採用した理由については必ずしも明らかではないが，改正前商法における自己持分の消却における処理法をベースにし，それを原則的な処理として拡大したと推測される。そこでは自己持分の取得に際してその処理を予定していたからである。但し，実際に自己持分を消却した時点では特に仕訳の必要はない。取得時点ですでに消却済みだからである。

(2) わが国の原価法

これに対して，わが国では原価法（cost method）を採用する。これは一取引基準を前提とし，自己株式を取得したときには株主資本全体から控除形式で示す（会社計算規則第76条1項）[27]。それを売却したときには，自己株式売却差益はその他資本剰余金に計上し，自己株式売却差損はその他資本剰余金からマイナスする。その他資本剰余金がマイナスの場合には，期末にその他利益剰余金

を減額する(「自己株式及び準備金の額の減少等に関する会計基準」7項～12項)。原価法の採用理由として,自己株式を取得しただけでは発行済株式総数は減少せず,取得後の処分もあるからとされる(「自己株式及び準備金の額の減少等に関する会計基準」32項)。この原価法は,会社が株主間の移動における仲介役を果たすときに有効性を発揮する[28]。それには,確定資本金制度の面から自己株式取引の都度,資本金の増減を回避できるメリットもある。

(3) 比 較 検 討

この二取引基準をベースとするみなし消却法及び一取引基準をベースとする原価法にはそれぞれ一長一短がある。一般に自己持分の消却があらかじめ予定されている場合に前者が適し,自己持分の保有がかなり短期的で近々その売却が予定されている場合には後者が適する[29]。また,みなし消却法は自己持分の取得と売却をその消却と新株の発行と類似したものと解するのに対して,原価法はその取引の形式よりもその実質を重視すると解するのが特徴である[30]。したがって,意見の異なる株主から株式を取得したり,あるいは特定の株式を消却する際にみなし消却法が妥当するのに対して,自己株式を従業員等に売却する目的で取得するときには原価法が妥当する[31]。但し,原価法は自己株式を即座に売却しなかったり,あるいはその後に消却する場合には問題を含む[32]。

この自己持分の保有期間は,会社法におけるその制限の撤廃に伴い,実務上わが国において必ずしも短期間というわけではない。むしろ数期間に及ぶ場合も少なくない。会社の財務状況や株価,さらに将来の景気動向等を加味したうえで,保有する自己株式の取扱いを改めて慎重に決定するのが一般的傾向にある。とすれば,わが国では自己株式の取得と売却とは一応別個の取引と解することも可能であろう。自己持分の取得及び売却による資本金変動の可否を別とすれば,ドイツ改正商法が採用するみなし消却法も一考に値する処理法といえる[33]。

このような自己株式に関する実務上の実態面を考慮すると,みなし消却法を原則としつつ,自己持分の取得が短期的でその売却があらかじめ予定されているケースに限り例外的に原価法で処理するという,いわば二元的な処理法も考

えられよう。これは自己株式取引の実態開示にはたしかに有益と解される。しかし，この方法によると，自己持分の処理がその保有目的によって異なる結果をもたらすので，実務上煩瑣となりうる。このため，実務上は原価法がより簡便的といえる。

　いずれにせよ，ドイツ及びわが国の会計制度において，自己持分を経済的にみて資本控除と捉えることには異論はない。ただ，それを資産として取り扱う余地が全くないかは慎重に検討すべき点もある。例えば株式法第71条１項２号及び３号で例示されているケース，つまり従業員に対する自己株式の譲渡あるいは組織再編による買収等による自己株式の引き渡しのケースのように，自己持分を一種の支払手段に用いたり，あるいは財務目的ではなくて債務弁済に利用するやや特殊なケースでは，自己持分を資産とみなす余地も残されているように思われる[34]。

2　取得規制と財源規制

(1)　ド イ ツ 商 法

　ドイツ商法では従前より自己持分の取得に関して取得規制と財源規制がある。

　前者は以下のケースに限られる（株式法第71条１項）。
① 　会社における困難で間近に迫る損害を回避する場合
② 　従業員に株式を引き渡す場合
③ 　支配契約あるいは組織変更法（Umwandlungsgesetz）における買収等で取得する場合
④ 　無償取得もしくは購入委託の場合
⑤ 　包括的な権利継承がある場合
⑥ 　減資規定に基づいて株式を消却する場合
⑦ 　金融機関もしくは金融業等がトレーディング目的で資本金の100分の５の範囲内で取得する場合
⑧ 　株主総会の決議により５年以内に持分の最低及び最高の対価を定め，資本金の100分の10を上回らない範囲で自己持分を売買目的以外で取得する場合

この①から③までと⑦及び⑧による自己株式の取得ケースに対しては，すでに取得している自己株式と併せて資本金の100分の10の範囲内とする取得制限がある（株式法第71条2項1文）。

これらの取得の場合には，自己株式の取得時点で資本金もしくは法又は定款で設定すべき準備金を減少させて株主に払戻してはならないという財源規制がある（株式法第71条2項2文）。逆にいえば，配当可能財源に自己株式の取得は制限される。そうでないと，株主に対する払戻しを容認したことになるからである。さらに，①・②・④・⑦のケースでは，発行価額の全額が払い込まれていることが条件となる（株式法第71条2項3文）。

このように，ドイツ株式法では従来同様に自己株式の取得数とその財源に依然として厳しい制限がある。

(2) わが国の会社法

わが国の会社法では以下のケースにおいて自己株式の取得が認められる（会社法第155条）。

① 取得条項付株式の取得
② 譲渡制限株式の譲渡を承認しない時の買い取り
③ 株主との合意による取得
④ 取得請求権付株式の取得
⑤ 全部取得条項付種類株式の取得
⑥ 相続人等に対する売り渡しの請求をする場合
⑦ 単元未満株式の買い取り
⑧ 所在が不明な株主の株式買い取り
⑨ 端数が生ずる場合の株式の買い取り
⑩ 事業譲渡の譲受による取得
⑪ 合併による承継
⑫ 吸収分割による承継
⑬ その他法務省令で定める場合

このような自己株式の取得に対して，わが国では取得株式数に対する制限がない。その取得に際して分配可能額の範囲内という財源規制がある（会社法第

462条1項)。

(3) 比較検討

　両国における自己株式の取得規制及び財源規制についてはほとんど大差ないといってよい。ただ，ドイツ株式法では自己株式の取得株式数に依然としてかなり厳しい制限がある。わが国の旧商法でもかつては同様にストック・オプション制度の場合や株式の利益消却などのケースにおいて発行済株式総数の10％以内という制限があった（平成13年前商法第210条2項）。しかし，現行会社法ではその規制はない。

　ドイツ株式法におけるこの10％規制は一般に次の理由に基づく。1つめは債権者保護の見地である。会社は会社財源を自己株式に対して過大に拘束することにより資本基盤の危険性がある。2つめは株主保護の見地である。個人的株主が管理及び特権的な地位を利用して権力強化を図りコーポレート・ガバナンスに対する危険面がある。3つめは投資家保護の見地である。株式会社によるインサイダー取引の増大の結果として市場操作の危険性がある[35]。しかし，会社の財産拘束による債権者保護の見地からは，この取得株式数に関する10％規制は必要ではないという見解もある[36]。自己株式の取得に対する財源規制があるからである。

　自己株式の取得に対する財源規制としてドイツ法は純資産のうちで資本金，商法第272条2項1号から3号までの拘束性のある資本準備金及び法定準備金を拘束する。前者の資本準備金には株式払込剰余金（第1号），新株予約権付社債の発行に伴う発行プレミアム（第2号）及び持分の優先付与に伴う出資者の追加支払額（第3号）が含まれる。このうち第2号の資本準備金はわが国の新株予約権に相当する。しかし，それが資本準備金に計上されるのはその行使時点である。この点で，その発行時点ですでに資本準備金に計上するドイツとは相違する。後者の法定準備金はわが国の利益準備金に相当し，前掲の拘束力ある資本準備金と併せて資本金の10分の1に達するまで積立を要する。わが国の資本金に対する4分の1規制に比べて資本金に対する割合は低い。

　一方，わが国では株主の払込資本のうちでその2分の1だけを最低資本金とすることができる規定があるのに対して，ドイツ法では払込資本の全額を資本

金または株式払込剰余金に計上し，最低資本金組入規定はない。その結果，総じて維持すべき資本額に対する規制に対する根本的な違いはないといってよい。

なお，自己株式の取得に関して自由に処分可能な準備金に関して留意すべき点がある。それは，ドイツ商法第272条2項4号の資本準備金に関する事項である。これは，具体的には出資者が会社の自己資本の部に供与するその他の追加支払額を指す。この第4号の資本準備金は既述の第1号から第3号までのそれらと異なり，拘束性がない。しかし，この第4号の資本準備金は，直ちに分配可能額となるわが国のその他資本剰余金と違って，それを取り崩して株主の配当可能財源とするにはその取崩権限のある組織機関の決議を要する（株式法第174条）。

3　自己持分処分差益の取扱

すでに触れたように，ドイツ改正商法は自己株式処分差益を新株の発行に伴う株式払込剰余金と同様な処理を定める。したがって，それは商法第272条2項1号に定める拘束力のある資本準備金に計上される。これに対して，わが国では，この自己株式処分差益はその他資本剰余金に計上され，会社法上分配可能額の一部を構成する（会社計算規則第149条）。その結果，株主に対して配当の対象となる。会社法上の資本準備金は限定列挙されており，そのなかに自己株式処分差益は含まれないからである[37]。

しかし，自己株式の処分と新株発行とが経済的にみて同一であると解すれば[38]，自己株式処分差益を拘束性のないその他資本剰余金に計上するのに対して，拘束性のある株式払込剰余金を資本準備金に計上し両者を区別する意味はなくなるはずである。したがって，立法論としてはわが国においてもドイツ改正商法と同様に自己株式処分差益を資本準備金の一部として拘束すべきであろう[39]。

4　税務上の取扱

すでに触れたように，ドイツ税法における自己株式の処理法は確定しているわけではない。その保有目的に応じて転売目的の場合には資産として，消却目

的の場合には資本のマイナスと捉える従来同様の見解と，一律資本のマイナスと捉える見解とが鋭く対立している。税務当局はまだいずれの立場に立つかを明確に表明していない段階にある。最近の文献上では後者が徐々に有力視される傾向にある。

　わが国の税法は自己株式の取得について部分清算と捉えて資本の払戻しとして処理する（法人税法施行令第8条1項20号・21号）。ただ次の区別がある。

　1つめは法人が自己株式を市場取引以外で取得するケースである。ここではその取得原価が資本金等の額を超えるときには，その超過額は原則としてみなし配当部分となる（法人税法第24条1項4号）。このみなし配当は次のように算定する。交付した資産の総額から，自己の株式の取得等の直前の資本金等の額を発行済株式総数で除し，これに取得した株式数の金額を乗じて計算する（法人税法施行令第23条1項4号）。みなし配当部分は利益積立金を減少させる。ここでは発行法人における純資産の部における資本と利益の源泉別区別を前提としたいわゆるプロラタ方式でみなし配当が算定されるのが特徴である[40]。

　2つめは上場会社等が市場取引で自己株式を取得するケースである。ここではみなし配当は認識しない。この場合には払戻額の全額が資本金等の額の減少となる（法人税法施行令第8条1項18号）。

　自己株式を処分したときには，2つのケースともその全額が資本金等の額の増加となる（法人税法施行令第8条1項1号）。自己株式を消却したときには，すでに取得段階で資本の払戻しとして処理しているため，特に仕訳の必要はない。なお，平成22年の税制改正に伴い，法人が市場取引以外で自己株式を取得した場合においてみなし配当の課税はあるが，新たにこれまでのみなし配当の益金不算入は適用されないことになった[41]（法人税法第23条3項）。

　ドイツ税法がかりにその保有目的を問わず資本の払戻しとして自己株式の取得を処理する立場を採用した場合に，ドイツもまた果たしてわが国の税法のプロラタ方式に基づきみなし配当制度を導入するかどうかは現段階において判断できない。

V 結

　以上，ドイツ会計制度における自己持分の処理について検討した。その要旨を整理すれば以下の通りである。

　第1に，BilMoGの制定前における旧商法及び税法では，原則として自己持分を資産とみなし，それに対する分配規制の面から自己持分準備金の設定を義務づけた。但し，自己持分の消却を予定する場合には，例外的に引受済資本金のマイナスとして処理した。なお，支配企業もしくは過半数投資する企業の持分に対しては，旧商法と同様に改正商法も同様に当該持分を資産化し，それと同額の持分準備金を設定し分配規制する。

　第2に，BilMoGの制定により改正商法は自己持分をその保有目的にかかわらず一律に資本の控除としての処理に一元化した。その結果，自己持分を取得したときには，いわゆるみなし消却法により処理する。取得原価のうちでまず引受済資本金を減額し，さらに自由に処分可能な準備金を減額する。自由に処分可能な準備金にはその他利益準備金のほかに拘束性のない資本準備金も含まれる。自己持分を売却し売却価額が取得原価を上回るときには，自己持分処分差益をわが国の株式払込剰余金と同様に拘束性のある資本準備金に計上する。それ以外の個別的なケースについて法は特に触れておらず，いろいろな見解が展開されている。

　第3に，改正商法に伴い，税法における自己持分の処理が問題となっている。1つは，改正商法による規定は単に自己持分の表示規定であり，その会計処理には全く関係しないという立場から，従前通りの処理を主張する見解がある。他の1つは，基準性原則に従い税法も改正商法と同じく一律に自己持分について資本控除としての処理が要請されるという見解である。文献上では現段階では後者がやや有力である。

　第4に，改正商法のみなし消却法は，自己持分の取得と売却を別個の取引とみなす二取引基準を前提とするのに対して，わが国の原価法は，その取得と売却を一体とみなす一取引基準を前提とするのがその特徴である。自己持分の取得に際してあらかじめ短期間にその売却を予定しているケースでは原価法が適

するが，それ以外のケースはみなし消却法が適する。それ故に，自己持分の処理に関して各取引の実態に即した両者の折衷的な処理も有価証券の保有目的別処理と同様に一考に値する。ただ，その場合には実務上煩瑣となる。

第5に，自己株式処分差益については，わが国のように配当財源となりうるその他資本剰余金としてではなくて，自己株式の処分に関する新株発行との類似性からみて，むしろ株式払込剰余金と同様にドイツ改正商法と同様に拘束性のある資本準備金に計上すべきである。

第6に，ドイツ税法がかりに一律資本控除説に立つと仮定するとき，果たしてわが国の税法で適用されているプロラタ方式によりみなし配当を認識するかどうかは，現段階では必ずしも明らかではない。

注

（1） S. Hayn・S. Prasse・M. Reuter・S. Weigert, Eigenkapital, in : K. Küting・N. Pfizer・C. P. Weber 編, Das neue deutsche Bilanzrecht, 第2版, Stuttgart, 2009年, 所収, 309頁。

（2） Deloitte & Touche GmbH 編, Die Bilanzrechtsreform 2009/10, Bonn, 2009年, 103頁。

（3） Deloitte & Touche GmbH 編, 前掲書注（2），104頁。

（4） H. F. Gelhausen・G. Kämpfer 編, Rechnungslegung und Prüfung nach dem Bilanzrechtsmodernisierungsgesetz, Düsseldorf, 2009年, 288頁。

（5） Adler・Düring・Schmaltz, Rechnungslegung und Prüfung der Unternehmen, 補巻, 第6版, Stuttgart, 2001年, 104頁。

（6） K. Bertram・R. Brinkmann・H. Kessler・S. Müller 編, Haufe HGB Kommentar, Freiburg, 2009年, 1140頁。

（7） K. Bertram・R. Brinkmann・H. Kessler・S. Müller 編, 前掲書注（6），1141頁。

（8） H. F. Gelhausen・G. Kämpfer 編, 前掲書注（4），286頁。

（9） H. F. Gelhausen・G. Kämpfer 編, 前掲書注（4），287頁。

（10） H. Ellrott・G. Förschle・M. Kozikowski・N. Winkeljohann 編, Beck'scher Bilanz-Kommentar, 第7版, München, 2010年, 1007頁。H. F. Gelhausen・G. Kämpfer 編, 前掲書注（4），285頁。

（11） B. Kropff, Nettoausweis des Gezeichneten Kapitals und Kapitalschutz, in : Zeitschrift für Wirtschaftsrecht, 第30巻第24号, 2009年6月, 1141頁。

（12） H. F. Gelhausen, Bilanzierung zur Einziehung erworbener Aktien- und Kapitalschutz,

　　　　H. J. Kirsch・S. Thiele 編, Rechnungslegung und Wirtschaftsprüfung, Festschrift für Jörg Baetge, 所収, 2007 年, 200-211 頁。
(13)　Deloitte & Touche GmbH 編, 前掲書注 (2), 105 頁。
(14)（15)　H. F. Gelhausen・G. Kämpfer 編, 前掲書注 (4), 290 頁。K. Bertram・R. Brinkmann・H. Kessler・S. Müller 編, 前掲書注 (6), 114 頁。
(16)　G. Bruckmeir・C. Zwirner・K. P. Künkele, Die Behandlung eigener Anteile–Das BilMoG kürzt das Steuersubstrat und fördert Investitionen in eigene Aktien, in : Deutsches Steuerrecht, 第 48 巻第 32 号, 2010 年 7 月, 1642 頁。
(17)　A. Pfirmann・R. Schfer, Steuerliche Implikationen, in : K. Küting・N. Pfitzer・C. P. Weber 編, 前掲書注 (1), 所収, 135 頁。
(18)　W. Scheffler, Besteuerung von Unternehmen II, Steuerbilanz, 第 6 版, Heidelberg, 2010 年, 328-329 頁。H. Weber-Grellet, §5, in : L. Schmidt 編, EStG, 第 29 版, München, 2010 年, 所収, 413 頁。Deloitte & Touche GmbH 編, 前掲書注 (2), 106-107 頁。R. Federmann, Bilanzierung nach Handelsrecht, Steuerrecht und IAS/IFRS, 第 12 版, Berlin, 2010 年, 545 頁。S. Köhler, Steuerliche Behandlung eigener Anteile, in : Der Betrieb, 第 64 巻第 1 号, 2011 年 1 月, 21-22 頁。
(19)　Deloitte & Touche GmbH 編, 前掲書注 (2), 108 頁。
(20)　Deloitte & Touche GmbH 編, 前掲書注 (2), 109 頁。
(21)　N. Herzig, Steuerliche Konsequenzen des Regierungsentwurfs zum BilMoG, in : Der Betrieb, 第 61 巻第 25 号, 2008 年 4 月, 1342 頁。
(22)　G. Bruckmeir・C. Zwirner・K. P. Künkele, 前掲論文注 (16), 1642 頁。
(23)　H. Falterbaum・W. Bolk・W. Reiß・T. Kircher, Buchführung und Bilanz, 第 21 版, Achim, 2010 年, 355 頁。L. Schmidt 編, 前掲書注 (18), 1467・1476 頁。
(24)　S. Mayer, Steuerliche Behandlung eigener Anteile nach dem BilMoG, in : Die Unternehmensbesteuerung, 第 1 巻第 12 号, 2008 年 12 月, 783-784 頁。G. Förster・D. Schmidtmann, Steuerliche Gewinnermittlung nach dem BilMoG, in : Betriebs-Berater, 第 64 巻第 25 号, 2009 年 6 月, 1344 頁。Lechner・Haisch, Was nun? Erwerb eigener Anteile nach dem BMF-Schreiben vom 01.08.2010, in : Die Unternehmensbesteuerung, 第 3 巻第 10 号, 2010 年 10 月, 695 頁。G. E. Breuninger・M. Müller, Erwerb und Veräußerung eigener Anteile nach dem BilMoG — Steuerrechtliche Behandlung–Chaos perfekt ?, in : GmbH-Rundschau, 第 102 巻第 1 号, 2011 年 1 月, 13-14 頁。なお, このほかに自己持分の取得原価及び売却価格と額面金額との差額を税務上の出資勘定に影響させず, 分配可能利益を増減させるべきであるという見解もある（X. Ditz・V. Tcherveniachki, Eigene Anteile und Mitarbeiterbetei — ligungsmodelle ── Bilanzierung nach dem BilMoG und Konsequenzen für das steuerliche Einlagekonto, in : Die Unternehmensbesteuerung, 第 3 巻第 12 号, 2010 年

12月,878-879頁)。
(25) G. Bruckmeir・C. Zwirner・K. P. Künkele, 前掲論文注(16), 1644頁。
(26) H. Hirsch, Der Erwerb eigener Aktien nach dem KonTraG, Köln, 2004年, 216頁。自己株式の会計処理法について, このみなし消却法, 原価法及び額面法といった各方法の詳しい比較については, 野口晃弘『条件付新株発行の会計』白桃書房, 平成16年, 12-17頁及び桾田龍三『自己株式会計論』白桃書房, 平成13年, 37-52頁参照。
(27) わが国の自己株式については, 神田秀樹・武井一浩編『新しい株式制度』有斐閣, 平成14年, 61-122頁, 弥永真生『「資本」の会計』中央経済社, 平成15年, 99-123頁, 増子敦仁「自己株式」, 石川鉄郎・北村敬子編『資本会計の課題』中央経済社, 平成20年, 所収, 133-158頁, 中野百々造『会社法務と税務』(全訂三版) 税務研究会出版局, 平成21年, 1357-1391頁, 参照。
(28)(29) H. Hirsch, 前掲書注(26), 217頁。
(30) E. S. Hendriksen・M. F. van Breda, Accounting Theory, 第5版, Boston, 1992年, 821-822頁。
(31) E. S. Hendriksen・M. F. van Breda, 前掲書注(30), 822頁。
(32) E. S. Hendriksen・M. F. van Breda, 前掲書注(30), 821頁。
(33) 野口晃弘, 前掲書注(26), 21-22頁。
(34) H. Hirsch, 前掲書注(26), 276頁。B. Melcher, Stockholders' Equity, Accounting Research Study No.15, New York, 1973年, 254項・263項。
(35) H. Seidler, Eigene Aktien, Frankfurt am Main, 2004年, 164頁。
(36) H. Seidler, 前掲書注(35), 164頁。F. Westphal, Der nicht zweckgebundene Erwerb eigener Aktien, Berlin, 2004年, 189頁。
(37) 江頭憲治郎・神作裕之・藤田友敬・武井一浩編,『改正会社法セミナー (株式編)』有斐閣, 平成17年, 144頁。
(38) 野口晃弘, 前掲書注(26), 21頁。
(39) 江頭憲治郎・神作裕之・藤田友敬・武井一浩編, 前掲書注(37), 145-147頁。
(40) このみなし配当課税問題については, 渡辺徹也『企業組織再編成と課税』弘文堂, 平成18年, 43-51頁参照。
(41) この詳細は, 大島恒彦「自己株式取得の諸形態とその税務処理—平成22年度改正との関連—」『租税研究』第734号, 2010年12月, 167-178頁参照。

第7章

分　配　規　制

I　序

　周知の通り，ドイツ商法は債権者保護の見地から株主に対する配当に関して資本制度を前提とした分配規制を伝統としている。これに代えて支払能力テストを導入すべきとする批判も根強いが[1]，依然として資本制度を堅持している。これは，BilMoGの制定[2]においてもその枠組み自体は変わりはない。ただ，分配規制の借方計上項目は旧商法とは異なる内容となる。本章ではドイツ改正商法における分配規制について検討することにしたい。

II　商法における分配規制システム

1　EU会社法指令とドイツ分配規制

　ドイツ商法における分配規制の基盤を形成するのは，EU会社法第2号指令（Zweite EG-Richtlinie）第15条である。これに即して債権者保護の見地から規定されたのがドイツ株式法第57条及び第150条である。前者は出資の払戻しに対する禁止規定で，特に引受済資本金の分配規制である。後者は年度剰余額からわが国の利益準備金に相当する法定準備金の設定と，商法第272条2項1号から3号までの資本準備金の分配規制である。但し，拘束性のない第4号の資本準備金，つまり出資者が会社権を付与されずに会社に供与するその他の追加支払額についてはその取り崩しの権限のある機関決議で分配可能となる[3]。

2 旧商法における分配規制の対象

　分配規制の目的は，債権者への弁済順位に関する優位性を確保する点にある。有限責任を前提とする資本会社においては，出資者は自己の出資額しか責任を負わない。このため，会社の倒産時に債権者の債権弁済に対する準備をあらかじめしておく必要がある。また，会社の倒産時に担保を設定していない債権者も少なからず存在するので，この債権者を法が保護する仕組みが不可欠である[4]。

　このような観点から，すでに触れた自己資本の部の規制以外に旧商法は次の借方項目を分配規制していた。第1は借方計上選択権があった開業費及び営業拡大費であった。第2は同様に借方計上選択権のあった繰延法をベースとする借方繰延税金であった。これらの項目はいずれも貸借対照表擬制項目と解され，配当後にいつでも取り崩すことが可能な利益準備金及び繰越損益を加減した金額が少なくともこれらの貸借対照表擬制項目の額に一致することが利益分配の条件であった（旧商法第269条・第274条2項3文）。第3は，株式消却目的以外で自己持分を取得したときには同額の準備金を計上し，分配規制した（旧商法第272条1項4文・第272条4項3文）。

　なお，会社が自己の利益すべてを他企業に移転する利益移転契約を締結するときには，利益の移転がない場合に生じる年度剰余額から繰越損失及び法定準備金を控除した金額を上限額とした（旧株式法第301条1文）。

III　改正商法における分配規制

1　分配規制の対象項目

　BilMoGにより改正商法は自己資本の部の規制は旧商法と同様で，以下に示す借方計上項目の3つを分配規制する（改正商法第268条8項）。

① 自己創設の無形固定資産（開発費）の額からその貸方繰延税金を控除した額
② 借方繰延税金が貸方繰延税金を上回る借方超過差額

③ 商法第246条2項2文で定める退職給付債務等と相殺されるべき資産の付すべき時価評価額とその取得原価との差額からその貸方繰延税金を控除した額

①に関して，改正商法はこれまで自己創設による無形固定資産の計上禁止に代えて新たに計上選択権に変更する（改正商法第248条2項）。②について，改正商法は資産負債法をベースとする借方超過繰延税金を計上選択権に修正する（改正商法第274条1項2文）。貸方繰延税金が存在するときには，その金額までは借方繰延税金の計上義務がある。借方繰延税金と貸方繰延税金とを相殺しない総額表示も認められる（改正商法第274条1項3文）。借方繰延税金の計上にあたっては，次期以降5年以内に見込まれる税務上の繰越欠損金と相殺する（改正商法第274条1項4文）。③については，資産の時価評価は伝統的な実現原則に反するので，これと取得原価との差額から貸方繰延税金を控除した額を分配規制する。

いま，改正商法第268条8項の分配規制に関して次頁で例示する。

ここでの問題は，分配規制に際して①及び③に含まれる貸方繰延税金と②の貸方繰延税金との関係である。言い換えれば，前者は後者に含まれるので，分配規制の際にその金額だけ二重計算されている。この点をどう考えるのかである。それを考慮しない場合の借方繰延税金超過額は，それを考慮した場合のそれに比べてその二重金額だけ低くなる。債権者保護の見地からは，上記の例における4の段階で示したように，それを考慮した処理が妥当である[5]。借方繰延税金差額を計上しない選択権を適用するときには，分配規制額のなかに再び貸方繰延税金を加算する必要がある[6]。

③のなかに参事官案は売買目的金融商品の時価評価も含んでいた。最終的に一般事業会社はそれを従来通り取得原価及び不均等原則で評価し，金融業等のみ例外的に時価評価する（改正商法第340e条3項1文）。但し，そこからリスク分を控除し，かつ過去5年間の平均的な評価益のうち50％に達するまで当期の評価益の10％を一般銀行リスクファンドという特別項目に計上して（改正商法第340e条3項・4項），分配規制する。

改正商法は，従来の自己持分取得に関する資産的な処理法に代えて資本のマイナスとしての処理に変更する（改正商法第272条1a項）。自己持分の取得及び

改正商法第268条8項の分配規制の例示

1	自己創設による無形固定資産の簿価 （改正商法第248条2項）		1,000,000 ユーロ
2	改正商法第246条2項2文により 　相殺されるべき資産の時価	1,200,000 ユーロ	
	マイナス　当該資産の取得原価	－) 1,000,000 ユーロ	
	（プラスのときは分配規制）	200,000 ユーロ	200,000 ユーロ
3	貸方繰延税金 （1,200,000 ユーロ×31.5%）		－) 378,000 ユーロ
4	改正商法第274条による借方繰延 　税金	1,000,000 ユーロ	
	マイナス　改正商法第274条による 　　　　　貸方繰延税金（3も含む）	－) 1,500,000 ユーロ	
	プラス　3に基づく貸方繰延税金	378,000 ユーロ	
	（プラスのときは分配規制）	－122,000 ユーロ	0
			822,000 ユーロ
5	自由に処分できる準備金		2,000,000 ユーロ
6	プラス繰越利益		200,000 ユーロ
7	分配規制額		－822,000 ユーロ
	改正商法第268条8項による分配 可能額		1,378,000 ユーロ

出典：W. Wendholt・M. Wesemann, Zur Umsetzung der HGB-Modernisierung durch das BilMoG: Bilanzierung von latenten Steuern im Einzel- und Konzernabschluss, in : Der Betrieb, 第64巻第23号, Beilage 5, 2009年6月, 69頁．

売却について二取引基準で処理する関係で，自己持分処分差益は株式払込剰余金と同様に拘束力ある資本準備金に計上し分配規制する[7]。

但し，支配企業あるいは過半数投資企業に対する持分取得の処理については従来通りそれを資産化し，これと同額の準備金を設定して分配規制する（改正商法第272条4項）。

2　分配規制の除外項目

分配規制の対象からのれんは除外される。改正商法はその償却期間を定めていない。但し，その償却期間が5年を上回るときには，附属説明書でのその理由説明が要求される（改正商法第285条13号）。しかも，EU会社法第4号指令第

37条2項2文は依然としてのれんの償却期間を5年以内としたままである。このため原則的には改正前商法とほとんど大差はなく，立法者はその面から分配規制の実益は乏しいと判断したと解される。

これまで為替換算方法について商法は特に定めていなかった。改正商法はそれをはじめて規定し，資産及び負債は決算日における直物仲値相場で換算する(改正商法第256a条)。その結果，1年以内に支払期限が到来する外貨建債権債務の為替換算差損益が当期の損益に計上される。1年を上回る債権債務については取得原価をベースとし，かつ不均等原則を適用し評価損は計上する。特に為替差益の計上は，明らかに実現原則に反する結果となる。

これに関して一方で短期の債権債務に関する決算日レート法による換算は必ずしもGoBに反しないという見解[8]，改正商法は決算日レートをGoBとしたという見解[9]，改正商法はその換算方法をあくまで実践性を考慮して許容した規定と解する見解もある[10]。他方で決算日レート法は帰納的なGoBの方向を示し，目的論的なこれまでの伝統的なGoB解釈とは異なるという見解もある[11]。

1年以内の債権債務の決算日レート法は実現原則及び伝統的なGoBとの関係で問題を含む。

3 分配規制に関する表示

分配規制の総額については附属説明書での表示が要求される(改正商法第285条28号)。法的な表示要求はないが，分配規制の額を補填するのに自由に処分できる自己資本構成要素について附属説明書のなかで併せて説明することが望ましい。それを例示すれば次頁の通りである。

貸借対照表利益（繰越利益）を分配するときには，具体的な利益処分案のなかで分配規制額を考慮しなければならない。次頁で示すように，分配規制の総額が自由に処分可能な自己資本で補填できないときには，どの程度翌期に配当制限が生じうるかについて説明するのが合目的である[12]。

4 分配規制に関する会計処理

分配規制額の会計処理が問題となる。

附属説明書における分配規制の構成要素の例示

分配規制の総額		120
その分配規制の総額の補塡として		
処分可能な自己資本構成要素		
1）商法第272条2項4号の資本準備金	30	
2）その他利益準備金	20	
3）繰越利益	10	
4）当期の年度剰余額	+) 25	-) 85
分配規制額を補塡できない処分可能な自己資本構成要素		35

出典：H. F. Gelhausen・G. Fey・G. Kämpfer 編，Rechnungslegung und Prüfung nach dem Bilanzrechtsmodernisierungsgesetz, Düsseldorf, 2009年，419頁。

1つめはそれを未払配当金で処理する方法である。しかし，この処理は妥当ではない。というのは，第1にまだ利益処分の決議がなされていないし，第2に利益処分の決議を予定した配当は債権者保護に違反し，法規定に反するからである[13]。

2つめはその他利益準備金に計上する方法である[14]。この場合においてこの利益準備金がすでに年次決算書の確定時点で設定されるかどうかが問題となる。その点についての法的な規定はない。そこで，年次決算書の作成機関の権限の拡大を想定すれば，すでに年次決算書の作成及び確定の段階で株式法第58条の枠内で分配規制額を準備金に設定する。その結果，貸借対照表利益の一部にある分配規制額は利益処分案ないし利益処分の決議の範囲で配当から除外され，その他利益準備金に計上する。

この点に関して若干問題となるのは株式法における利益処分の権限との関連である。株主総会が年次決算書を確定するケースのみ，定款の定めで年度剰余額（但し繰越損失があるときにはマイナスする。）の2分の1を上限としてその他利益準備金を設定できる（株式法第58条1項）。また，取締役及び監査役会が年次決算書を確定するときには，年度剰余額の2分の1までその他利益準備金に計上できる（株式法第58条2項）。定款の定めでそれを上回る額または下回る額とすることもできる。この株式法における利益処分権限の規定により，かつて分配規制していたが解除され自由となる金額が再び株主の利益処分権限に

移行するかどうかが論点となる。これについて，株主総会が年次決算書の確定の権限を有しているのか，取締役及び監査役会がそれを有しているかによって異なる[15]。

3つめは，利益処分の決議により分配規制額を繰越利益として処理する方法である[16]。この金額は貸借対照表利益を減少させ，その分配規制の生じた年度だけでなく，次期にも計上される（商法266条3A項Ⅳ，第268条1項2文），分配規制が解除され自由となった金額の処分に関しては，貸借対照表利益の一部として利益処分される（株式法第174条，有限会社法第29条）。

5 利益移転契約と分配規制

(1) 利益移転契約の内容と分配規制

旧株式法においては，この利益移転契約の対象となる利益は既述の通り年度剰余額から前期繰越損失及び株式法第301条に基づく法定準備金の設定額を控除した額とされ，この規定のなかに分配規制は触れられていなかった。改正株式法は改正商法第268条8項との関連で利益移転契約に基づく利益移転額も新たに分配規制の対象とする（改正株式法第301条1文）。但し，株式法第302条による損失負担の規定は旧法と同様に商法第268条8項の分配規制額には影響せず，それを増加させない。次期以降における借方計上項目の償却及び取崩に伴い，利益移転額も減少したり損失負担が増加するからである[17]。

改正商法第268条8項の分配規制額の測定については，自由に処分できる準備金も対象となる。また，利益移転の上限額の測定には株式法第301条による移転可能な自己資本構成要素と商法第268条8項による不確定な金額を補塡すべき自己資本構成要素との相違に基づいて上記の算定式を補完する必要がある[18]。そこで，これらの点を考慮して利益移転契約上の利益移転可能額の上限は以下の次頁の算定式のように算定される。

(2) 具体的適用上の論点

利益移転契約について分配規制を加味した場合の留意点は以下の通りである。

第1は商法第268条8項の総額についてである。利益移転に対する規制額

Ⅲ 改正商法における分配規制　173

利益移転契約上の利益移転可能額の算定式

利益移転前の従属会社の年度剰余額
　－）繰越損失（株式法第301条）
　－）義務のある法定準備金の設定（株式法第300条）
　＋）契約期間中に設定された利益準備金（株式法第301条2文）
　＋）契約期間中に繰り越された利益（株式法第301条2文の準用）
商法第268条8項の移転規制のない移転限度額
　－）商法第268条8項により分配規制され，以下のプラスの残高からその他の方
　　　法で補填されない額
　　商法第268条8項の総額
　　　＋）自己創設の無形固定資産
　　　＋）資産を付すべき価値で評価した額
　　　－）商法第268条8項の分配規制額に設定された貸方繰延税金
　　　＋）借方繰延税金からその他の貸方繰延税金を控除した額
　　　－）従属会社のその他の自由に処分可能な自己資本要素
　　　＋）商法第272条2項4号の資本準備金
　　　＋）事前契約で設定された利益準備金
　　　＋）定款利益準備金
　　　＋）繰越利益
＝株式法第301条の移転規制を考慮した移転可能限度額

　　出典：H. F. Gelhausen・G. Fey・G. Kämpfer編，前掲書，338頁。

は，その規制の意味と目的により自動的にその発生時の翌期にすでに契約当事者への利益移転に対して準備されているわけではない。それは次期以降に継続されねばならず，その限りでさらに移転規制の対象となる[19]。

　第2は従属会社のその他の自由に処分可能な自己資本構成要素についてである。商法第272条2項4号のその他の追加支払額に属する資本準備金は，通説では利益移転に関する株式法第301条2項の文言から除外され，株式法第301条の利益移転の範囲に含まれる。

　第3は事前契約で設定された利益準備金についてである。株式法第301条2項の文言及びその規定の意味と目的からは，たしかに利益移転の上限を増加させない。しかし，利益移転規制の目的は既述の通り債権者保護である。とすれば，利益準備金が事前契約上設定されようと事後契約上設定されようと，それは債権者保護とは関係しない。したがって，商法第268条8項の分配規制の測

定目的には自由に処分可能な準備金の区別は必要でない。その意味で，商法第272条2項4号が定める資本準備金は利益移転の上限額にとってはプラスの効果をもつ[20]。この点は定款利益準備金及び利益移転に関する企業契約締結前の繰越利益も同様である[21]。それらは利益移転規制の対象外である。

(3) 利益移転規制額の会計処理

利益移転規制額の会計処理が次に問題となる。

それは年度成果に負担すべき従属会社の移転債務ではない。また，商法第249条1項1文の定める不確定債務引当金の設定もできない。というのは，その義務が停止条件付であるので，その義務の発生以前には会社の期末現在での負担はないからである[22]。そこで，明文規定がない以上，選択肢はその他利益準備金に計上するか，あるいは繰越利益に計上するかのいずれかである。

前者のその他利益準備金設定には何ら異論はない。その利益留保は株式法第301条1項に従い契約上義務づけられており，その限りで利益処分の範囲における裁量の余地もない。この利益移転規制によるその他利益準備金の設定は商法第270条2項によりすでに年次決算書の作成のなかで考慮されねばならない[23]。かつて規制された金額が次期以降に解除されるときには，その他利益準備金からの振替が株式法第301条2項により要求されうる。年次決算書の作成時にその利益移転規制額がその他利益準備金に計上されていないときには，貸借対照表利益に表示することが選択的に生じる。このケースではその規制の解除に際して利益処分の決議が正式にやはり必要となるが，貸借対照表利益の処分については何ら裁量の余地はない。この点から年次決算書の作成時点でその他利益準備金を設定するのが望ましい[24]。

後者の繰越利益に計上する場合には，貸借対照表利益の規制額を利益処分の段階で次期の年次決算書において計上し，利益処分計算に含められる[25]。規制が解除され処分可能となる金額については，繰越利益の場合にも同様に株式法第301条2項を準用してその他利益準備金からの振替が要求される。

Ⅳ 結

　以上の論旨を整理すれば次の通りである。
　第1に，ドイツでは分配規制に関して事前的な債権者保護の見地から貸借対照表をベースとするのが伝統である。
　第2に，分配規制の対象は純資産項目のうち引受済資本金及び一定の準備金である。この準備金のなかには法定準備金と拘束性のある商法第272条2項1号から3号までの資本準備金が含まれ，第4号の拘束性のない資本準備金は含まれない。
　第3に，旧商法は資本会社に対して計上選択権のある開業費・営業拡大費及び借方繰延税金を借方計上したときには貸借対照表擬制項目として分配規制し，株式消却目的以外で取得した自己持分を資産として取り扱い，それと同額の自己持分準備金を設定し分配規制した。
　第4に，改正商法は，分配規制対象項目について純資産項目は旧商法と変わらず，新たに計上選択権のある自己創設の無形固定資産からその貸方繰延税金を控除した額，退職給付債務と相殺されるべき資産の時価評価とその取得原価との差額からその貸方繰延税金を控除した額，そして借方超過繰延税金の額を分配規制する。但し，5年以内に見込まれる税務上の繰越欠損金は借方繰延税金の額からマイナスする。なお，自己持分の取得を一律に資本のマイナスとして処理する。但し，支配企業あるいは過半数投資企業に対する持分取得は旧商法と同様にそれを資産化し，これと同額の準備金を設定し分配規制する。
　第5に，分配規制額については年次決算書を確定する段階または利益処分の段階でその他利益準備金あるいは繰越利益として会計処理する。分配規制額を解除するときには，利益処分権限をもつ機関の決議により取り崩す。
　第6に，改正商法は利益移転契約がある場合にもはじめて分配規制し，その場合にその他利益準備金または繰越利益で処理する。
　このドイツの分配規制とわが国の会社法におけるそれとを比較する。
　第1に，両者とも貸借対照表をベースとした分配規制である点で共通する。
　第2に，ドイツには臨時計算書類に基づく期間損益も分配額に加算する仕組

みはない。

　第3に，わが国の分配可能額には減資差益及び自己株式処分差益といったその他資本剰余金が含まれるのに対して（会社計算規則第149条），ドイツ商法では債権者保護手続を要せず会社の部分清算ではなくて会社の更生目的から簡易の減資手続で生じる減資差益と，事実上新株の発行に等しく株式払込剰余金としての性質をもつ自己株式処分差益とは分配規制される。

　第4に，わが国の会社法では繰延資産のすべてが分配可能額から控除されるのに対して（会社計算規則第158条1号），ドイツでは自己創設の開業費を除き繰延資産の計上は禁止されるので，そもそも分配規制の対象外である。

　第5に，ドイツ商法は借方繰延税金が貸方繰延税金を上回る額及び退職給付債務と相殺されるべき資産の時価評価とその取得原価との差額から貸方繰延税金を控除した額を分配規制するのに対して，わが国ではそのような規制はない。

　第6に，わが国では売買目的有価証券の評価差益が分配額に含まれるのに対して，ドイツの一般事業会社では金融業等を除き原価評価がベースとなり，分配規制される。

　第7に，わが国の会社法はのれんの2分の1を分配可能額から控除するのに対して（会社計算規則第158条1号），ドイツ改正商法はのれんについて特に分配規制していない。

　第8に，わが国の会社法の分配可能額のなかに外貨建債権債務の為替換算差損益がすべて含まれるのに対して，ドイツ改正商法は短期の債権債務に関する為替換算差損益を分配規制から除外するが，長期の債権債務に関する為替換算差益を分配規制する。

　第9に，わが国では連結配当適用会社に対して分配可能額からの控除規定があるのに対して（会社計算規則第158条4号），ドイツ商法にはその規定はない。

　第10に，利益移転契約において利益移転額に分配規制が設けられているが，そのような制度自体はわが国に存在しない。

注

（1） この詳細は拙著,『資本会計制度論』森山書店, 平成20年, 258-268頁参照。
（2） この生成過程については, 拙稿,「ドイツ貸借対照表法現代化法案の特質」『商学集志』第78巻第4号, 平成21年3月, 71-83頁参照。
（3） この詳細は, 拙稿,「ドイツ商法における資本準備金」『商学集志』第80巻第1号, 平成20年6月, 5-14頁。
（4） A. Engert, Solvenzanforderungen als gesetzliche Ausschüttungssperre bei Kapitalgesellschaften, in : Zeitschrift für das gesamte Handels- und Wirtschaftsrecht, 第170巻, 2006年, 303-308頁。
（5） K. Küting・C. Seel, Latente Steuern, in : K. Küting・N. Pfitzer・C. P. Weber 編, Das neue deutsche Bilanzrecht, 第2版, Stuttgart, 2009年, 所収, 522頁。H. Kessler・M. Leinen・M. Strickmann 編, Handbuch Bilanzrechtsmodernisierungsgesetz, Freiburg, 2009年, 366-367頁。H. Zülch・S. Hoffmann, Probleme und mögliche Lösungsansätze der „neuen" Ausschüttungssperre nach § 268 Abs. 8 HGB, in : Der Betrieb, 第63巻第17号, 2010年4月, 910-912頁。K. Küting・P. Lorson・R. Eichenlaub・M. Toebe, Die Ausschüttungssperre im neuen deutschen Bilanzrecht nach § 268 Abs. 8 HGB, in : GmbH-Rundschau, 第102巻第1号, 2011年1月, 4-5頁。
（6） H. Karrenbrock, Zweifelsfragen der Berücksichtung aktiver latenter Steuern im Jahresabschluss nach BilMoG, in : Betriebs-Berater, 第66巻第11号, 2011年3月, 687頁。
（7） この詳細は, 拙稿,「ドイツ会計制度における自己持分の会計処理」『商学集志』第81巻第1・2号, 平成23年9月, 1-14頁参照。
（8） Adler・Düring・Schmaltz, Rechnungslegung und Prüfung der Unternehmen, 第1巻, 第6版, Stuttgart, 1995年, 123頁。
（9） Deloitte & Touche GmbH 編, Die Bilanzrechtsreform 2009/10, Bonn, 2009年, 69頁。
（10） K. Küting・M. Majadadr, Währungsrechnung, in : K. Küting・N. Pfitzer・C. P. Weber 編, 前掲書注(5), 所収, 478頁。
（11） M. Hommel・S. Laas, Währungsrechnung im Einzelabschluss—die Vorschläge des BilMoG-RegE, in : Betriebs-Berater, 第63巻第31号, 2008年9月, 1667-1668頁。
（12） H. F. Gelhausen・G. Fey・G. Kämpfer 編, Rechnungslegung und Prüfung nach dem Bilanzrechtsmodernisierungsgesetz, Düsseldorf, 2009年, 418頁。
（13）～(15) H. F. Gelhausen・G. Fey・G. Kämpfer 編, 前掲書注(12), 334頁。
（16） H. F. Gelhausen・G. Fey・G. Kämpfer 編, 前掲書注(12), 335頁。
（17） S. Simon, Ausschüttungs- und Abführungssperre als gläubigerschützendes Institut in

der reformierten HGB-Bilanzierung, in : Neue Zeitschrift für Gesellschaftsrecht, 第12巻第28号, 2009年10月, 1086-1087頁。C. Zwirner, Bestimmung des Verlustübernahmebetrags nach §302 AktG, in : Deutsches Steuerrecht, 第49巻第16号, 2011年4月, 783-784頁。

(18) H. F. Gelhausen・G. Fey・G. Kämpfer編, 前掲書注(12), 337頁。
(19) H. F. Gelhausen・G. Fey・G. Kämpfer編, 前掲書注(12), 338頁。
(20)(21) H. F. Gelhausen・G. Fey・G. Kämpfer編, 前掲書注(12), 340頁。
(22) H. F. Gelhausen・G. Fey・G. Kämpfer編, 前掲書注(12), 341頁。
(23)〜(25) H. F. Gelhausen・G. Fey・G. Kämpfer編, 前掲書注(12), 342頁。

第8章

出 資 制 度

I 序

　ドイツにおいて出資は様々な法律において規定されている。例えば民法 (Bürgerliches Gesetzbuch ; BGB) をはじめ，株式法，有限会社法，商法及び税法のなかに出資規定が存在する。このような出資の内容に関して各分野においてごく簡単に触れられている。しかし，その内容は必ずしも明らかではなく，各法律上の関係についてもほとんど論及されていないのが実情である。本章では，この出資についてゲゼルシャフト法，商事貸借対照表法及び税務貸借対照表法に即して比較検討する。

II ゲゼルシャフト法における出資

1 出資規定

　民法における債務法 (Schuldrecht) 及び物権法 (Sachrecht) には出資規定はないが，民法上のゲゼルシャフトに関して出資規定がある。このゲゼルシャフトは単に組合だけでなく社団 (Verein) も含めて私法上共通の目的達成する人的結合体を意味する[1]。このゲゼルシャフトを規制するのがゲゼルシャフト法である。その結果，わが国の会社（但しわが国の合名会社などの人的会社はドイツでは会社ではなくて民法上の組合とみなされる。）はもちろん，匿名組合や登記された協同組合 (eingetragene Genossenschaft) もこのゲゼルシャフト法の対象となる。

　民法上のゲゼルシャフトに対して拠出と出資に関する規定がある（民法第705

条・706条)。一般に拠出とは構成員がゲゼルシャフトに対してゲゼルシャフト関係に基づくすべての目的促進のための行為もしくは不作為をいい、これが上位概念である。これに対して、出資は構成員がゲゼルシャフトに対して実際に供与した拠出をいい、ゲゼルシャフトの財産に移行し責任量の増加をもたらす。出資は常に拠出であるが、しかし拠出は実際の供与という要件を満たすときだけ出資となり、出資は拠出の下位概念である[2]。ゲゼルシャフト法の意味における狭義の出資は物権上の履行を意味するが、広義の出資は出資義務の根拠及び出資の履行を含む。

2 出資の内容

　出資には金銭出資 (Geldeinlage) のほかに現物出資 (Sacheinlage) がある。後者は出資可能な財だけが認められる。独自に評価可能な流通価値ある財産がその要件である。それは評価可能性ないし把握可能性があれば十分で、必ずしも商事貸借対照表法の意味における貸借対照表能力を前提としない[3]。その点で両者の範囲は相違する。ゲゼルシャフト法において有形・無形の財、有価証券及び処分取引を通じてゲゼルシャフトに移転しうる権利は出資可能である。労働サービス及び単なる利用は出資可能ではない。用益などの物権上の利用権は出資可能だが、賃貸料などの債務法上の利用権は一般に当該権利を譲渡できないので出資可能でない。但し、その利用権が解約不能で清算時または倒産時に当該ゲゼルシャフトに処分権が帰属するときに限り、例外的に出資可能となる[4]。ゲゼルシャフト法の出資は総じて法的所有権のある財産譲渡が中心となる。

　ゲゼルシャフト法上の出資が特に問題となるのは資本調達、とりわけ設立及び資本増加と関連する株式会社及び有限会社である[5]。出資による資本金増加は正規の資本金増加と呼ばれ、さらに株式会社における条件付資本金増加 (株式法第191条～第201条) 及び認可資本金 (株式法第202条～第206条) も出資による資本金増加を示す。但し、会社財源による資本金増加はゲゼルシャフト法上の出資には属さない。ゲゼルシャフト法上の出資はゲゼルシャフト法上の請求権を得る構成員のすべての給付と解されるが[6]、会社財源から資本金増加、つまり資本準備金及び利益準備金の資本金組入れ (株式法第207条～第220条、有

限会社法第57条c）には出資者の権利が何ら付与されないからである。

株主に対する出資の払戻しは禁止され（株式法第57条1項），これは有限会社についても同様である（有限会社法第30条1項）。有限会社は定款で追加出資（Nachschuss）に対する義務を定めることができる（有限会社法第26条1項）。

III 商事貸借対照表法における出資

1 出資概念の特徴

商事貸借対照表法上の出資は基本的にこのゲゼルシャフト法上の出資をベースとし，商法第272条で規定する自己資本に計上される点にその特徴がある。このため，ゲゼルシャフト法上の出資と違って，それは商法上の貸借対照表能力を前提とする。つまり，資産に関して法的な所有権はなくとも経済的所有があれば十分となる。その結果，債務法上の利用権も出資能力あるものとみなされる[7]。

1985年改正前商法では，出資者が会社に供与した給付額のうち会社権の付与されないものは特別利益に計上された。この点が1985年商法改正で変更された。従来から認められていた会社権が付与される商法第272条2項1号から3号までの資本準備金規定のほかに，会社権の付与されない一部について新たに第4号の規定が設けられた。この規定により出資者が自己資本のなかに提供するその他の追加支払額を資本準備金として計上できることになった。前者の資本準備金は旧規定と同様に拘束性があるのに対して（株式法第150条2項），後者のそれは拘束性がない。

通説は，この第4号の資本準備金を出資者が明確に出資意図を表明したものに限定する[8]。逆にそれが明確でないものはこの資本準備金には計上できず，特別利益となる。出資意図をもたず，欠損塡補あるいは会社更生に対する資金援助等についても同様である。その結果，第1号から第3号での資本準備金及び引受済資本金に対する出資者による出資は不可欠な出資と性格づけられるのに対して，第4号の資本準備金は出資者による任意の出資とみなされる。それ故に，この取崩については権限のある機関による決議でいつでも可能である。

この出資者の出資意図という主観的な要素を重視する通説を批判し，その客観化を目指す見解が展開される。例えばウィルヘルム（J. Wilhelm）及びヒオルト（M. J. Hiort）は出資者と会社との間における資本と利益の区別から出資者の払込額をすべて出資と捉え，資本金または資本準備金への計上を主張する[9]。ティーレ（S. Thiele）及びアルトホフ（F. Althoff）も会社関係に起因し一般市場における出資者財産の時価が会社に対する当該財産の購入価格を上回る差額あるいは会社が出資者に対して市場価格を上回る価格で財産を売却した場合のその差額を隠れた財産移転（verdeckte Vermögenszuführung）とみなし，第4号資本準備金への計上を主張する[10]。

シュルツェ-オスターロー（J. Schultze-Osterloh）は商法第264条2項4号で規定する真実な写像の表示面及び収益状況の洞察面から，欠損填補または貸借対照表損失の填補を目的とした出資者給付を除き，それ以外の出資者給付を資本準備金に計上すべきであると主張する[11]。カステデロ（M. Castedello）は，商法上の出資に関して出資者からの資金提供が会社に対して与える将来の価値増加の可能性の面を重視し，会社の財務内容が正常のケースと危機的ケースとに分けて出資内容を検討する[12]。

2 出資の評価

金銭出資については特に問題はない。現物出資については一般にその客観的な時価で評価される。固定資産はその再調達原価で，流動資産は正味売却価格でそれぞれ評価される。通説は過小評価も許容すると解するが，最近では時価評価を重視する傾向が強い[13]。

資本会社には厳密な資本調達原則の適用により固定資産についてその慎重な時価評価が要請される。その発行価額がその時価を下回るときには，その差額の補填義務が生じる[14]。人的会社では内部関係の出資評価に対しては，ある程度裁量の余地があるけれども，外部関係では客観的な時価がベースとなる。

出資者は自己の出資を投資として計上する。投資の取得原価と隠れた出資との関係が問題となる。隠れた出資をあくまで事後的な取得原価とみる立場と，後述する隠れた出資は新たな資産の取得とはいえず，投資の取得と事後的な隠れた出資との間に因果関係がないという理由から，事後的な取得原価に代えて

製造原価と解する立場とが対立する[15]。

3 公示の出資と隠れた出資

　商事貸借対照表法自体には公示の出資と隠れた出資との区別はない。後述する税法に即して出資をそのように区別するのが一般的である。その基準に関しては次の2つの考え方がある。通説は，公示の出資をゲゼルシャフト法上における会社権の付与を伴う出資に限定し，会社権の付与を伴わない出資を隠れた出資とみなす。これは事実上Ⅳで触れる税法と同様の立場である。少数説は，商事貸借対照表上の自己資本の部に表示されるものを公示の出資，それに表示されない出資を隠れた出資とみなす[16]。

　通説による隠れた出資には金銭出資のケースとそれ以外のケースとがある。例えば出資者が会社に金銭を贈与し，出資者が主観的な出資意図を明確に表明した場合である。これに対して，出資者が出資意図を明示して会社に財産を無償譲渡したり，あるいは著しく廉価で財産を売却した場合が後者である[17]。物権上の利用権が譲渡可能であり，あるいはその行使を他の者に委ねることができるときには，隠れた出資に該当し第4号資本準備金に計上する。債務法上の利用権については，資産として把握可能で会社に一定期間自由に利用でき第三者の権利から包括的に保証されているときには，第4号資本準備金に計上する[18]。それ以外の会社に対する出資者給付は特別利益に計上する。

　この隠れた出資から区別すべきは隠れた現物出資である。これは，経済的観察法から金銭出資と関係する現物出資額が金銭出資額を下回るときに生じる。MoMiG及びBilMoGの制定以前において，その取引は法的に無効とされた。その制定後は取引自体は有効であるが，財産価値が金銭出資の額を下回るときに，その補填が義務づけられる（有限会社法第19条4項・株式法第27条3項）。

Ⅳ　税務貸借対照表法における出資

1　出　資　規　定

　所得税法第4条3項によると，一会計期間における事業財産の期首及び期末

の変動に基づいて利益は原則として測定される。出資及び払戻しは事業活動以外の原因による会社と出資者との間の取引を意味する。出資はその利益の減少を，払戻しは利益の増加をそれぞれもたらす。この事業財産に関しては税法上の経済財概念が決定的である。これと商法上の資産概念とは基本的に一致する。税務貸借対照表では無形固定資産の資産化は禁止される（所得税法第5条2項）。税務上は出資規定がこの資産化禁止規定に優先するので，自己創設もしくは無償取得の無形固定資産による出資は可能である。この意味で，税務上出資可能な資産の範囲は拡大され，必ずしも貸借対照表能力ある経済財に限定されない[19]。

　法人税法において出資規定はない。通説は所得税法における出資規定を資本会社に対する法人税の出資規定に準用する。但し，そこで算定される利益額は税務貸借対照表以外の隠れた利益配当だけ増加し，隠れた出資だけ減少する（法人税法第8条3項2文）。ここで隠れた利益配当とは，会社関係に基づく財産減少もしくは阻止された財産増加である。これは会社法上の利益処分に基づかない事業財産の変動である。

2　公示の出資と隠れた出資

　公示の出資は，既述の通り出資者に対して会社権が付与される。これに対して，隠れた出資には会社権が付与されない。隠れた出資は，①出資者（もしくはその近親者）の出資，②資本会社に適用，③会社法上の出資以外，④出資可能な財産の供与，⑤会社関係に起因といった要件を満たす出資をいう（法人税通達40-1）。この隠れた出資に該当するのは，出資者が時価を下回る金額で会社に資産を売却したり，あるいは会社が出資者に対して時価を上回る価格で資産を売却するケース，出資者が会社に対する債権及び年金期待権を放棄するケース，出資者が会社に資産を贈与するケースなどである。

　上記の①に関しては出資者以外で出資者と特別な関係にある近親者による出資も隠れた出資に含まれる。②に関して資本会社における隠れた出資の場合には出資者から会社への法的権利能力の変更が生じる。③に関しては会社法上の規定及び会社契約の取り決め以外の出資が対象となる。④に関しては単なる利用は直接的な財産増加がないので，出資能力はない。無償取得の利用権はたし

かに一般的には出資は可能であるが、出資者の立場からは所得税法第8条の収入があったとは解されないので、隠れた出資に該当しない。⑤に関して第三者との比較により、出資者でない者が堅実な商人としての慎重さをもって会社の財産上の利益を供与しなかったかどうかがその客観的な判断尺度となる。この⑤は商法上たしかに必要ではあるが、しかし十分ではない。というのは、既述の通り出資者の明確な出資意図が不可欠だからである。これに対して税法はその主観的な要素を不要とし[20]、さらに出資者に対する近親者も含まれうる点で、税法上の出資範囲は商法上のそれよりも広い。

3 出資の評価

　公示の出資はその部分価値で評価する（所得税法第6条1項5号）。部分価値は、事業全体の取得者が購入価格総額の範囲で各経済財に割り当てる金額を指す（所得税法第6条1項3文）。但し、当該資産がその流入後3年以内に取得または製造されたときには、秘密積立金に対する課税回避を防止する目的から出資は当該資産の部分価値に代えて取得原価で評価する（所得税法第6条1項5号1文）。また、出資時点までの損耗分は取得原価（または製造原価）から控除する。

　交換による経済財の譲渡は譲渡資産の普通価値（gemeiner Wert）でその取得原価を測定する（所得税法第6条6項1文）。普通価値は資産の市場価値を中心とし、各経済財の売却価値等を考慮して決定される[21]。これに対して隠れた出資の方法による経済財の譲渡の場合には、資本会社に対する投資の取得原価は出資された経済財の部分価値で評価される（所得税法第6条6項2文）。

　この隠れた出資に対する評価規定は1999年／2000年／2002年の租税軽減法（Steuerentlastungsgesetz）によって導入された。この制定以前においては、交換は一般に利益実現取引であり、隠れた出資にはこの交換原則は適用されなかった。しかし、この租税軽減法は統一的な交換取引のルールを定め、交換において各経済財はすべてその普通価値で評価し、成果作用的な処理に変更した[22]。但し反対給付の取り決めのない隠れた出資のケースでは交換そのものではなく、むしろ交換に準ずる取引（tauschähnliches Geschäft）とみなされる[23]。その実定法上の根拠として隠れた出資の場合には新たな会社権の形での直接的な反

対給付はたしかにないが，既存の権利が価値上昇し，質的に現物出資に相当するという少数説が展開されている[24]。この規定により，隠れた出資について出資者は原則としてその出資の部分価値による評価額を投資の取得原価とし，この金額と簿価との差額を損益に計上しなければならないのに対して，会社側はこの隠れた出資を部分価値で評価し成果中立的に処理する。

通説はこの隠れた出資に関する規定に関して，そこでは反対給付の取り決めがないので，交換取引と同一視できないと解する[25]。その根拠は，隠れた出資を交換に準ずる取引と捉えると，出資者と会社側とで処理が異なるからである。また，連邦財務省は交換に準ずる取引と隠れた出資とを区別し，前者を会社権の付与をベースとする公示の現物出資と解するのに対して，後者には会社権の付与がないので前者とは異なると主張する[26]。

ある資本会社への投資が他の会社の隠れた出資に該当し，その持分が重要な投資としての1％を上回るときには，持分の売却とみなされる（所得税法第17条1項2文）。この隠れた出資は普通価値で評価される（所得税法第17条2項2文）。この隠れた出資に関して資本会社の所得測定に際して法人の持分売却益は二重課税の回避からその95％が非課税となる（法人税法第8b条2項5文，第8b条3項）。

出資者の個人財産に属する土地を人的企業における合有財産（Gesamthandsvermögen）に出資し，土地の取得後10年以内にそれを売却した場合，あるいは個人財産に属する土地の資本会社に対する無償譲渡もしくは低廉売却に伴い隠れた出資に該当する場合には土地の売却とみなされ（所得税法第23条1項5文1号・2号），いずれも課税の対象となる。

法人税法上の公示の出資及び隠れた出資のうち資本金を除く部分は税務上の出資勘定で処理する[27]。

V 結

ドイツにおける出資会計制度について整理すれば以下の通りである。

第1に，ドイツ法における出資は基本的にはゲゼルシャフト法をベースとする。ゲゼルシャフト法上の出資とはゲゼルシャフトに対して構成員が実際に拠出した額をいい，法的所有権の財産移転と責任量の増加を意味する。そこでは

必ずしも厳密な商法上の資産性は要せず評価可能性があれば十分である。通説によると，商事貸借対照表法上の出資は，貸借対照表能力を前提とした経済的な財産で，一定の要件を満たす債務法上の利用権も含む。但し，そこでは出資者による主観的な出資意図を明確にしたものに限定される。これに対して，税法上の出資は事業活動以外の会社関係に基づく経済財の増加を意味する。この税法上の出資は，出資者が出資意図を明確にしていない部分及び欠損塡補等に対する出資者の給付部分，さらに近親者も含む点で，商法上のそれよりも範囲が広い。

　第2に，商法上及び税法上の出資のうち出資者に対して会社権が付与される出資を公示の出資，それが付与されない出資を隠れた出資という。前者の範囲は両法において基本的に一致する。しかし後者の範囲は異なる。前者はゲゼルシャフト法上における正式な出資として拘束性のある資本準備金（商法第272条2項1号～3号）に，後者は出資者の主観的な出資意図を示す任意の出資として拘束性のない資本準備金（商法第272条2項4号）にそれぞれ表示する。税法上の隠れた出資は第三者との比較に基づく客観基準により会社関係に起因する会社権の付与されない出資をいう。法人税法上，公示の出資及び隠れた出資のうち資本金を除く部分は税務上の出資勘定で処理する。

　第3に，現物出資について商法はその時価をベースとし，過小評価も容認される。税法では出資について部分価値による評価が原則である。これは隠れた出資についても同様である。但し，一定の要件を満たすときには取得原価等で例外的に評価する。資本会社の持分が重要な投資たる持分の1％を上回り，他の会社の隠れた出資に該当するときには持分の売却とみなされ，この隠れた出資は普通価値で評価される。出資者側では，隠れた出資の場合に投資の取得原価を事後的に修正する。

　このように，ドイツ会計制度ではゲゼルシャフト法，商事貸借対照表法及び税務貸借対照表法との間で出資の範囲やその評価等に関して差異があるが，出資に関して基本的に広義の資本取引をベースとする。これに対して，わが国の会社法及び税法は出資に関して会社権の付与に限定した狭義の資本取引をベースとする。かりにドイツ法の隠れた出資もしくは任意の出資を，その範囲問題は別としてわが国の会計制度で表示するとすれば，その他の資本剰余金もしく

は資本等取引として処理されるであろう。

出資の会計処理をめぐって日独の理論的な比較検討が今後の課題である。

注

（1） K. Schmidt, Gesellschaftsrecht, 第4版，Köln etc, 2002年，4頁。
（2） R. Adam, Einlage, Tausch und tauschähnlicher Vorgang im Zivilrecht und im Steuerrecht, Frankfurt am Main, 2005年，30頁。
（3） R. Adam, 前掲書注（2），35-36頁。
（4） K. Schmidt, 前掲書注（1），574-575頁。
（5） ドイツ資本会計制度の概要については第5章参照。
（6） M. J. Hiort, Einlagen obligatorischer Nutzungsrechte in Kapitalgesellschaften, Frankfurt am Main, 2004年，13頁。
（7） M. J. Hiort, 前掲書注（6），271頁。R. Winnefeld, Bilanz-Handbuch, 第4版．München, 2006年，308頁。
（8） G. Döllerer, Verdeckte Gewinnausschüttungen und verdeckte Einlagen bei Kapitalgesellschaften, 第2版，Heidelberg, 1990年，187-188頁。K. Küting・C. P. Weber 編，Handbuch der Rechnungslegung, Einzelabschluss, 第2巻，第5版，Stuttgart, 2005年，44-46頁。この詳細は第5章参照。
（9） J. Wilhelm, Die Vermögensbildung bei der Aktiengesellschaft und der GmbH und das Problem der Unterkapitalisierung, in : H. H. Jakobs・B. Knobbe-Keuk・E. Picker・J. Wilhelm 編，Festschrift für Werner Flume, 第2巻，Köln, 1978年，所収，366-367頁。M. J. Hiort, 前掲書注（6），248頁。
（10） S. Thiele, Das Eigenkapital im handelsrechtlichen Jahresabschluß, Düsseldorf, 1998年，198-200頁。F. Althoff, Rechtsgeschäfte zwischen Gesellschaften und ihren Gesellschaftern in der externen Rechnungslegung nach HGB und IFRS unter besonderer Berücksichtigung gesellschaftsrechtlicher Kapitalerhaltung, Frankfurt am Main, 2009年，117・119-123頁。
（11） J. Schultz-Osterloh, Die anderen Zuzahlungen nach § 272 Abs. 2 Nr. 4 HGB, in : K. P. Martens・H. P. Westermann・W. Zöllner 編，Festschrift für Casten Peter Claussen, Köln etc., 1997年，所収，775-781頁。
（12） M. Castedello, Freiwillige („verdeckte") Einlagen im handelsrechtlichen Jahresabschluß von Kapitalgesellschaften, Frankfurt am Main, 1998年，70-77頁。
（13） R. Winnefeld, 前掲書注（7），2087-2088頁。H. Ellrott etc 編，Beck'scher Bilanz-Kommentar, 第7版，München, 2010年，147頁。
（14） R. Winnefeld, 前掲書注（7），309頁。

(15) N. Marenbach, Die Erweiterung der Kapitalbasis einer GmbH : (Verdeckte) Einlage und Gesellschafterdarlehen, Hamburg, 2006年, 159-162頁。

(16) M. Groh, Verdeckte Einlagen unter Bilanzrichtlinien-Gesetz, in : Betriebs-Berater, 第45巻第6号, 1990年2月, 377-380頁。E. Büchele, Offene und verdeckte Einlagen in Bilanz- und Gesellschaftsrecht, in : Der Betrieb, 第50巻第47号, 1997年11月, 2343頁。

(17) K. Küting・C. P. Weber編, 前掲書注(8), 49頁。

(18) K. Küting・C. P. Weber編, 前掲書注(8), 49-50頁。

(19) N. Marenbach, 前掲書注(15), 81-82頁。

(20) N. Marenbach, 前掲書注(15), 91-96頁。

(21) L. Schmidt, EStG, 第25版, München, 2006年, 1348-1449頁。

(22) N. Marenbach, 前掲書注(15), 98-99頁。

(23) N. Marenbach, 前掲書注(15), 100頁。

(24)(25) N. Marenbach, 前掲書注(15), 99頁。

(26) N. Marenbach, 前掲書注(15), 100頁。

(27) N. Marenbach, 前掲書注(15), 150-155頁。この詳細については, 拙著, 『資本会計制度論』森山書店, 平成20年, 71頁以下参照。

第9章

隠れた出資

I 序

　ドイツでは出資について様々な法規定が存在する。民法，商法及び税法は出資について規定する。特にドイツ固有なのが隠れた出資に関する規定である。これは特に税法において明文規定があり，この隠れた出資と事実上パラレルなのが隠れた利益配当である。前者は課税所得計算上除外されるのに対して，後者はその計算のなかに算入されるのがその大きな特徴である。商法には隠れた出資自体の明文規定はたしかにない。しかし，文献はそれをしばしば税法との関係で論じてきている。とりわけ1985年商法の改正に伴い，新たに制定された商法第272条2項4号の資本準備金規定との関連で隠れた出資を議論するのが一般的である。これに対して，わが国では隠れた利益配当に相当するのがみなし配当と呼ばれるが，しかし隠れた出資に該当するのは存在していない。

　本章では，ドイツにおけるこの隠れた出資を取り上げ，その特質を明らかにすることにしたい。

II 商法における隠れた出資

1 出資の概要

　商法上の出資は一般に民法上の規定に基づく。民法上の拠出は，構成員の関係に基づいて人的結合体を意味するゲゼルシャフトの目的を達成するために供与された給付の義務を意味する。これに対して，出資は事実上その組合員が供与した拠出を指す。したがって，出資は常に拠出を表す。しかし拠出は出資の

一部にすぎず，その前提にすぎない。出資は組合員による責任財産を示す点にその特徴がある[1]。

出資者による会社への特定の拠出を会社関係に起因する出資者給付（Gesellschafterleistung）と解するキュッティング（K. Küting）等は，出資者の拠出について以下のような〔表9-1〕を示す。

〔表9-1〕 資本会社における出資者の拠出の種類

拠出の種類	出資者の給付		
	財産価値としての把握可能		財産価値として把握不能
出資者に対する対価の種類	直接的	間接的	間接的
拠出の利益または資本の部への分類	狭義の資本流入	広義の資本流入	成果への拠出（会社の利益）

出典：K. Küting・C. P. Weber 編, Handbuch der Rechnungslegung, Einzelabschluß, 第2巻，第5版，Stuttgart, 2005年，44頁。

この〔表9-1〕からわかるように，出資者による給付が財産価値として把握可能なときには，資本の部に計上されるのに対して，財産価値として把握不能なときには会社の利益に計上される。前者はさらに出資者の拠出に対する会社の対価が，例えば利益請求権ないし残余財産請求権といった会社権が付与されるケースのときには会社財産としての財産価値の把握が直接的で狭義の資本流入とみなされる。これに対して，その対価が会社権が付与されず会社財産としての財産価値の把握が，間接的なときには広義の資本流入とみなされる。この広義の資本流入について1985年商法改正前では通説は資本会社の収益への計上を主張していた。1985年商法の制定により広義の資本流入のなかで出資者が出資意図を明確化したものに限り，商法第272条2項4号で規定する"出資者が自己資本に供与するその他の追加支払額"の資本準備金に計上すると解するのが通説である[2]。

拠出に関する現行商法上の処理を整理したのが次頁の〔表9-2〕である。

〔表9-2〕 拠出及び出資に関する商法上の処理

出資者による拠出の分類	出資者による拠出			
	狭義の資本流入		広義の資本流入		成果への拠出
	資本への出資が変更できないもの		資本への出資が任意のもの	成果への拠出が任意のもの	成果への拠出が変更できないもの
	額面資本金への出資	持分発行によるプレミアム出資者の追加払込額（株式会社）※ 引受権及び転換権に対する金額（株式会社） 優先に対する付与への追加支払額	自己資本へのその他の追加支払額	会社の利益	
株式会社及び有限会社の年次決算書における拠出に関する会計上の処理	資本金	資本準備金		年度剰余額	

※　原文では株式会社となっているが，これは明らかに有限会社の誤りである（有限会社法第26条．27条参照）。
出典：K. Küting・C. P. Weber編，前掲書，46頁。

2　商法における隠れた出資の概要

(1)　金銭出資と現物出資

商法上の出資には金銭出資と現物出資とがある。前者については特に問題はない。会計上論議があるのは後者である。これについての要件は次の通りである。

① 取引可能で会社に対して譲渡可能であること
② 独自の資産価値を有すること
③ 十分な確実性をもって評価可能であること

これらの要件を満たせば当該出資財は商法上出資可能である[3]。例えば有形無形の財，第三者に対する金銭債権及び物的債権等が含まれる。

この出資は，商法上原則としてその客観的な時価で評価されるが，簿価による引継ぎも可能である。場合によっては過小評価も許容される[4]。

(2) 公示の出資と隠れた出資

商法上の規定には公示の出資と隠れた出資とに関する明文規定はない。文献では一般に両者を区別するのが普通である。ただ，その区分は見解によって異なる。

A 通　説

通説は，公示の出資と隠れた出資の区分について後述する税法上の区分を前提とする。すなわち，出資者が会社のなかに会社権の譲渡に対して会社法上の義務の履行における財産流入が公示の出資である。これに対して，その対価を伴わずこの会社権の付与がないが，出資者が明確な出資意図をもって会社に供与する財産流入が隠れた出資である[5]。その結果，前者には商法第272条1項で規定する引受済資本金と商法第272条2項3号で規定する拘束性のある資本準備金が属する。後者には商法第272条2項4号の任意の資本準備金が属する。

B 少数説

この通説のほかにいくつかの少数説がある。

① グロー等の見解

その1つはグローの見解である。彼は商法上において年度剰余額に計上されていた出資を隠れた出資といい，貸借対照表の資本の部に表示されている出資を公示の出資と解する[6]。この解釈に従うと，商法と税法との間における隠れた出資の相違が完全に解消するわけではないが，しかし少なくともその解消の方向に寄与しうる。これまで会社への出資者給付は商法上すべて利益と解されてきた。1985年の商法改正で出資者給付のうちで出資意図が明確なものについては新たに創設された商法第272条2項4号における資本準備金に計上することになった。グローはそれを商法上公示の出資とみなす。

この点に関して彼は次のように述べる。「これに対して，それ以外の問題，

とりわけ出資者給付による無形経済財の譲渡及び過小評価については従前通りのままである。今でも出資者による成果への拠出もまた資本準備金に計上されねばならない点には全く論じられていない。議会の審議において，商法第272条2項4号の準備金のなかに税法のすべての隠れた出資が受け入れられ，それによって自己資本の分類の放棄及び法人税払戻請求権の導入による税額控除方式（Anrechnungsverfahren）が簡素化されうるという努力があったというべきである[7]。」

ブッシェレ（E. Büchele）もこのグローと同様の立場に立つ。ブッシェレは，公示の出資について貸借対照表上資産増加もしくは負債減少として示される出資のみが問題であるのに対して，隠れた出資については損益計算書に示される取引のみが問題であると解する[8]。この点に関して彼は，出資者が業務執行者として会社に従事している場合に低廉の給料を受領しているときには税法上は隠れた出資に該当しないが，商法上は損益計算書に示されないので，隠れた出資に該当するとみなす。

アルトーフも同様に隠れた出資のケースとして次の4つを指摘する[9]。

① 会社が通常よりも著しく高い価格で出資者に資産を売却するケース
② 会社が通常よりも著しく高い価格でサービスを出資者に対して提供するケース
③ 出資者が通常よりも著しく低い価格で資産を売却するケース
④ 出資者が通常よりも著しく低い価格でサービスを提供するケース

このようなケースは，一方で債務法上の交換取引に基づく部分と，他方で隠れた財産移転に基づく部分とから成る。例えば①のケースにおいて出資者による会社への支払のうち適正な購入価格に相当する金額は前者の債務法上の交換取引に該当する。これに対して，それを上回る超過金額は後者の隠れた財産移転に該当し，これが事実上隠れた出資とみなされる[10]。

② **カステデロの見解**

カステデロは従来の商法的及び税法的な公示の出資及び隠れた出資の通説的見解とは異なる方向を主張する。その出発点は出資概念の客観化的視点である。商法の通説は出資概念について出資者の出資意図という主観的要素を強調する。彼はその恣意性を排除し，その客観化を目指そうというわけである。彼

はその手掛かりを出資者による投資の価値増加に対する可能性に求める[11]。したがって，この基準を満たせば，それが商事貸借対照表のなかで開示されるか否かはそれほど重要ではない。

会社の財務内容が良好なときには，一般に彼のいう任意の出資は，たしかに会社権の付与を伴わない隠れた出資とパラレルな方向を示す。しかし，会社の財務内容が悪化し危機的状況のときには，両者の関係は相違する。具体的には債権放棄に際して商法上はその価値をもつ部分についてだけ任意の出資となりうるにすぎない。これに対して，税務上は債権放棄に伴い会社関係からどの程度の財産増加が生じたかが問題となるので，彼の考え方では債権の額面金額について隠れた出資となる。また，もはや価値を完全に喪失してしまった債権放棄や単に会社の存続にだけ役立ち会社の更生には役立たない助成金，財務改善証書 (Besserungsschein) を伴う債権放棄も同様の理由から税務上は隠れた出資とみなされる。これに対して，商法上はそれが投資価値増加の可能性をもたらさないので，彼のいう出資に該当しない[12]。

3　隠れた出資の取扱

(1)　隠れた出資の性質

商法上，通説の隠れた出資は1985年商法制定前においては成果作用的に処理されていた。1985年商法の制定により，隠れた出資は商法第272条2項4号が新たに規定する"出資者が自己資本に供与するその他の追加支払額"に計上されることになった。言い換えれば，隠れた出資は成果中立的処理に変更される。これについて商法上の「真実且つ公正な写像」(true and fair view- Konzeption) に合致するといわれる。というのは，隠れた出資は実質的に会計上出資としての性質をもつので，成果作用的処理は問題を含むからである。たとえ出資者の出資意図が必ずしも明確でないケースにおいても，臨時収益として処理すべき会社更生の目的による出資者からの助成金でないとき，当該出資者による給付を会社の収益状況に関する判断を誤らせないためには，むしろ資本準備金に計上するのが望ましい[13]。

(2) 隠れた出資の評価

商法上隠れた出資の評価は一般に商法第252条の規定に従う。但し個々のケースではその時々の貸借対照表項目に依存する。

特に問題となるのは、隠れた出資に関して現物出資との関係である。ここでは会社権が出資者には譲渡されないので、額面金額を下回る点は問題とならない。「しかし、存在する持分価値が隠れた出資によって増加したり隠れた出資の適切な評価によって適正に増加するはずであり、しかもそれ以外についても考慮することから出発すれば、結果的に一般的にいって現物出資評価との類似性がどうしても生じる[14]。」その理由から、当該現物出資に伴う資産の客観的な判断に基づく時価が上限となる。その場合、評価の裁量の余地及び用心の原則から固定資産の再調達原価もしくは収益価値、流動資産であれば正味売却価額、債権であればその債務者の財務内容を考慮して額面金額もしくはその一部を減額して評価される[15]。

このような時価をベースとする隠れた出資の評価のほかに、過小評価はあらゆるケースで商法上許容されるという見解が通説である[16]。但し、それを批判する少数説もある。その理由は、第1に株式会社には法的な財産拘束が定められている以上、過小評価は認められず、第2に会社関係に起因する事実上の利益でない財産増加は特別に完全に表示されねばならないからである[17]。

4 隠れた出資の会計処理

(1) 会　社　側

A　低廉もしくは無償による出資者からの資産提供のケース

出資者が会社に第三者との比較で著しく低廉もしくは無償で資産を供与したケースでは、適正な代償と事実上の代償との間に差異が生じる。これが隠れた出資である。例えば出資者が会社に対して簿価100,000ユーロの土地を売却し、その土地の流通価値が150,000ユーロであると仮定する。会社側が簿価で土地の取得を記入すれば、①の通りである。

①（借）土　　　地　　　100,000　　（貸）現　　　金　　　100,000

しかし、この処理では著しく廉価な価格での土地取得が反映されない。そこ

II 商法における隠れた出資　197

で，以下の②または③のいずれかの処理がさらに必要となる。

　　②（借）土　　　地　　　50,000　　（貸）資本準備金　　50,000
　　　　　　　　　　　　　あるいは
　　③（借）土　　　地　　　50,000　　（貸）特　別　利　益　50,000

　このうち②の仕訳は，通説では出資者が土地の売却に関して出資意図を明確にするときにはじめて認められる。③の仕訳は会社が年度剰余額を多く表示したいときに実施される。保守主義的な会計政策の場合には②のように成果中立的に処理される[18]。

　B　無償取得によるのれんのケース

　出資者が自己の個人企業の資産及び負債の簿価の差額に固定資産に含まれる秘密積立金の対価を加えた50,000ユーロを会社に売却したと仮定する。この無償取得によるのれんは隠れた出資に該当する。この無償取得による無形固定資産の計上に対して商法上は禁止規定があった（旧商法第248条2項）。但しこの規定は出資には適用されないとされた[19]。改正商法では自己創設の無形固定資産の計上を容認する（改正商法第248条2項）。その結果，これについても次の2つの処理が考えられる。

　　①（借）の　れ　ん　　　50,000　　（貸）資本準備金　　50,000
　　　　　　　　　　　　　あるいは
　　②（借）の　れ　ん　　　50,000　　（貸）特　別　利　益　50,000

　このいずれかの処理によるかは出資者の出資意図のほかに，会社側の会計政策も関係する。すなわち，年度剰余額をできるだけ多く表示したいのか，それとも保守主義的な会計政策を採用するかである[20]。

　C　出資者に対する売却取引のケース

　会社が通常200ユーロで販売する製品を出資者に対して500ユーロで販売したと仮定する。その場合次のように仕訳される。

　　　　（借）当座預金　　　　500　　（貸）売　　　上　　　500

　しかし，500ユーロと200ユーロとの差額は，いうまでもなく隠れた出資を

意味する。それ故に，会社側は以下に示すように①または②の仕訳をする。

① (借) 売　　　上	300	(貸) 資本準備金	300
	あるいは		
② (借) 売　　　上	300	(貸) 特 別 利 益	300

　出資者が出資意図を明確にした場合には①が，会社側が会計政策上年度剰余額を多く計上したいときには②がそれぞれ採用される。

D　引当金及び債務に基づくケース

　出資者と会社との間の売却取引以外にも隠れた出資は生じる。例えば会社に対して出資者が債権を有している場合，当該債権を放棄するケースがこれに該当する。いま出資者が会社に50,000ユーロの額面金額の債権を放棄する。当該債権の時価が30,000ユーロであると仮定する。この場合，次の3つの仕訳が考えられる。

① (借) 出資者借入金	50,000	(貸) 資本準備金	50,000
② (借) 出資者借入金	50,000	(貸) 特 別 利 益	50,000
③ (借) 出資者借入金	50,000	(貸) 特 別 利 益	20,000
		資本準備金	30,000

　このうち①は出資者による出資意図が明確な場合であり，会社側の会計政策より①又は②の選択が可能である。貸借対照表の表示面からは③が望ましい[21]。というのは，出資者による会社債権の損失が明瞭に示されるからである。

　出資者が第三者に対する会社債務を返済するときにも同様に隠れた出資が生じる。例えば出資者が第三者の会社債務10,000ユーロを肩代わりして返済するときには，次の2つの仕訳が考えられる。

① (借) 借　入　金	10,000	(貸) 資本準備金	10,000
② (借) 借　入　金	10,000	(貸) 特 別 利 益	10,000

このうちで①が隠れた出資に該当する。

　出資者が会社からの年金受給額を放棄するときにも同様である。出資者が法

的に効力をもつ年金期待権を放棄した結果，それに対する会社側の退職給付引当金が 45,000 ユーロであると仮定する。

| ① （借）退職給付引当金 | 45,000 | （貸）資本準備金 | 45,000 |
| ② （借）退職給付引当金 | 45,000 | （貸）特 別 利 益 | 45,000 |

①が隠れた出資のケースである。

E 利用及び利用権

利用に関しては，その性質をめぐって議論がある。法的な立場が保証されていない利用と，法的な立場が保証されている利用権とを区別するのが一般的である。

前者は資産性がなく借方計上できない。というのは，決算日にその存在を実地棚卸で確認できず，貸借対照表の表示及び貸借対照表評価に関する規定を受けないからである。

後者を資産化する場合，特にその評価が困難となる。再譲渡の可能性の意味で利用権について独自の評価および換金に関するメルクマールを満たすので，少なくとも利用権は抽象的な貸借対照表能力をもつ。したがって，一定の期間に所有者の利用を排除する法的な立場が保証されている利用権については，現物出資としての無形固定資産として計上されねばならない。但し，この利用権の具体的な貸借対照表能力は旧商法において否定的であった。旧商法第248条2項の定める有償による反対給付がないからである。にもかかわらず，利用権の経済的価値が把握可能で，当該利用権を出資者の財産から明確に分離し，出資者が資本準備金に計上することを明言するときには，通説は利用権の出資能力を容認する[22]。

例えば出資者が会社のために自己保有の土地に対して 30 年間の地上権を設定し，会社側はその地上権設定に対するコスト 2,000 ユーロと，土地に対する改良費用 80,000 ユーロを負担する。30 年間分の地代について一括 400,000 ユーロを会社側は出資者に支払うが，第三者比較によるとその地代の金額は 500,000 ユーロに相当すると仮定する。この 400,000 ユーロの金額は利用権の取得原価とはみなされず，資産化できない。それについては未決取引に伴うオフバランスが適用されるからである。そこで，会社は借方計算限定項目を計上

し，その金額は1回払いの額と改良費用とから成る。それを仕訳で示せば以下の通りである[23]。

		（借）土地相当の権利	2,000	（貸）当座預金	2,000
		（借）利　用　権	480,000	（貸）当座預金	480,000
①	（借）借方計算限定項目		580,000	（貸）利　用　権	480,000
				資本準備金	100,000
②	（借）借方計算限定項目		580,000	（貸）利　用　権	480,000
				特別利益	100,000

契約価格400,000ユーロと適正価格500,000ユーロとの差額について隠れた出資が生じる。これは資本準備金もしくは特別利益に計上される。

このほかに会社側が出資者に対して通常よりも著しく高い土地の地代を受け取るケース，出資者が会社にその他の助成金を供与するケース，会社に対して出資者が自己の相続財産を提供するケースも同様に処理する[24]。

(2) 出　資　者　側
A　事後的取得原価と投資の性格

商法上出資者側は出資を投資として計上する。これは隠れた出資についても同様である。その結果，それは固定資産の取得原価もしくは製造原価をベースとし，価値減少が生じたときにはその部分を控除して評価する。投資については従来の旧商法と同様に持続的な価値減少のケースだけでなく，継続的な見込みのない価値減少のケースでも評価減は可能である（改正商法第253条3項）。

ただ隠れた出資の評価との関連で投資が取得原価を中心としたものか否かが問題となる。連邦財政裁判所は多くの判例で隠れた出資の評価についてもっぱら取得原価概念を支持し，事後的取得原価について論じる。

これに対して反対説もある。資産の取得原価は一般に第三者による有償取得を前提としており，その要件を隠れた出資については満たさない点をその論拠とする。隠れた出資の評価に関しては何ら新たな資産取得とはいえない。取得原価については出資者の犠牲と取得自体との因果関係は必要であるけれども，隠れた出資についてはこれが当てはまらないからである。それ故に，隠れた出

資が生じたときには，投資の取得原価に対する付随費用ではなく，会社との直接的な関係で発生したコストと解すべきである。このような理由から，隠れた出資については取得原価と関係づけることは理論的でないというのが反対説の主張である[25]。

このような隠れた出資に関する考え方に基づいて，投資の取得原価概念に代えて展開されるのが投資の製造原価概念である。これに従うと，犠牲によって資産が本質的にその実体において増加しあるいはその本質に変化が生じ，あるいは従来の状態以上に著しく改善するときには，そのコストは資産化義務のある製造原価とみなされる[26]。この考え方だと，それ以外のすべてのコストは維持費用であり，成果作用的とみなされる。隠れた出資に関して製造原価概念をベースとするこの考え方は，会社側が損失状況を表示していないときの隠れた出資は会社の実体増加につながるので，その犠牲分を資産化すべきであると解される。これに対して，会社の危機的状況のときに会社更生目的による助成金を出資者が供与したり，価値がもはや失われてしまった会社に対して出資者が債権放棄をするときには，当該出資者の債権放棄に伴う犠牲分は成果作用的な維持費用とみなされる[27]。

もちろん，投資の製造原価的解釈にも批判がある。1つめは隠れた出資のケースで全く新たな資産が生み出されていない。2つめは隠れた出資のケースは財の清算に全く関係していない。このような隠れた出資の取得原価概念もしくは製造原価概念の論議に関連して，マーレンバッハ (N. Marenbach) は狭義の取得原価概念は必ずしも適切ではない。ただ，製造原価概念によると隠れた出資のケースでは投資価値を増加させるのに対して，投資価値が増加しないときには維持費とする処理が可能となる点で，製造原価概念のほうがベターであると主張する[28]。

B　具体的な会計処理

出資者が出資意図をもって会社側に時価150,000ユーロの土地を簿価100,000ユーロで売却したと仮定する。簿価による仕訳は次の通りである。

　　　（借）現　　金　　　　100,000　　（貸）土　地　　　　100,000

土地の時価と簿価との差額50,000ユーロは隠れた出資に該当するので，投

資勘定に振り替える。

(借) 投　　資　　　　50,000　　　(貸) 特別利益　　　　50,000

　出資者が貸借対照表損失の塡補目的から会社に対して200,000ユーロの助成金を供与するときには，隠れた出資に該当せず，当期の費用として処理する。

(借) 特別損失　　　200,000　　　(貸) 当座預金　　　200,000

　このケースにおいて投資の持続的な価値減少が見込まれないときにも，投資の評価減が許容される。その場合の特別損失が40,000ユーロであるとすれば，以下のように処理される。

(借) 特別損失　　　 40,000　　　(貸) 投　　資　　　 40,000

　出資者が会社の債権50,000ユーロを放棄し，その時点における債権の時価が30,000ユーロであると仮定する。このケースでは隠れた出資に相当するのは時価相当分の30,000ユーロだけで，価値を喪失した残余分の20,000ユーロは費用として処理する。

(借) 投　　資　　　 30,000　　　(貸) 会社貸付金　　　 50,000
　　 特別損失　　　 20,000

　なお，借方項目は特別損失20,000ユーロに代えて特別利益とすることも可能である[29]。その根拠は，それが事業上の事由から生じたものではなく，出資者と会社との間の関係から生じた点にある。

III　税法における隠れた出資

1　出資に関する一般規定

　税法は所得税法第4条3項のなかで出資について規定する。それによると，一会計期間における事業財産の期首及び期末の変動に基づいて利益は原則として測定される。但し，出資及び払戻しは事業活動以外の原因による会社と出資

者との間の取引を意味するので，出資はその利益の減少を，払戻しは利益の増加をそれぞれもたらす。この事業財産に関しては税法上において経済財の概念が決定的である。一般にこの経済財には次の要件が必要となる[30]。
① 支出による発生
② 将来の利用の存在
③ 独自の評価可能性ないし把握可能性

一方，出資に関して判例は次の要件を想定する[31]。
① 出資者による出資可能な財産価値が供与される。
② 会社にとって出資者の意向で再び取り消すことのできない責任資本の発生に伴い直接的な財産が増加する。
③ この責任資本の発生により倒産手続において出資者の債権として適用されない。
④ 出資が会社法上の事由から行われる。

①について商法上の財産と税法上の経済財に関して原則的な差異はない。税務貸借対照表には無形固定資産の資産化要件は限定される（所得税法第5条2項）。税務上は出資規定が資産化禁止規定に優先するので，税務上もまた自己創設もしくは無償取得の無形固定資産による出資は可能である。この点に関して連邦財政裁判所は，そのような無形固定資産の評価の困難性が直ちにその現物出資を妨げるものではなく，むしろ評価が個々のケースで実施可能であることが重要であるという[32]。この意味で，出資可能な資産の範囲は拡大され，必ずしも貸借対照表能力ある経済財に限定されない。

2 隠れた出資概念の概要

法人税法は出資概念について特に規定していない。通説は所得税法における出資規定を資本会社に対する法人税の出資規定に準用する。この解釈に従うと，資本会社の利益は事業財産の期首及び期末による事業財産比較に基づいて算定される。但し，その利益金額は税務貸借対照表以外の隠れた利益配当だけ増加し，隠れた出資だけ減少する（法人税法第8条3項2文）。

ここで隠れた利益配当とは，会社関係に基づく財産減少もしくは阻止された財産増加である。これは事業財産の変動に影響し，会社法上の利益処分に基づ

かないのがその特徴である。
　これに対して，隠れた出資は以下の要件を満たすものをいう（法人税通達40-1）。
　①　出資者もしくはその近親者による出資である。
　②　資本会社に適用される。
　③　会社法上の出資以外による。
　④　出資可能な財産を会社に供与する。
　⑤　その供与が会社関係により起因する。
　①に関しては出資者以外で出資者と特別な関係にある近親者による出資も隠れた出資に含まれる。その特別な関係とは例えば以下の3つのタイプが想定される。
　1）出資者と会社との間に会社契約に基づく会社法上の関係がある[33]。
　2）出資者と会社の双方が第三者と同様にコンタクトがある。例えば出資者が会社の製品を通常の価格で取得する。
　3）出資者と会社との双方は，表面的には第三者と同様に通常の関係にあるが，この関係は第三者との比較をクリアせず，それに応じた修正が必要となる。この場合が隠れた出資に相当する。
　②に関していえば，資本会社における隠れた出資の場合には，出資者から会社への法的権利能力の変更が生じる。
　③に関しては特に問題はない。ここでは会社法上の規定及び会社契約の取り決め以外の出資が対象となる。その意味で，法的な定めのない任意の基準がベースとなる。
　④に関しては，すでに商法上の出資のなかで説明したように，単なる利用は直接的な財産増加がないので，出資能力はない。無償取得の利用権はたしかに一般的にいって出資は可能である。しかし，隠れた出資の対象ではない。出資者の立場からは所得税法第8条の収入があったとは解されないからである[34]。
　⑤に関して税法上特に留意する必要があるのは，第三者との比較による客観的な基準である。すなわち，出資者でない者が堅実な商人としての慎重さをもって会社の財産上の利益を供与しなかったかどうかがその判断尺度となる。それが事実上の第三者比較として確認される。

特にこの⑤は商法上は会社関係の原因はたしかに必要ではあるが，しかし十分ではない。というのは，既述の通り出資者の明確な出資意図という主観的な要素が不可欠だからである。これに対して税法はこのような出資者による裁量の余地のある主観的な出資意図は不必要である。第三者との比較による客観的判断がむしろ重要である。

3 隠れた出資に関する法規定

(1) 所得税法第6条

公示の出資についてはその部分価値で評価するのが原則である（所得税法第6条1項5号1文前半）。ここで部分価値は，事業全体の取得者が購入価格総額の範囲で各経済財に割り当てる金額を指す（所得税法第6条1項3文）。但し，出資による会計操作を排除するために，当該資産の流入後3年以内に取得または製造されたときには[35]，その取得原価または製造原価を上限として評価する（所得税法第6条1項5号1文a）。

1999年／2000年／2002年に租税軽減法による所得税法第6条6項が導入されるまでは1958年12月16日付けの連邦財政裁判所の判例が慣習法として重視されていた。そこでは，交換の鑑定（Tauschgutacten）により交換と判定されたときには利益実現取引としてみなされ，経済財はその普通価値で評価された[36]。但し，これには2つ例外があった。1つは秘密積立金を計上しない利益中立的取引として処理される交換である。もう1つは，会社権が付与される出資取引である。

1999年／2000年／2002年の租税軽減法によって制度化された所得税法第6条6項は交換取引を一元化し，例外を設けずに経済財の交換は利益実現取引として普通価値で評価することになった（所得税法第6条6項1文）。ここで問題は，隠れた出資と交換取引との関係である。この点に関して，隠れた出資はその反対給付として会社権が付与されないけれども，出資者に持分における価値増加が生じるので，交換に準ずる取引とみなされる[37]。このため，出資者は隠れた出資に該当する投資財を部分価値で評価し利益実現的に処理する（所得税法第6条6項2文）。会社側でも隠れた出資について部分価値で評価し，そこから生じる帳簿利益は，出資者が法人であれば非課税（法人税法第8b条2項6

文)となる[38]。

　隠れた出資を交換に準ずる取引とみなす見解に対して，それを交換取引ではないと解する見解もある。その根拠は，隠れた出資については反対給付として会社権が付与されないので交換とはみなされず，また出資者の持分における価値増加は未実現だからである[39]。この見解によると，所得税法第6条6項の制定後も隠れた出資の評価は会社側では依然として所得税法第6条1項5号のままであり，出資者側に限り隠れた出資について6項2文に基づき部分価値で評価し，従来の成果中立的な処理に代えて成果作用的に処理する[40]。

　すでに触れた所得税法第6条1項5号1文aのケースに該当するときには，部分価値に代えて隠れた出資評価を取得原価の増加として処理し，簿価引継ぎが許容される（所得税法第6条6項3文）。

〔表9-3〕　所得税法第6条による税務上の処理

	出資財の帰属	投資の帰属	出資する会社形態	規　定	出資者の評価
公示及び隠れた出資	個人財産	個人財産	人的結合体・資本会社	所得税法第6条1項5号前半	部分価値
公示及び隠れた出資（3年以内の期限）	同上	同上	同上	所得税法第6条1項5号1文a	取得原価または製造原価
公示の出資（所得税法第17条）	同上	同上	同上	所得税法第6条1項5号1文b	同上
隠れた出資	事業財産	同上	資本会社	所得税法第6条1項5号1文前半	部分価値
隠れた出資	個人・事業財産	事業財産	同上	所得税法第6条6項2文	同上
間接的出資	事業財産	同上	同上	所得税法第6条6項3文	出資価値（取得原価／製造原価を上限）

出典：N. Marenbach, Die Erweiterung der Kapitalbasis einer GmbH：(Verdeckte) Einlage und Gesellschafterdarlehen, Hamburg, 2006年，103頁。

この規定の解釈には種々の見解がある[41]。1つめは，所得税法第6条1項5号1文aをそのまま隠れた出資にも適用する見解である。2つめは，まず個人財産に取得または製造後3年以内に出資された経済財が税務上の出資者の事業財産に出資された後，次にここから隠れた出資が資本会社になされると解する見解である。3つめは，出資者の個人財産を出資者の事業財産に公示出資するケースと，会社の事業財産に隠れた出資するケースだけに限定されるという見解である。

公示の出資及び隠れた出資に関する所得税法第6条の処理について整理すれば，〔表9-3〕の通りである。

(2) 所得税法第17条1項2文

所得税法第17条1項2文によると，ある資本会社の持分が他の会社に対する隠れた出資に該当するときには，持分の売却に等しい。この隠れた出資の方法による持分譲渡のケースでは，出資者に対して新規の会社持分（会社権）が供与されず，それはいわゆる無償譲渡とみなされていた。この規定に基づくと，資本会社への隠れた出資は売却価格に代えて普通価値で評価される（所得税法第17条2項）。この具体的な処理は以下の通りである[42]。

① まず出資者の自己の持分をその受入会社に売却する。その売却価格は普通価値で評価される。
② 受入会社の持分に対して，出資者には部分価値の金額で事後的な取得原価が発生する。
③ 受入会社の場合にも同様にその資産持分は部分価値で評価される。

(3) 所得税法第23条1項5文2号

土地に関してその取得と売却までの期間が10年を下回るときには，土地の売却取引は個人の売却取引とみなされる（所得税法第23条1項1文1号）。同様に資本会社への隠れた出資についてもこの規定が準用され，売却とみなされる（所得税法第23条1項5文2号）。その結果，出資者の事業財産に属する土地が資本会社にその取得後10年以内に隠れた出資として無償譲渡されたときには，土地の普通価値と取得原価との差額を示す隠れた出資は税務上課税の対象とな

る。

重要な投資として1%を上回る場合には所得税法第17条が適用されるのに対して，所得税法第23条は出資比率が重要な投資に該当するか否かには関係しない[43]。しかし，両規定の調整目的から土地の隠れた出資に関して少なくとも1%の投資において売却とみなすのが望ましいという見解がある[44]。

(4) 法人税法第8b条2項5文

法人税法第8b条2項5文は，資本会社の所得測定において法人もしくは人的結合体の持分売却益については課税しないと規定する。これは隠れた出資のケースも当てはまる（法人税法第8b条2項5文）。但し，その持分売却益が実質的に非課税となるのはその95%である（法人税法第8b条3項1文）。

4 会 計 処 理

(1) 会 社 側

税務上，会社側での具体的な会計処理は以下の通りである。

出資者が取得してから12年経過した土地（簿価100,000ユーロ）を100,000ユーロで会社に売却し，その時点の部分価値が150,000ユーロであると仮定する。

（借）土　　地　　100,000　　（貸）現　　　金　　100,000

この仕訳に加えて更に次の仕訳のいずれかが必要となる。

（借）土　　地　　50,000　　（貸）資本準備金　　50,000
　　　　　　　　　　　あるいは
（借）土　　地　　50,000　　（貸）特 別 利 益　　50,000

後者の仕訳のときには税務上の利益が増加する。このため，それを成果中立的に処理するためには，税務貸借対照表の枠外で課税利益を50,000ユーロだけ減額する必要がある。隠れた出資が商事貸借対照表に計上されないケースでは，税務貸借対照表上この隠れた出資の金額だけ土地の評価額を修正するために成果中立的な調整項目を設定することができる。その場合の仕訳は以下の通

りである[45]。

| （借）土　　地 | 50,000 | （貸）税務上の調整項目 | 50,000 |

　出資者が 150,000 ユーロで取得した土地を 1 年以内に会社に売却し，その時点の部分価値が 220,000 ユーロであると仮定する。このケースでは取得してから売却までの期間が 10 年以内なので，税務上売却利益 70,000 ユーロが発生する。これについて二重課税回避として，会社は土地をその部分価値で計上すると（所得税法第 6 条 1 項 5 号 1 文前半），その 95％が非課税となる。所得税法第 6 条 1 項 5 号 1 文の例外的な 3 年ルールはこのケースでは適用されない。

　出資者が 50,000 ユーロで購入した機械（耐用年数 10 年）を取得後 6 年経過した時点で会社に売却し，その機械の部分価値が 60,000 ユーロであると仮定する。この機械の出資価値はもちろん 60,000 ユーロである（所得税法第 6 条 1 項 5 号 1 文前半）。但しこの時点までの機械の減価償却累計額が 30,000 ユーロであれば，会社はこの時点以降において出資価値たる 60,000 ユーロと未償却残高 20,000 ユーロ（50,000 ユーロマイナス 30,000 ユーロ）との差額である 40,000 ユーロが残余期間 4 年間に対する税務貸借対照表上の簿価となり，この金額に基づいて減価償却が実施される[46]。

　出資者は，50,000 ユーロで取得した機械（耐用年数 5 年）を取得後 1 年以内に会社に隠れた出資の形で譲渡した。その出資時点の機械の部分価値が 40,000 ユーロであると仮定する。このケースでは，機械の取得後 3 年以内に該当する。そこで，当該機械は出資の原則的な評価である部分価値による評価に代えて，例外的な取得原価で評価する（所得税法第 6 条 1 項 5 号 1 文 a・2 文）。減価償却累計額が 5,000 ユーロであるとすれば，機械は 45,000 ユーロ（50,000 ユーロマイナス 5,000 ユーロ）と評価される[47]。

　出資者が会社に対する債権 50,000 ユーロを放棄し，そのうち 30,000 ユーロはまだ価値を有するが，残りの 20,000 ユーロはすでに価値を喪失したと仮定する。このケースでは，連邦財政裁判所による考え方では以下の仕訳を行う。

| （借）出資者借入金 | 50,000 | （貸）特　別　利　益 | 20,000 |
| | | 資　本　準　備　金 | 30,000 |

このように，出資者借入金の減少分のうち当該債権が依然として価値を有する部分は隠れた出資とみなし資本準備金として処理する。しかし，価値を有さない部分については特別利益として処理する。

出資者が会社に対して無利息の貸付金 100,000 ユーロを 4 年間資金提供すると仮定する。このケースでは，会社側では債務の名目額を税務上 5.5％の利率で割り引いて評価しなければならない（所得税法第 6 条 1 項 3 号）。その結果，利子相当分は 14,800 ユーロである。これについて以下のように仕訳する。

（借）出資者借入金	14,800	（貸）受 取 利 息	14,800
（借）受 取 利 息	14,800	（貸）資本準備金	14,800

あるいは

（借）受 取 利 息	14,800	（貸）税務上の調整項目	14,800

この受取利息の減少処理に代えて税務貸借対照表の枠外で成果中立的な記帳を行わず，修正する処理も可能である。一方，商事貸借対照表では債務の利子控除に対する規定はないので，修正記入は必要ない[48]。

出資者が会社から受け取る予定の年金の一部を放棄し，その減額分について隠れた出資が生じる。例えば出資者が 45,000 ユーロの年金期待権を放棄すると，以下のように仕訳される。

（借）退職給付引当金	45,000	（貸）資本準備金	45,000

あるいは

（借）退職給付引当金	45,000	（貸）特 別 利 益	45,000

この 2 つの仕訳のうち下段の仕訳は課税所得の増加をもたらす。そこで，税務貸借対照表の枠外で利益 45,000 ユーロ分の減額が必要となる[49]。

出資者が自己の遺産を会社に相続させたり，あるいは現金による助成金を会社に供与したときにも，隠れた出資が発生しうる。これに対して，出資者が会社に対して例えば自己の土地の利用を会社に低廉もしくは無償で供与するケースでは，隠れた出資は生じない。同様に出資者が自己の経済財を会社に利用させたり，労働サービスを全額もしくは一部無償で提供するときにも隠れた出資は発生しない[50]。

いずれも親会社が100％出資する子会社Aが子会社Bに対して簿価150,000ユーロの土地を無償譲渡し，その時点の土地の流通価値が200,000ユーロであると仮定する。子会社Bはこの土地の200,000ユーロについて成果作用的に処理する。連結ベースでは，この土地の無償譲渡は，いわば間接的な親会社の隠れた出資を示す。したがって，この200,000ユーロの隠れた出資については貸借対照表の枠外で修正する必要がある。

(2) 出 資 者 側

すでに説明したように，隠れた出資の税務上の要件を満たすときには，出資者側において固有の税務上の問題がある。

A 投資の事後的な取得原価

その1つは，隠れた出資が出資者の投資価値を高めるときには，当該投資の事後的な取得原価の問題が生じる。この点について留意すべきは，第1にすべての隠れた出資は投資の事後的な取得原価をもたらし，第2に投資に関するすべての事後的な取得原価は必ずしも隠れた出資を前提としない点である[51]。また，この事後的な取得原価及び製造以外の補完的事実にすぎず，商事貸借対照表の税務貸借対照表に対する基準性は存在しない。したがって，それは基準性からは捉えられないのが特徴である。

この事後的な取得原価の測定にあたっては投資の評価規定，つまり商法第255条1項及び所得税法第6条1項1号の規定ではなくて，その測定に関して会社側による税務上の出資評価に基づく。すなわち，出資者と会社との間には処理方法の一致原則（Korrespondenzprinzip）が存在する[52]。この結果，会社側と出資者側とは同一取引について同一評価する。これに基づいて会社側と同様に出資者側も隠れた出資を所得税法第6条1項5号前半に従い，部分価値で評価するのが原則である。それを定めているのが所得税法第6条6項2文の規定である。

これによると，資本会社への投資の取得原価は，隠れた出資による譲渡のケースでは出資された経済財の部分価値だけ増加する。この部分価値は投資に関してやや主観的な性質を帯びる。というのは，単に投資の収益価値はもちろん，投資評価の下限には普通価値，上限には再調達原価が想定されており，そ

の評価にはかなりの裁量の余地があるからである[53]。但し，この投資の部分価値に基づく原則的な評価には例外がある。すでに触れた通り，取得または製造後3年以内における一定の要件を満たすケースである。そこでは，取得原価もしくは製造原価がベースとなる。

隠れた出資は出資者の投資に関して事後的な取得原価をもたらすが，しかしその金額は部分価値の評価減が生じるときには修正が必要となる。例えば投資している会社が倒産の危機に陥り，しかも会社更生の見通しが立たない場合がそうである。また，投資の価値減少が持続的に生じている場合もそれに該当する（所得税法第6条1項2文）。

B　会　計　処　理

出資者が会社の欠損塡補目的で現金による助成金を提供したときには，この助成金は会社側では隠れた出資に該当する。この処理については部分価値がベースとなる（所得税法第6条6項2文）。その場合，会社側の部分価値が問題となる。出資者側ではたしかにその助成金を損失塡補に用いるので価値はないが，しかし，会社側はそうではない。そのため，出資者側ではこの金額だけ投資の取得原価が増加する。税務上の前提を満たすときには，部分価値による評価減を実施する[54]。

業務執行者を兼ねる出資者の住居が会社にも利用されており，その家賃が2,500ユーロである。しかし家賃の支払いに関する出資者と会社との間に別段の取り決めがなく，しかも出資者から会社に対する隠れた利益配当を解消する義務の定めがあるとする。その場合には，出資者が支払う家賃2,500ユーロは，会社側では隠れた利益配当として利益に加算しなければならない。出資者があらかじめ支払った家賃2,500ユーロは，会社側にとって隠れた出資とみなされる。この場合，投資の価値は隠れた利益配当の解消義務に基づいて増加しない。それ故に，事後的な取得原価の資産化はなされない[55]。

親会社がそれぞれ100％出資する子会社が別の子会社に対して簿価150,000ユーロの土地を無償で譲渡し，その時点の流通価値が200,000ユーロであると仮定する。すでに触れた通り，連結ベースではこの無償譲渡は親会社にとって間接的な隠れた出資となる。それ故に，それは親会社に200,000ユーロの金額だけ受領した子会社の投資の取得原価を増加させる[56]。

なお，無償譲渡された子会社では親会社に対して隠れた利益配当が生じる。この隠れた利益配当は所得のマイナスとはならないので，譲渡した子会社の利益に 200,000 ユーロだけ加算されねばならない。親会社では，この隠れた利益配当は貸借対照表以外で半額手続により利益を 100,000 ユーロだけ増加させる（所得税法第 3 条 40 号 a）。

無償譲渡された子会社に出資可能な経済財が供与されていないときには，隠れた出資は発生しない。親会社には隠れた利益配当が生じるが，しかし同額の費用が投資に対応する。その結果，投資の取得原価は増加しない[57]。

IV 結

以上の論旨を整理すれば次の通りである。

第 1 に，商法上出資者の会社に対する拠出のうち，その対価に会社権が付与されるときには狭義の資本流入を示す固有の出資であるのに対して，会社権が付与されないときには広義の資本流入を示す任意の出資，つまり隠れた出資となる。

第 2 に，商法上隠れた出資に関しては出資者が出資意図を明確にした商法第 272 条 2 項 4 号の定める資本準備金，すなわち出資者が自己資本に供与するその他の追加支払額を指すというのが通説であるが，この主観的見解に対する反対説も少なからず存在する。

第 3 に，商法上隠れた出資に該当するのは会社側に低廉もしくは無償で出資者が資産または用役を提供するケース，出資者が会社債権を放棄したり法的な利用権を会社側に提供するケースなどがある。この隠れた出資については時価で評価すべきとする見解と，過小評価が容認されるという見解とが対立する。これに対して，出資者側は隠れた出資については投資として計上する。その評価を投資の取得原価とみる見解と，投資の製造原価とみる見解とがある。

第 4 に，税務上隠れた出資は会社法上の出資以外で会社関係に起因する出資をいい，出資者のみならずその近親者もそこに含まれる。税務上の隠れた出資に該当するか否かは，商法上のそれとは明らかに違って第三者比較を通じて客観的に決定される。

第5に，税務上の隠れた出資を交換に準じる取引とみなすか交換取引とは別とみるかの対立はあるが，いずれの立場でも隠れた出資は原則として部分価値で評価される。

第6に，隠れた出資について税法上会社側は，商法上それを特別利益に計上するときには，税中立的に修正するため税務上の調整項目による処理が必要となる。これに対して，出資者側は隠れた出資について原則として投資の事後的な取得原価をもたらす。部分価値による評価減の際には，その金額を修正する必要がある。

このように，ドイツ会計制度において隠れた出資はかなり重要な意義を果たしている。これに比してわが国の会計制度ではこの隠れた出資についてこれまで十分に検討されてきていないのが実情である。早急にこの隠れた出資についての議論を行う必要があろう。

注

（1）K. Schmidt, Gesellschaftsrecht, 第4版, Köln etc., 2002年, 572頁。

（2）K. Küting・C. P. Weber 編, Handbuch der Rechnungslegung, Einzelabschluß, 第2巻, 第5版, Stuttgart, 2005年, 45頁。

（3）この点に関して注意すべきは，商事貸借対照表法の出発点が商事貸借対照表法の意味における自己資本の部に計上される出資であり，貸借対照表能力を前提とするのに対して，民法上の出資及びゲゼルシャフト法上の出資は一般に貸借対照表能力を有するけれども，その貸借対照表能力を必ずしも前提としない点にある（R. Winnefeld, Bilanz-Handbuch, 第4版, München, 2006年, 307頁, R. Adam, Einlage, Tausch und tauschähnlicher Vorgang in Zivilrecht und im Steuerrecht, Frankfurt am Main, 2005年, 49頁）。

（4）R. Winnefeld, 前掲書注(3), 308-309頁。

（5）G. Döllerer, Verdeckte Gewinnausschüttungen und verdeckte Einlagen in Kapitalgesellschaften, 第2版, Heidelberg, 1990年, 183-184頁。M. J. Hiort, Einlagen obligatorischer Nutzungsrechte in Kapitalgesellschaften, Frankfurt am Main, 2004年, 23頁。N. Marenbach, Die Erweiterung der Kapitalbasis einer GmbH : (Verdeckte) Einlage und Gesellschafterdarlehen, Hamburg, 2006年, 76頁。

（6）M. Groh, Verdeckte Einlagen unter Bilanzrichtlinien-Gesetz, in : Betriebs-Berater, 第45巻第6号, 1990年2月, 377-380頁。

(7)　M. Groh, 前掲論文注（6）, 382 頁。
(8)　E. Büchele, Offene und verdeckte Einlagen in Bilanz- und Gesellschaftsrecht, in : Der Betrieb, 第 50 巻第 47 号, 1997 年 11 月, 2343 頁。
(9)　F. Althoff, Rechtsgeschäfte zwischen Gesellschaften und ihren Gesellschaftern in der externen Rechnungslegung nach HGB und IFRS unter besonderer Berücksichtigung gesellschaftsrechtlicher Kapitalerhaltung, Frankfurt am Main, 2009 年, 117 頁。
(10)　F. Althoff, 前掲書注（9）, 120 頁。②のケースでは, 一般市場価格に相当するサービスの対価については経済的な交換取引と捉え, それを上回る部分について会社関係に基づく隠れた出資に相当する取引とみなされる。③については, 資産の客観的な時価に相当する金額で評価し, これと実際の支払額との差額を隠れた財産移転, つまり隠れた出資とみなす。この場合, 当該資産の時価評価自体は用心の原則には反しないが, その時価評価にあたって慎重にしかも恣意性がないように見積もる必要がある。この処理法であれば GoB に合致する。④のケースも同様に一般市場水準を下回る部分については, 会社にとって財産の利益をもたらし, 隠れた出資に該当する（F. Althoff, 前掲書注（9）, 122-123 頁）。その意味では③及び④は収支（Pagatorik）を中心とする GoB の取得原価に反し, 取得原価主義は制約される。他方, 出資者側では通説と違って著しく高く支払った金額については費用処理する（F. Althoff, 前掲書注（9）, 140-141 頁）。
(11)　M. Castedello, Freiwillige („verdeckte") Einlagen im handelsrechtlichen Jahresabschluß von Kapitalgesellschaften, Frankfurt am Main, 1998 年, 70 頁。
(12)　M. Castedello, 前掲書注（11）, 315 頁。
(13)　N. Marenbach, 前掲書注（5）, 116 頁。
(14)　N. Marenbach, 前掲書注（5）, 118 頁。
(15)　N. Marenbach, 前掲書注（5）, 119 頁。
(16)　K. Küting・H. Kessler, Die Problematik der „anderen Zuzahlungen" gem. §272 Abs. 2. Nr. 4 HGB, in : Betriebs-Berater, 第 44 巻 第 15 号, 1989 年 1 月, 32-33 頁。D. Wiesche・J. H. Ottersbach, Verdeckte Gewinnausschüttungen und verdeckte Einlagen im Steuerrecht, Berlin, 2004 年, 388 頁。H. Lüdenbach, NWB Kommentar Bilanzierung, Herne, 2009 年, 867-868 頁。Beck'scher Bilanz-Kommentar, 第 7 版, München, 2010 年, 147 頁。
(17)　R. Winnefeld, 前掲書注（3）, 2088 頁。M. J. Hiort, 前掲書注（5）, 262-265 頁。
(18)　N. Marenbach, 前掲書注（5）, 125 頁。
(19)　G. Döllerer, 前掲書注（5）, 175 頁。
(20)　N. Marenbach, 前掲書注（5）, 126 頁。
(21)　N. Marenbach, 前掲書注（5）, 128 頁。
(22)　N. Marenbach, 前掲書注（5）, 132 頁。

(23) N. Marenbach, 前掲書注 (5), 133 頁。
(24) N. Marenbach, 前掲書注 (5), 134-136 頁。
(25) N. Marenbach, 前掲書注 (5), 160 頁。
(26) N. Marenbach, 前掲書注 (5), 161 頁。
(27) N. Marenbach, 前掲書注 (5), 162 頁。
(28) N. Marenbach, 前掲書注 (5), 165 頁。
(29) N. Marenbach, 前掲書注 (5), 168 頁脚注 742 参照。
(30) N. Marenbach, 前掲書注 (5), 79 頁。
(31) N. Marenbach, 前掲書注 (5), 80 頁。
(32) N. Marenbach, 前掲書注 (5), 81 頁。
(33) N. Marenbach, 前掲書注 (5), 90 頁。
(34) N. Marenbach, 前掲書注 (5), 95 頁。
(35) R. Winnefeld, 前掲書注 (3), 315 頁。
(36) N. Marenbach, 前掲書注 (5), 98 頁。
(37) N. Marenbach, 前掲書注 (5), 100 頁。
(38) L. Schmidt, EStG, 第 29 版, München, 2010 年, 623-624 頁。
(39) N. Marenbach, 前掲書注 (5), 99-100 頁。
(40) N. Marenbach, 前掲書注 (5), 100 頁。
(41) N. Marenbach, 前掲書注 (5), 102 頁。マーレンバッハ及びシュッツェ・ツァ・ヴィーシェ (D. Schutze zur Wiesche) & オターバッハ (J. H. Otterbach) は第 2 の見解を支持する。(N. Marenbach, 前掲書注 (5), 102 頁。D. Schutze zur Wiesche・J. H. Otterbach, Verdeckte Gewinnausschüttungen und verdeckte Einlagen im Steuerrecht, Berlin, 2004 年, 383 頁)。
(42) L. Schmidt, EStG, 前掲書注 (38), 1479 頁。
(43) L. Schmidt, 前掲書注 (38), 1832 頁。
(44) N. Marenbach, 前掲書注 (5), 105 頁。
(45) N. Marenbach, 前掲書注 (5), 141 頁。
(46) N. Marenbach, 前掲書注 (5), 141 頁。この点に関して, 経済財の出資後において貸借対照表上の価値評価を固定資産の減価償却とは厳密に区別すべきで, 出資した後にも減価償却の計算ベースを変更する必要はないという見解がある (V. Wendt, Das Verhältnis von Entnahme/Einlage zur Anschaffung/Veräußerung im Einkommensteuerrecht, Köln, 2003 年, 124 頁)。
(47) N. Marenbach, 前掲書注 (5), 141-142 頁。
(48) N. Marenbach, 前掲書注 (5), 143 頁。
(49) N. Marenbach, 前掲書注 (5), 144 頁。
(50) N. Marenbach, 前掲書注 (5), 145 頁。

(51) N. Marenbach, 前掲書注(5), 169頁。
(52) N. Marenbach, 前掲書注(5), 170頁。
(53) L. Schmidt, 前掲書注(38), 543-544頁。
(54)(55) N. Marenbach, 前掲書注(5), 175頁。
(56)(57) N. Marenbach, 前掲書注(5), 200頁。

第3部　現代会計の論点

第10章

劣後債の会計

I 序

　企業のファイナンスには多種多様な形態がある。そのうちで一つの特殊な形態を示すのが劣後債（Nachrangdarlehen）である。これは，企業が資金を調達するのに際して，一般的には債務弁済の順位の高い債務（シニア債）に比べて，弁済順位が劣る債務をいう。これは，法形式的にはたしかに債務であるが，しかし債務弁済の順位などの条件からみて，経済的には資本に近い性質も併せて有している。この劣後債は当事者間における消費貸借契約による借入金の場合もあるし（劣後ローン），その証券化を通じて債券の形で発行される場合もある。このような劣後債は負債と資本との中間的存在の意味から，メザニン型金融商品（Mezzanine-Finanzierungsinstrumente）の一種である。
　本章では，ドイツ法における劣後債の会計処理について検討する。

II 劣後債の概要

1 劣後債の一般的性質とその種類

(1) 一般的性質
　劣後債は，既述のように主として金融機関や機関投資家が他人資本の形で利用する形態で，支払期限が一般に長期間にわたり，原則として無担保のケースが多い。償還期限が無期限のものを永久劣後債という。"劣後"という名称が付与されているのは，例えば倒産時に際して第一順位にある債権者の債権をまず弁済した後にはじめて充足される債権だからである。劣後債といっても，そ

れが依然として他人資本であることには変わりがない。すでに触れた倒産時ないし債務者企業の債務超過を回避するといった例外的なケースにおいてのみ，この劣後債に関する劣後的地位が他の債権者に対して決定的となるにすぎない。別言すれば，このような例外的なケースを除くと，劣後債も他の債務と同様に貸借対照表上では他人資本とみなされる。このため，契約の定めに従い，それに対する利子が支払われるだけでなく，元金が償還される。この意味で，劣後債による借り入れは交換契約である[1]。

　この劣後債の報酬は企業成果にかかわりなく定期的な固定利息もしくは償還時点に一括支払われる。この利率は通常の借入金の場合よりも高いのが普通である。場合によっては企業成果に依存した報酬も併せて支払われるケースもある。これを持分キッカー（equity-kicker）といい，会社持分に対する予約権の付与（真の持分キッカー）もしくは償還時点における特別支払（バーチャルな持分キッカーあるいは非持分キッカー）のいずれかによる企業価値の増加に対する参加が可能となる[2]。

　匿名組合は純粋の内部出資（Innengesellschaft）である。ここでは匿名組合による契約が締結される以上，匿名組合員と営業者（Geschäftsinhaber）との間には，一つの共通した目的の実現が前提である。このような共通の目的が劣後債の交換契約にあるか否かが問題となる。その検討に際しては，契約目的及び内容の全体的な考察，さらに契約当事者の経済目標が決定的となる[3]。匿名組合のメルクマールは事業者的な関心であり，具体的には長期的もしくは期限に限定されない契約上の拘束，商法第233条による情報権及び監督権の付与，法的地位の譲渡制限及び無担保を前提とする。連邦通常裁判所は，その契約がメザニン型の資本提供者に対して，企業財産及び企業目標に対する広範囲な共同決定権（Mitspracherecht）を与えるときには，匿名組合とみなす[4]。但し，借入契約でもこの共同決定権を締結する場合もある。これに対して，劣後債のメルクマールは，一定期間における金銭提供，契約上の利子受領，損失負担の排除，資金の返済，提供資金に対する担保設定などである。

　劣後債の主な特徴は以下の通りである。

　第1に特定の第三者の債権者よりも順位が劣る点である。この劣後的地位は，第1順位の債権者に対して想定される。債務超過の回避が必要であるとき

にはじめて，この劣後債の順位は，すべての債権者の債権弁済後にその弁済がなされるのが一般的であり，倒産時にもまた原則として劣後的立場が明確化される。

　第2に，劣後契約の内容については劣後債によっては担保提供者との間で自由に定めることができる。そこでは劣後債の利子支払及び元金返済の方法等は契約の定めによる。

　まず前者についていえば，一般に劣後債は第1順位のシニア債よりも支払期限が長いので，その利息の支払をどの程度実施するのかが定められる。劣後債権者には支払期限の到来した利息の一部が支払われる。しかし現金で支払われない利息は資本化され，劣後債の支払期限が到来した日に支払われることもある[5]。劣後債権者には解約権が与えられず，第1順位の債権者が解約したときには，劣後債の債権者への利子支払の禁止を例えば90日以内といった一定期間にわたって定めることができる。倒産時に劣後債権者は倒産債権者に属するが，しかし第1順位の債権者への弁済に関して劣後的地位を有するにすぎない。

　次に，劣後債権者とその資金を受ける者との間で劣後債の解約告知権について自由に契約で定めることができる。劣後債権者の解約に際しては，まず劣後債権者が第1順位の債権者にその旨を通知し，例えば90日から180日といった間の解約猶予期間後にはじめて認められる契約を締結するのが一般的である。

　第3に，劣後債は一般に担保の設定はなかったり，あるいは第1順位の債権者が担保を設定する同一財産について第2順位の担保が設定される。劣後債権者にはその解約及び担保物件の換金について，一定の猶予期間後に認められるにすぎない。担保物件の換金後には，第1順位の債権者の債権を完済してから劣後債の債権充足が事後的に実施される。

(2)　劣後債の種類

　劣後債についてドイツでは次のように分類する。

　1つは債務の弁済順位に関する分類である。これにはまず単純劣後 (einfacher Rangrücktritt) がある。これは優先的債務が弁済されるまで，債務法上の返済が

規制される劣後債である。硬度劣後 (harter Rangrücktritt) と呼ばれるものもある。これは，将来の年度剰余額や清算剰余額，あるいはそれ以外のその他の会社債務を上回る資産からのみ返済される劣後債である。特別劣後 (qualifizierter Rangrücktritt) もある。これは，会社財務の危機的状況の克服までその他の出資者の債権すべての後に位置し，しかも自己の債権が共同構成員 (Mitgesellschafter) の出資払戻請求権 (Einlagerückgewähranspruch) と一緒になってはじめて返済される条件の付いた劣後条項である[6]。なお，このうちで硬度劣後を単純劣後に含めた広義の単純劣後債と特別劣後債との2分類とする場合が一般的である[7]。

2つめは劣後契約の締結期間に基づく分類である。劣後契約を当事者間で締結する以前にすでに債権債務関係が成立しているケースを事後的劣後契約という。これに対して，債権債務関係の成立と同時に劣後契約も締結されるケースを事前的劣後契約という[8]。

3つめは劣後契約と会社との関係による分類である。債務超過となっている会社自体に対して劣後債権者が自己の債権について直接的に付与するのが直接的劣後契約である。これに対して，会社が第三者から借り入れた金額もしくは会社に対する第三者のその他の債権について劣後債権者が保証するのが間接的劣後契約である[9]。

2 劣後債の法的性質

劣後債の法的性質に関しては様々な見解がある。グラフ (O. F. Graf) によれば，劣後債について以下の見解があり，彼はそれについて次のように整理する。

第1はそれを責任資本と契約上同一視する見解である。これによると，債権自体の現状は何ら変わらないが，しかし債務の資本化のルールに従い，倒産法上の債務超過判定には債務として表示されず，責任資本として表示される[10]。

第2は劣後契約を条件付債務免除 (bedingter Schulderlass) と捉える見解である。これは，債務超過の判定に債務を計上しないためには物権上の効果をもつ契約のみで十分であるという点を根拠とする。免除に相当する債務部分は会社の危機のときには自己資本化される。この見解に対して，グラフは債務免除が

解除条件付免除あるいは停止条件付免除（auflösend oder aufschiebend bedingter Erlass）のいずれであれ，免除により債権の担保が再び解除されることにつながる。それは結果的に会社構成員のみにプラスとなるけれども，出資者で且つ債権者である者にはプラスとならない欠点がある[11]。

　第3は，請求免除特約（pactum de non petendo）と解する見解である。これは倒産時に債権の適用に対して会社の抗弁権を付与したと捉え，この考え方が当事者間の意図及び契約の目的に最も適すると解される。この見解は，債務超過の判定に際して債務として計上しないためには必ずしも十分な根拠ではないとされる。むしろ，当該債権は内容上物権的に会社の危機のときにその適用が除外されるにすぎず，抗弁権が主張されない限り，依然として債務超過の判定に計上されるからである[12]。

　第4は，劣後契約は民法第311条でいう債務変更契約に該当するという見解である。これが通説である。危機的状況にある会社の倒産申立義務を回避するためには，業務執行者は債務免除をせずに契約当事者間の取り決めが重要となる。ここで注目されるのが債務変更契約である。一般にこれは特別劣後の重要な特徴である[13]。このように，グラフは最終的には劣後契約を債務変更契約とみなす。

　テラー（H. Teller）＆ステファン（B. Steffan）は次のような見解を示す。1994年に制定された倒産法の要求及び2001年の連邦最高裁判所の判決を考慮すると，有限会社が債務超過を回避するためには債務変更契約が望ましい[14]。これに対して，事前的劣後契約については債務超過の回避に対して請求免除特約もしくは非典型的消費貸借契約（atypischer Darlehenvertrag）が必要であると主張する[15]。ここで非典型的消費貸借契約とは，債務超過の回避ができるときにだけ会社は当該債務の弁済義務を負うという契約である。

　このテラー＆ステファンの見解についてボーゲンシュッツ（N. Bogenschütz）は批判的である。というのは，事後的劣後契約と事前的劣後契約とで異なる取扱をするのは妥当ではなく，両者に関して統一的に取り扱うべきであるからである[16]。ボーデンシュッツによると，民法第311条により当事者間の契約で債務関係は自由に定めることができる。このため，後で変更せねばならないであろう通常の資本請求権は存在しておらず，通常の会社債権者に対して責任あ

る会社資本と同一の効果をもち劣後的とみなされうる債権が存在する。この意味で債権の制限だけが生じるにすぎない[17]。この点から劣後契約を債務変更契約とみなす考え方に批判的である。

III 商事貸借対照表における劣後債

1 債務者側の処理

(1) 単純劣後債
A 通説的見解

通説では，劣後債も年次決算書では依然として負債に計上される。民法上では劣後性の条件が付与されても，当該負債自体が消滅したわけではなく債権の行使が排除されているにすぎないからである[18]。劣後契約は債権放棄もしくは債権免除ではない。これは，劣後債の返済に関して将来の貸借対照表利益，清算剰余額あるいはその他の債務を上回る自由な資産から要求されるという定めがあるときにも同様である。つまり，負債化の理由は，劣後の定めにより修正されてはいるが，しかし法的に持続する義務の存在にある[19]。通説的見解は経済的観察法よりはむしろ民法上の契約を重視し[20]，年次貸借対照表に劣後債を債務として計上する。

B シュルツェ-オスターローの見解

シュルツェ-オスターローの見解も基本的にこの通説的見解と同じである。ただ，将来利益または清算剰余額から劣後債が弁済されるケースは別であると説く。ここで前者の将来利益にとって決定的なのは年度剰余額ではなくて貸借対照表利益である。この貸借対照表利益は一方で営業活動に伴う将来の財産増加に基づくだけでなく，他方で将来の資本増加，つまり積立金の取り崩しに基づく。したがって，このような場合には将来の財産増加が当該劣後債を弁済することになるので，それを期末現時点で負債化する必要はない[21]。

清算利益については清算中の営業活動から得られた収益と公示準備金の取り崩しから得られる金額とがある。劣後債が前者から支払われるときには，収益の発生時点までその負債化の必要はない。これに対して，後者から支払われる

ときには，その債務は現在の財産に負担される。したがって，前者のケース，つまり清算剰余額から劣後債が支払われるケースでは，期末時点の財産に対する負担はなく，商事貸借対照表に負債化する必要はない[22]。

C　ビネフェルトの見解

劣後契約の内容を個別的に判断して商事貸借対照表への計上の有無を決定すべきであると主張するのがビネフェルト（R. Winnefeld）の見解である。劣後契約は異なる内容を当事者間で決定できるので，個々のケースごとにその内容を検討し，債務者企業の財産負担が実際に存在するか否かを判断すべきであるという主張[23]がこれである。たとえば劣後債権がその他の債権者の権利の後に位置する契約の定めがあるときには，当該債務は最劣後債のままであり，債務者企業の財産負担も継続する。したがって，それを年次決算書に債務として表示する。

これに対して，単に債権者が将来利益もしくは清算剰余額による弁済の定めがあるときには，停止条件付債務であり，決算時点での財産負担はない。それ故に，当該債務は負債化されず，自己資本として表示する。当該債権が期限的内容をもつにすぎない単なる一時的放棄と解されるときには，当該債務を除外してはならない。というのは，無期限の債務の免除は存在しないからである。一般に経済的な原因があるときには負債化の必要があり，年次決算書にそれを表示しなければならない。

D　プフルークバイルの見解

プフルークバイル（A. Pflugbeil）は劣後契約を民法上の請求免除特約と解する[24]。商事貸借対照表上の取扱に関しては，すでに触れたビネフェルトの見解と同様に，劣後契約の内容を個別的に判断する必要があると説く。彼は単純劣後に関して次の2つのケースを区別する。

① 会社の危機のときに将来の利益，清算剰余額あるいはその他の債務を上回る資産からの債務弁済の定めがあるケース

② 会社の危機のときに将来利益もしくは清算剰余額からのみ弁済の定めがあり，①のその他債務を上回る資産からの弁済の定めがないケース

①については劣後の定めにかかわらず，返済義務があるので，商事貸借対照表に負債計上する。ここでは債権の放棄ではないからである[25]。

②については，劣後契約の解釈にあたってその他の債務を上回る資産が存在する場合，債務者側の支払義務があるかどうかが検討されねばならない。会社の危機のときだけ支払義務の制限があるときには，債務超過の解消に伴い通常は再び利益のいかんにかかわらず当該債務の弁済が必要である。というのは，適切な更生措置を講じれば，理論上債務超過は解消されるはずだからである。そこで，常に用心の原則に従って支払義務を計上する必要がある。それ以外は当該債務を計上しない[26]。

E　各見解の検討

この4つの見解のうち通説的見解は法的側面に着目した考え方である。これに対して，それ以外の見解は経済的観察法にやや重きを置く考え方である。商法上の貸借対照表に関する負債計上について負債の性質をどのようにとらえるのかによって自ずから結論は異なる。そもそも貸借対照表には法的債務に即した民法上の考え方がベースとなるとすれば，前者が妥当であろう。一方，商法上の貸借対照表における負債の性質について経済的側面を重視すれば，後者が適切であろう。ただ前者は負債に関して法的側面をやや強調しすぎた嫌いが多分にある。この点からは後者の見解のほうがより理論的であろう。したがって，この立場からは劣後契約の具体的な内容をよく吟味し，経済的観察法からみて決算時点における財産負担の有無で負債計上を決定する処理も十分考えられよう。

(2)　特別劣後債

特別劣後債については，2001年の連邦通常裁判所の判決との関連で，それが出資者の払戻請求権と同じ弁済順位とみなされるため，当該債権者と資本との同一的立場による取り決めにより他人資本から自己資本への転換が行われたとみなす見解が一部にある。そこでは債務の消滅が認識される[27]。

しかし，これは通説ではない。通説によれば，商事貸借対照表において単純劣後と特別劣後を区別する処理は妥当ではない。その理由は，劣後の取り決めはけっして債務の消滅を意味せず，単に債務弁済の順位を変更するにすぎないからである。したがって，いずれにせよ劣後契約を締結しても債務は存続しており，とりわけ特別劣後を直ちに自己資本とみなすのは問題であると捉え

る$^{(28)}$。

　但し，商法上会社が危機を克服した後にもまた特別劣後債の支払義務がもっぱら純利益の意味における清算剰余額からなされねばならないときにだけ，債務を成果作用的に処理し，債務の消滅を認識するという考え方もある$^{(29)}$。

　この特別劣後債に関して単純劣後債の場合と同様に会社の危機の克服後において決算時点における財産負担が経済的に発生しているか否かがポイントとなる。少なくとも清算剰余額からの弁済の定めがあるときには，決算時点における財産負担はない。したがって，商事貸借対照表からそのような定めのある特別劣後債を計上しないことが可能であろう。

(3) 財務改善条項付債権放棄

　無条件の債権放棄は，いうまでもなく民法第397条で定める消費貸借契約者間における債務法上債務の消滅をもたらす。その結果，債務者にとって当該債務は減少し，成果作用的に処理される。これは商法第275条15号でいう特別利益に相当する。この点は特に問題はない。

　劣後契約との関連で議論があるのは，あらかじめ財務改善条項の定めのある債権放棄のケースである。財務改善の契約内容とは，債務者の経済状況が改善したときに残余債権の一部もしくは残余債権のすべての弁済をする約束をいう。これを契約文書化したのが財務改善証書である。これは，一定の前提のもとで債権者に対して自己の放棄した債権に対する事後的請求権を付与したものである。

　これに関して法的には停止条件付債務免除とみる解釈と解除条件付債務免除とみる解釈とがある。前者は絶対的な債務免除が成立し，財務改善の発生により新たな債権が生じると考える$^{(30)}$。この債権は原初的な債権の貸借契約とは独立して新たに生じる。これに対して，後者は債権免除の後，財務改善の発生により，原初的債権がそのまま復活すると考える$^{(31)}$。

A　通説的見解

　この財務改善条件付債権放棄に関して，その財務改善条項の内容が現時点における財産の負担となるか否かによって決定すべきであるというのが通説的見解である。財産に対する負担があれば，もちろん負債として計上し，そうでな

ければ負債として計上しない。財務改善条項に関して将来の年度剰余額から放棄した債権の弁済が要求されるときには，現時点の財産に対してまだ経済的な負担があるとはいえず，利益に左右される義務を示すにすぎない。したがって，その負債化の必要はない[32]。財務改善条項が清算剰余額の場合にも，ゴーイング・コンサーンを前提とすれば，それを負債化する必要はない。

ただ，この点に関して異論もある。というのは，ゴーイング・コンサーンの仮定で将来利益を考慮するのは必ずしも妥当ではないからである。むしろ事実上の利益の予測が決定的であるという考え方もある[33]。負債化が要求されるのは清算後にこの支払義務を計上しないと分配可能な自己資本が生じる時点である。財務改善条項がその他の負債を上回る自由な財産から支払われるケースにおいても，差しあたりは現時点の財産負担はない。但し，秘密積立金が存在すれば，それは負債化される[34]。破産時に免除された債権が再び復活するという財務改善条項があるときには，当初から負債計上する。というのは，債権免除は決定的ではなく，むしろ解除条件付債務とみなされるからである[35]。

財務改善条項の発生以前に不確定引当金を設定すべきという考え方もあるが，しかし債務の経済的原因は条件の発生においてはじめて生じる。このため，そのような引当金の設定は必要ではない[36]。

B その他の見解

通説的見解に対する批判的見解もある。

1つめは，財務改善条項の内容に応じた処理を主張するシュルフ（L. Schruff）の見解である[37]。

これによると，第1に将来の利益に関する契約上の利用という条項のケースでは，債権者はたしかに自己の債権に対する無条件の免除を示すが，しかし免除額まで享益証券と同様にその対価として債務者の将来利益に対する投資（利益請求権）が存在する。したがって，それは法的に独立した停止条件付義務とみなされる。条件の発生時点までは債務も引当金も存在しない。

第2に，将来の利益を尺度とした給付義務がある条項のケースでは，将来利益の期待に対する確実な情報がポイントとなる。将来利益の発生が見込まれないときには負債化の必要はないが，その見込みが外部要因等によりありうるときには，典型的な偶発債務が存在する。将来利益の獲得が不明なときには，用

心の原則から不確定債務を計上する。将来利益の発生が確実に見込まれるときには債務を計上する[38]。

第3に，将来利益の尺度によりあるいは破産時に給付義務があるときには，条件付債務となる。この条項の発生が当初から確実なときには，一時的な債務免除に匹敵する債務猶予と等しく，債務を引き続き計上する。一方で当初に法的に効力のある債務免除の処理に伴う臨時収益を計上し，他方で同一期間に不均等原則から負債の返済費用を計上すれば，両者は損益計算上相殺される[39]。

第4に，将来利益を尺度として支払期日を定めるケースでは，債務免除ではなくて債務猶予にすぎない。その結果，支払期日は会計上決定的ではないので，債務の消滅ではない。無期限の債務猶予がほとんど確実だからといって，法的には財産変動はまだ生じておらず，債務の非計上は債務の完全な表示にも実現原則にも反する。

この4つのケースのうち，第1及び第4のケースについては伝統的な会計処理と合致する。しかし，第2及び第3のケースに関して不確定債務引当金または債務を計上する場合は伝統的な会計処理に反する。この点に関してシュルフは現行法上ではなくて立法上の問題から，単に財務改善期間にだけその費用を負担させず，財務改善期間全体にわたってその費用配分が可能となる第2及び第3のケースは意義を有すると主張する。そこで，彼はその義務を開業費に類似して貸借対照表副次項目と解する[40]。

この考え方に対しては，会社更生期間全体がその費用負担をする点で確かにメリットがある。しかし，この貸借対照表副次項目の計上はGoBに合致する場合に限り妥当性をもつにすぎず，それ以外の場合には実情や個々の事業面が軽視される可能性があり，問題であるという批判がある。

2つめは，劣後債と財務改善条項付債権放棄との類似性を重視するハーリングハウス（A. Herlinghaus）の見解[41]である。彼によれば，財務改善条項付債権放棄という契約は法的にみて停止条件付債権放棄でもなければ解除条件付債権放棄でもない。むしろそれは債務の猶予に関する取り決めである。この債務猶予という観点からは財務改善条項付債権放棄は，将来の利益，清算剰余額もしくはその他の債務を上回る資産からの返済という条件があっても商事貸借対照表上依然として法的債務性が存在する。それは実現原則及び用心の原則からそ

の負債化が要求される。

3つめは，債務免除の時点で債権者保護の見地から分配規制の対象として商法第272条2項4号に該当する非拘束性の資本準備金にひとまず計上しておき，財務改善が実際に発生した時点でこの資本準備金を取り崩すと同時に，債務も計上し成果中立的に処理する考え方[42]である。

C 各見解の検討

これまで触れた財務改善条項付債権放棄に関する種々の処理法は，総じてその法解釈をベースとしたものである。たしかに，それを法的にどのように解するのかはきわめて重要であり，それを無視することはできない。しかし，それだけが唯一の処理法ではないはずである。それに代えていわゆる経済的観察法を中心とした処理も考えられる[43]。これに従うと，あらかじめ法的な債権放棄があっても，それが将来に起こりうる財務改善とどのような関係にあるかが一義的に重要なポイントとなる。たとえば当面の間財務改善の見通しが全くないときには，債権の放棄があったとみなし債権の減少を認識する。一方，財務改善の見込みがあるときには別である。その確率に応じてその確実性があると見込まれるときには，法的な債権の放棄があったとしても経済的にはそれがなかったものとみなして依然として債務を計上する。その可能性が高いときには引当金を計上する。

2 債権者側の処理

債権者側での劣後債権の処理は以下の通りである[44]。債権者が劣後債権を放棄しない限り，債権をそのまま計上する。債権放棄が会社関係から行われ，出資者の投資価値が増加したときには，債権の価値を有する部分を投資勘定に振り替える。それ以降，財務改善に伴いその返済義務が生じたときには，債権と収益が発生する。財務改善の発生以前に債権の期待権（Forderungsanwartschaft）が生じるときがある。しかし，この債権の期待権は原則として実現原則及び用心の原則から計上できない。それが確定した時点ではじめてそれを計上する。具体的には債務企業の更生の結果，その実質的な収益価値が生じた時点である。

財務改善条項付債権放棄については，解除条件付もしくは停止条件付と捉え

るときには，債権者はまず自己の債権を放棄し，条件の発生時点で債権を計上する。それを債権猶予と捉えるときには，債権放棄にかかわらず，そのまま債権を計上する。

Ⅳ 税務貸借対照表における劣後債

1 債務者側の処理

(1) 単純劣後債

税務貸借対照表においてもまた連邦財政裁判所の判例では，劣後債について商法上の原則に従い負債化されねばならない。すなわち，基準性原則によって劣後債を税務上成果増加的に解除することはできない。この点に関して付言すれば，劣後契約は民法第397条1項で規定する債権の免除ではなく，この債権解除がなされるのは，GoBに従い，債務が確実にもはや弁済される必要がない場合だけである。ところが，劣後契約はこれに該当しない。その理由は，当該債務がその他の債務を上回る資産からも支払わねばならないからである[45]。

すでにⅢの商事貸借対照表における劣後債のなかで触れた単純劣後の弁済が将来の利益，清算剰余額もしくはその他の債務を上回る資産からなされるという要件のうちで，最後のその他の債務を上回る資産という要件が欠けた場合の税務上の処理が問題となる。これに関して税務当局は以下に示す所得税法第5条2a項をその根拠として自己の見解を主張する。

> 所得税法第5条2a項　将来に収入もしくは利益が生じるときにのみ弁済されねばならない義務については，当該収入もしくは利益が発生した時点ではじめて債務もしくは引当金が計上されねばならない。

この規定に基づきその他の債務を上回る資産からの弁済という要件がないので，税務当局は，劣後契約と債権放棄が事実上同一であるとみなす。その結果，債権者が劣後契約のなかで自己の債権を将来の貸借対照表利益もしくは清算剰余額からのみ要求し，しかもそれ以外の会社の自由な資産から要求しえな

いときには，税務貸借対照表にはその債務は計上できないと解する[46]。

このような税務当局の見解について，通説は次のように批判する。この所得税法第5条2a項に基づく負債計上禁止の解釈は停止条件付債務だけに適用されるのであって，劣後債には適用されない。言い換えれば，劣後は条件付免除ではなくて，債務順位の変更をもたらす支払方法に関するルールが問題である[47]。事実上根拠のある債務については商事貸借対照表上も税務貸借対照表上も債権者が自己の債権を免除しておらず，あるいはその他の理由から十分な確実性をもって弁済する必要がない場合でなければ，完全性原則に基づいて当該債務を計上しなければならない[48]。自由な財産からの返済は必ずしも定める必要はなく，単に劣後契約のみで十分で，そのなかにすでに自由な財産から返済要件が織り込み済みであるという考え方がある[49]。

将来の利益もしくは清算剰余額から弁済がなされるという劣後要件のみで，その他の債務を上回る資産からの弁済という要件が欠けた場合の処理が問題となる。これについては，その契約の解釈において自己の債務を上回る資産があるときには，その支払義務があるかどうかについては，さらに検討する必要があるという見解もある。この考え方によると，適切な会社更生を実施すれば債務超過は解消するはずだから，用心の原則に基づいて当該債務を計上しなければならない。それ以外は債務の消滅を認識する。但し，清算開始後に当該債務を含めないと分配可能な自己資本が表示されるときにかぎり，例外的にそれを負債計上する。その場合，連邦財政裁判所はそれを部分価値で評価し，当該債務の価値があるときには隠れた出資とし，価値を喪失しているときには事業収入として処理する。この点に関して部分価値評価に代えて，債務の額面金額をベースとすべきであるという考え方[50]もある。

通説は特別劣後契約の定めがある場合にも同様に税務貸借対照表に当該債務の負債化を要求する。その理由は，特別劣後による債務と出資者の出資払戻請求権の同一視は会社の倒産もしくは清算の場合のみに適用されるにすぎないからである[51]。

所得税法第6条1項3号に従い，借入債務の利子控除が問題となる。この利子控除が要求されるのは，経済的観察法に基づく無利子の借入金だけである。この場合，劣後性の前提が消滅するときにはじめて利子が支払われる劣後債に

ついては，無利子債務には該当しない。つまり，劣後債の特徴たる事前的に利子の支払がなくても，それは利付債務とみなされる[52]。

但し，債務からの利子控除（所得税法第6条1項3号）は，1年以内に返済される債務には適用されない。また，債務の金額に利子が上乗せさせるとき，つまりアキュムレーション法が用いられるときには，利子控除は要求されない。

このような税務上の処理に関しては，すでに触れた批判が考えられる。つまり，将来の貸借対照表利益もしくは清算剰余額による債権の弁済を予定した劣後契約について法的ではなくて経済的にそれが決算時点の財産に対する負担を要求するか否かが重要な判断基準となろう。負債のメルクマールに照らして当該財産に負担させるのが合理的であれば，その負債化は要求される。そうでないときには，負債化の必要はない。

(2) 特 別 劣 後 債

税務当局によれば，特別劣後債もまた将来の収入もしくは利益から返済されるにすぎないので，所得税法第5条2a項により債務として計上できない。その結果，それは課税所得の対象となる。

しかし，これは通説ではない。商事貸借対照表における特別劣後債ですでに触れた通り，劣後契約は債務弁済の順位の変更にすぎず，債務の放棄ではないからである。この点についてさらに検討しなければならない論点がある。

第1は，特別劣後債の契約において特段危機的な財務状況の兆候がみられないケースの処理である。この点に関してたしかに劣後的ではあるにせよ，やはり持続的な支払義務が存在する。その支払義務は単に将来利益もしくは清算剰余額からなされねばならないだけでなく，すでに債務の整理も考慮されねばならない。その限りでは，この期間中に現在の資産に対するその負担がある[53]。

第2は，会社の危機の回避までの期間の処理である。ここでは特別劣後債において当該債権者と出資者とは同じ弁済順位にある。ただ，これが文字通り残余財産の分配順位も同じであることを意味するかどうかである。両者が全く同じ順位であるとすれば，特別劣後債権者に対する残余財産の支払は，会社財産の清算剰余額の測定後に常に実施されねばならず，このケースでは債務の消滅を認識する[54]。この場合にも，劣後契約の内容によってはその支払義務が単

に会社の危機期間だけに適用されると定めることもできる。その債務について用心の原則に従い，決算日以前はもうすでに危機が克服されているという事情から出発しなければならない。その結果，債務の計上はそのままである(55)。また，劣後契約の内容次第では会社債権者が出資者と全く弁済順位に関して必ずしも同じではなく，出資者に対する払戻請求権の支払前の段階で優先的に債権者に対する自己の債権が支払われる内容となっているときには，期末財産に対する経済的な負担がある。そこで，債務をそのまま計上する(56)。このケースでは，出資者による出資持分と借入義務との比率を用いて劣後債がまず支払われ，その後で残余額が出資者に分配される。

(3) 財務改善条項付債権放棄
A 債権放棄の時点

財務改善条項付債権放棄のケースにおいて第三者たる債権者が自己の債権を放棄したときには，債務者側では債務の消滅と収益の発生を認識する。この債権放棄が出資者と会社との間の会社関係に基づくときには，債務者側では隠れた出資が生じる。債務者側は減少した債務について部分価値で評価し，この金額を法人税法第27条1項の意味で税務上の出資勘定に計上する。債務の額面金額と部分価値との差額は収益を示す(57)。

B 財務改善条項の発生時点

財務改善条項が発生したときの処理が次に問題となる。解除条件付免除としてその条項を捉えると，連邦財政裁判所は1990年5月30日の判決で履行されるべき債務が原初的に会社関係を起因として生じたのか，それとも事業上の事由から生じたのかが決め手となるという考え方を示した。前者であれば，債務の復活は税務上の出資勘定としてのEK04とみなされ，財務改善条項について税務中立的に資本の払戻しと解される。これに対して後者であれば，債務の復活は所得税法第3条第66号の更生利益とみなされる(58)。

一方，1997年6月9日の連邦財政裁判所における大審院で示された債権放棄の原則に従うと，債権がその放棄時点でどの程度価値を有しているのかが重要とされる。価値を有するときには，隠れた出資となり，価値を喪失したりあるいは事業上の事由によるときには税務上の利益となる(59)。この点に関して，

プフルークバイルは上記の隠れた出資のケースでは債権の部分価値ではなくて価値を喪失した債権の額面金額をベースで評価すべきであると主張する[60]。連邦財政裁判所の判決による部分価値評価に基づいて債権の価値を失った部分について税務上の収益が生じる。財務改善条項が生じたときには，会社の債務の発生に伴う事業支出を計上する。

2003年3月27日の財務大臣通達は，債権放棄で生じた更生利益の取扱を定める。その結果，更生利益は税の猶予措置により課税されない。このため，財務改善条項で支出された金額の事業支出への計上は認められない（所得税法第3c条第1項）。この規定による事業支出への非計上が妥当なのは，更生への支払が非課税の収入と直接的な経済的関係にある支出の場合である[61]。更生利益をもたらした債権放棄が更生証書と関連するので，更生の支払と更生利益との間には当然経済的関係があるとみなされる。但し，更生証書への支払がまだなされうるときには，債権の免除の処理は実施できない。これに対して，税の猶予措置は税の免除ではなく，税の支払期限の延期にすぎない。すでに触れた所得税法第3c条1項の正当性は猶予が課税金額自体に期間的に無期限に付与される点である。

支払額が更生の取り決め額と異なるときには，その相違が会社関係によるか否かが問題となる。支払額が更生の取り決め額を上回るときには，隠れた利益配当となり，その逆に下回るときには隠れた出資となる[62]。前者は例えば会社が危機の間支払条件の発生以前にその支払を行った場合や債権放棄後直ちにその支払を実施した場合等がこれに該当する。

債権放棄時点から財務改善条項の発生時点までの間について民法第159条に従い利息の支払を定める旨の取り決めは可能である。その際に会社更生に伴う支払条件が発生するまでは引当金も債務も計上できない。支払条件が発生した時点ではじめてその負債を計上する[63]。

税務上問題となるのは支払条件の発生まで債務の免除について自己資本に属する隠れた出資と処理していたときの利息の取扱いである。その期間中の利息の支払が事業支出として控除できるかどうかである。この点について1990年5月30日の連邦財政裁判所の判決では事業支出と認定した。たしかに会社の危機中での利息支払義務は単に債務法上の効果しかないが，しかしそれが明確

で事前にその取り決めがあるときには税務上認識されねばならない。通説もこれと同様である。ただ，一部には債権放棄に伴い，債務から自己資本への転換がなされた以上，出資の利子は隠れた利益配当と解されるべきであるという見解もある。しかし，利子は提供された資金の利用に対する代償ではなくて，利子放棄による持分所有者に対する損害賠償に対する支払とみなされる[64]。

ドイツ国内の持分所有者に対しては財務改善条項が法人税法第8a条第1号の適用を受けるかどうかが問題となる。そのポイントは財務改善条項による報酬がその規定第1号の成果依存的報酬を示すのか，それとも第2号の成果に依存しない報酬なのかである。

後者は出資者による他人資本の報酬で，それが提供された資本の一部として取り決められた場合に該当する。その場合にこの報酬は，長期他人資本と自己資本との比率が1.5：1を上回り，かつ250,000ユーロを超えるときに事業支出として課税所得から控除できず，隠れた利益配当とみなされる。この法人税第8a条は既述の通りもっぱら資本の一部として取り決められていないすべての報酬に当てはまる。したがって，財務改善条項との関連で支払われるべき報酬もまた第1号の意味における成果依存的報酬と解されうる[65]。その理由としてそれが会社の収益状態に関連するという考え方がある。

しかし，それは適切ではなく，むしろ財務改善条項は単に支払期限の取り決めにすぎず，報酬の分類の判断とは別であるという主張もある。

2　債権者側の処理

(1)　劣　後　債　権

A　劣後債権が事業財産に該当する場合

劣後債権者は，その債権が事業財産であれば原則として資産計上する。機関投資家の利子は所得税法第20条3項により事業所得に含められる。債務者が経済的に危機に陥ったときには，通常，担保を設定していない債権者は，税務上その債権の損失を計上できるかどうかに高い関心がある。この点に関して，当該債権の部分価値による評価減を実施する前提は持続的な価値減少を伴う場合である（所得税法第6条1項2号）。これは，例えば剰余額の発生がなく債権の弁済ができないと見込まれるときで，この場合に税務上の部分価値の評価減が

適用できる。法人形態の持分所有者においては，部分価値による評価減の適用はできない（法人税法第8b条）。債権についてだけこの部分価値による評価は適用できるが，これは投資には適用できないからである[66]。

将来利益もしくは清算剰余額からの返済が取り決められている場合，劣後債務者が例外的に当該ローンの消滅処理をした際，劣後債権者の債権に対する影響が問題となる。たしかに当該債権は依然として法的には存続する。しかし，将来利益ないし清算剰余額が生じた時点で当該債権が復活する。会計上の処理はまず債権を備忘金額まで償却し，課税所得から控除可能な費用を計上する。次に権利が発生したときに持分所有者の事業財産の増加が生じる。これは後述する財務改善条項付債権放棄に相当する処理である。つまり，会社にとって隠れた出資から出発しなければならないときには，投資の取得原価が増加し，それ以外のケースでは課税所得から控除可能な費用が発生する。劣後債務者の支払義務の発生時点では，その逆の取引となる[67]。

劣後債権者が併せて債務会社に対して投資し，当該劣後債権の返済が経済状況により危険と考えることが見込まれるけれども，劣後債権を回収しないときには，その債権の性質は原則として変化しない。このケースでは税務上の部分価値による評価減は企業危機の回避が避けられない時点となる。これに対して，出資者の有する貸付債権に対する部分価値評価減について，当該評価減を投資勘定に振り替え，税務上の評価減を実施しないという見解もある。この処理の前提は，危機的状況にある債権をそのままにしておくことが会社関係に根拠づけられる点にある。かかる貸付債権がリスクの高い発生のために，第三者に対して付与できないケースに該当する[68]。

このような会社関係に基づく貸付金に関して危機的状況にある貸付金をそのままにしておくことが投資に対する追加的な取得原価に通じるかどうかという問題がある。

この点について，「たとえ所得税法第17条の場合における追加的な取得原価が原則として認定されるとしても，これは通説によると，事業に関与する出資者には要求されないように思われる。というのは，損失の活用がすでに所得税法第5条1項による利益測定を通じて確保されているからである。貸付金の損失は投資価値を高める商法第255条の意味における追加的な取得原価として適

しておらず，出資金勘定に振り替えることができない継続的な事業支出を示す[69]。」この考え方に対して，事業財産の範囲でもまた追加的な取得原価が投資について仮定されると，危機のときにそのままとしてある債権については会社関係を考慮して出資者が撤収しない時点における債権の普通価値の金額での追加的な取得原価が生じる。

B 劣後債権が個人財産に該当する場合

一方，劣後債権者がそれを投資ないし債権として個人財産で保有するときの処理が問題となる。個人財産において少なくとも1％以上の重要な投資としての債権が存在し，当該劣後債権が会社の危機に対するファイナンスとして単純劣後契約が締結される場合がある。その時点で持分所有者の債権価値は債務者に対して当該債務の資本化に伴い，債権の普通価値による事後的取得原価が生じる[70]。単純劣後のうちで将来利益または清算剰余額のみからの弁済が予定され，その他の債務を上回る資産からの返済条件がなく，あるいは特別劣後のケースもある。これは，ある意味で後述する財務改善条項付債権放棄と類似する。債務者企業が債務の消滅を認識するときには，この劣後契約は隠れた出資に該当する。したがって，所得税法第17条2項の範囲で事後的取得原価が持分所有者たる劣後債権に生じる[71]。

(2) 財務改善条項付債権放棄

債権者側の処理に関しては，債権と投資を事業財産の範囲で行い，自己の利益を所得税法第4条1・5項で測定する持分所有者と，両財産を個人財産の範囲とする持分所有者とを区別する必要がある。

A 債権及び投資が事業財産に属する場合

まず債権放棄の時点で持続的な価値減少が見込まれるので，所得税法第6条2項2号が適用される。その結果，税法上部分価値による評価減とその費用処理が行われる。これが通説である[72]。このほかに，商法第252条1項2文の年次決算書に対するゴーイング・コンサーン原則がベースであり，これが基準性原則を通じて税務貸借対照表にも適用されるという少数説[73]もある。

次に債権減少に対応した投資増加の処理が問題となる。これに関しては，公示の現物出資の範囲，つまり出資持分の追加取得の意味での債権放棄であると

きには，債権の普通価値が投資の事後的な取得原価となる。これが交換取引による現物出資を決定し，譲渡された経済財と受け入れた経済財の価値は等しい（所得税法第6条1項）。一方，債権放棄が資本金増加以外で行われ，それが会社関係に起因するときには，出資された経済財の部分価値を隠れた出資として投資における事後的取得原価に計上する（所得税法第6条1項5号）[74]。これが通説であり，ここでは債権者側と債務者側との間で評価に関する一致原則が成り立つ[75]。

これに対して，会社関係による資産増加は出資者による債権の価値減少ではなくて，むしろ隠れた出資の増加の面から決定されるべきであるという見解がある。これによると，隠れた出資は債務の額面金額で増加する。この考え方では，両当事者における一致原則による評価は必ずしも GoB の面から強制されるわけではない。それ故に，不均等原則により債権者側と債務者側とで異なる評価が行われうる[76]。

持分所有者に法人税の納税義務があるときには，半額所得手続の範囲で法人税法第8b条の規定を考慮する必要がある。二重課税の排除から他の資本会社から得られた利益配当は非課税となる（法人税法第8b条第1項1文）[77]。但し利益配当の5％については課税所得計算上事業支出として控除できない（法人税法第8b条5項1文）。

B 債権及び投資が個人財産に属する場合

債権及び投資が個人財産に属するときには，債権放棄は所得税法第17条・23条の範囲での事後的な取得原価とみなされる[78]。

V 倒産法上の債務超過判定における劣後債

1 劣後債の取扱

旧破産法と同様に現行倒産法でも，債務超過の状況（Überschuldungsstatus）に関する判定が問題となる。支払不能及び支払不能の恐れ（drohende Zahlungsunfähigkeit）と並んで（倒産法第17条・18条），債務超過もまた同様に倒産開始原因とみなされるからである（倒産法第19条）。

この債務超過の判定に際して旧破産法では単純劣後であれば債務計上の必要はなかった。ところが，倒産法第39条1項5号の導入により旧破産法とは違って資本化される出資者借入金の請求権を倒産手続において劣後債権として計上することができなくなった。この結果，劣後の定めだけでは債務超過の判定に当該債務を計上することを回避することは不十分であり，それを回避するためには債権者の債権放棄が不可欠という見解が主張された[79]。

これに対して，債権者保護は劣後のケースでは負債計上を要しないし，債務超過を回避するために債権を放棄する必要はないという反対説が根強く，これが通説である[80]。

劣後債の弁済が将来の利益もしくは清算剰余金額によるときには，債務超過の判定に対して，それを負債計上する必要はない[81]。これは資本化される出資者借入金にも当てはまる。これについては，債務超過の判定において負債化しないことを契約で定めているからである。

劣後債の返済に関して，その他の債務を上回る拘束されない自由な資産から返済されるにすぎないという契約が付与されるときもある。このケースでは，この契約の定めが倒産時にもまた適用される限り，債務超過の判定上それを負債化する必要はない。債務超過が生じており拘束されない自由な資産がなければ，債権者は自己の権利を主張できないからである[82]。但し利益もしくは資本の払込みにより，拘束されない資産が生じるときには債務超過の状況を回避できるので，劣後債を負債化しうる。

2 連邦最高裁判所の判決

連邦最高裁判所は2001年1月8日の判決で，いわゆる特別劣後債のように他人資本が自己資本と同一の順位であるときには，債務超過貸借対照表（Überschuldungsbilanz）において，それを債務のなかに計上する必要はないという判断を下した。但し，単純劣後債はその限りではない。そこではその他の他人資本の後に位置するものの，自己資本の前である契約がされているからである。

また，ランク（J. Lang）はこの特別劣後が事実上の債権放棄を意味すると主張する。一方，連邦財政裁判所は2004年10月20日の判決のなかでは，劣後

債に対する返済が単に将来利益のみならず，それ以外の債務を上回る資産から実施される場合も含めて，あらゆるケースの劣後債の負債計上を主張する。このように，劣後債の債務超過の判定には多様な見解が存在する[83]。

この点についてヘアーマ（J. D. Heerma）は，既述の見解のうちで特別劣後の条件の付いた劣後債を自己資本と同列に考えてその債務超過貸借対照表への負債化の必要はないとする連邦最高裁判所の判決を次のように批判する。その理由は以下の通りである。

第1に，特別劣後債を自己資本と同一視する理由はない。その点についてヘアーマは次の3点を指摘する。

その1は，特別劣後債を自己資本と同一視するのは倒産法第39条2項に反する結果をもたらす点である。この規定に従うと，債権者と債務者との間で取り決められた劣後債権は，疑わしいときにその他の債権者の債権の後に考慮されねばならない。この場合，それが考慮されるのは倒産法第199条により最終配当（Schlussverteilung），つまり出資者に対する残余財産分配請求権の前の段階であり，けっして債務超過貸借対照表のレベルにおいてではない。仮にこの債務超過貸借対照表の面で考察するとすれば，すべての債権者は法的に疑わしいと予想されるレベルに陥ることについて悪い情報が出る可能性がある。したがって，劣後債は債務超過貸借対照表に負債化されねばならない結果となるはずである[84]。「債務超過貸借対照表への表示を回避するために，倒産法第39条2項のレベルにある劣後が十分であるときにだけ，意味のある解釈ルールが問題となる[85]。」

その2は，劣後他人資本と自己資本との内部的な順位づけは不適切であるという点である。

その3は，特別劣後債と自己資本を同一視すると，財産の分配が実務上困難となるという点である[86]。

第2に，連邦最高裁判所の判決内容に関して，次の4つの問題点がある。

その1は，資本化される性質をもつにもかかわらず，劣後の定めのない債務が債務超過貸借対照表において負債化されるか否かがそこでの争点である。つまり，劣後債がそもそも直接的な問題ではない。かりにこの資本化される借入金を債務超過貸借対照表で負債化すべきであるとすれば，同じクラスの債務

(倒産法第39条1項5号) もまた負債化されねばならない[87]。

その2は，条件付債権放棄を要しない根拠が劣後債務と自己資本の区分に適用されている点である。その結果，単純劣後の債権者利益は従来通り保護されているが，しかし特別劣後債権者はそれとは逆に不利な立場に置かれてしまい，出資者のみ有利となる[88]。

その3は，連邦最高裁判所は単純劣後債の負債化を想定している点である[89]。

その4は，資本化される債務との同一視は不十分であるという点である。この点に関してヘアーマは次のように述べる。「倒産法第39条1項5文の順位にある劣後が，当該債権の負債化を回避するのに十分でないという見解は，首尾一貫している。連邦財政裁判所の判決の中心的メッセージ及び指導命題は，劣後の契約がなされなかった資本化される債務（したがって倒産法第39条1項5文の債権）が債務超過貸借対照表に負債計上されねばならない点である。それと同一順位の債権が同じく債務超過貸借対照表に負債化されねばならないことは明らかである。債権者が当該債権の負債化を回避しようとすれば，倒産法第39条1項5文の順位，したがって倒産法第39条2項を締結しなければならない[90]。」このように，連邦最高裁判所の見解に従っても負債化を回避するには，外部債権者の後の返済順位ではあるが，しかし自己資本の前の順位で十分である[91]。

このヘアーマと同じ考え方をグローも示す。「劣後は倒産に対して効力をもつのであり，特別劣後はしかも倒産時の清算だけに効力をもつにすぎない。したがって，その取り決めは倒産及び清算に限定されねばならない[92]。」

3 倒産法の一部改正

すでに触れた MoMiG の制定に伴い，従来議論のあった出資者借入金の処理が簡素化された。それによると，出資者借入金は資本化されるか否かの区別を要せずに，一律債務超過の判定において負債化の必要はなくなった（改正倒産法第19条2項3文・第39条1項5号）。

この点に関して，債務超過の判定上は非負債化という点では法的には全く同じだけれども，出資者借入金に関して劣後契約を定める出資者借入金は結果的

には特別劣後と同様に，それを定めない出資者借入金よりも債務弁済の順位が劣後となるいう考え方もある[93]。

但し，これには旧有限会社法と同様に例外措置が設けられている。1つは，会社の更生を目的として債務超過または支払不能に際して債権者が会社の持分を取得するときである（改正倒産法第39条4項2文）。もう1つは，会社の責任資本に対して10％以下しか出資しておらず，しかも当該出資者が業務執行者でないときである（改正倒産法第39条5項）。これらは債務超過の判定上負債に計上される。

VI 結

以上の論旨を整理すれば以下の通りである。
第1は劣後債の概要に関してである。
その1に，劣後債が交換契約に基づくのに対して，匿名組合は純粋の内部出資であり，両者は異なる。ただ，両者とも自己資本と他人資本との中間形態としてのメザニン型ファイナンスに属する点で共通する。
その2に，劣後債が単純劣後債，硬度劣後債及び特別劣後債，あるいは事前的劣後及び事後的劣後，直接的劣後及び間接的劣後にそれぞれ分類される。
その3に，劣後契約の法的性質に関して責任資本・条件付債務免除契約・請求免除特約・債務変更契約などがある。そのうちで債務変更契約とみる見解が通説である。
その4に，劣後債権者が同時に出資者，あるいはそれと同等もしくは一定の要件を満たす準出資者であるときには，資本維持の面から欠損あるいは債務超過に陥る場合に劣後債権に対する元利金の支払が制限される。
第2は商事貸借対照表における劣後債の処理である。
その1に，民法上の考え方をベースとして劣後債が依然として債務である以上，商法上の貸借対照表においても負債計上される。
その2に，劣後債の支払が将来の貸借対照表利益もしくは清算剰余金から支払われるという契約があるときにも，通説はその劣後債の負債計上を要求するが，しかし決算時点における財産負担の経済的な面から一部にはその負債化の

必要はないという見解もあり，この少数説は支持できる。

　その3に，財務改善条項付債権放棄の取り決めを民法上の解除条件付免除あるいは停止条件付免除のいずれに解するかはともかく，債権の放棄時点でそれに呼応して債務の消滅を認識し，財務改善条項の発生時点で再び債務を計上するのが通説である。これに関して，財務改善条項付債権放棄を債務猶予と解する立場からはそのまま債務を計上し続ける見解もある。この点に関して財務改善条項の発生の可能性を見積り，それに応じた処理が望ましい。

　その4に，資本化される出資者借入金について劣後契約が締結されても，負債としての性質が失われていないので，そのままそれを計上する。これはMoMiGの制定後も同様である。

　その5に，劣後債権者は当該債権を放棄しない限り，債権として表示する。債権放棄が会社関係からなされたときには，価値を有する債権部分については隠れた出資に該当するので，投資勘定にその相当金額を振り替える。財務改善条項付債権放棄に関して劣後債権者は，それを停止条件付または解除条件付ととらえるときには債権放棄の段階で債権の消滅を認識し，財務改善条項の発生時点で債権を再び計上する。これに対して，それを債権猶予とみなすときには債権放棄にかかわらず，債権をそのまま計上する。

　第3は，税務貸借対照表における劣後債の処理である。

　その1に，通説は単純劣後債も特別劣後債も同様に負債として計上する。

　その2に，財務改善条項付債権放棄に関して債権放棄の段階で債務者は債務の消滅を認識し，臨時収益が発生する。但し，それが会社関係に基づくときには債務者には隠れた出資が生じる。減少した債務に関して部分価値で評価し，これを税務上の出資勘定に計上する処理が通説であるが，部分価値による評価に代えて価値減少分の額面金額によるべきであるとする見解もある。

　その3に，劣後債権者は当該劣後債権が事業財産であれば，資産計上する。劣後債権者による債権放棄があるときには，債務者の臨時収益が発生する。劣後債権者が受け取る利子は，機関投資家のケースでは事業所得となる。債務者が経済的に危機に陥ったときには，それが持続的な価値減少と認められるときには部分価値の評価減が適用される。

　第4は，倒産法上の債務超過判定における劣後債についてである。

その1に，旧破産法では単純劣後の定めでその非負債化となる見解が一般的であった。

その2に，倒産法の制定により従来同様であるという見解と，非負債化には債権放棄が不可欠とする見解とが対立する。通説は単純劣後で十分とする前者である。

その3に，連邦通常裁判所の判決が示す特別劣後契約が非負債化の条件とする考え方に対しては批判が多数を占める。

その4に，MoMiGの制定に伴い，これまで伝統的であった判例ルールの廃止の結果，従来から議論のあった出資者借入金はその資本化の有無にかかわらず，一部の例外を除き原則として非負債化されることになった。

このように，ドイツ法における劣後債の会計処理は，それぞれの法規定との関連でかなり複雑な様相を呈している。

注

（1） M. Häger・M. Elkemann-Reusch 編，Mezzanine Finanzierungsinstrumente, Berlin, 2004年，179頁。なお，わが国ではこの劣後債には一般に次の種類がある。それが内外のどちらで発行されるかによって国内劣後債と国際劣後債（グローバル劣後債）に分けられる。また，その返済期限に基づいて，償還期限のある期限付劣後債と，一定の場合を除き償還期限のない永久劣後債に分けられる。

　　後者の永久劣後債に関しては，①無担保で，かつ他の債務に劣後の位置であり払込済みであること，②一定の場合を除き，償還されないこと，③業務を継続しながら損失の補塡に充当されること，④利払いの義務の延期が認められるといった特徴がある。

　　前者の期限付劣後債は，償還期限が長期のものと比較的短期のものとに分けられる。この短期劣後債は，①無担保で他の債務に劣後となり払込済みであること，②償還期間が2年以上であること，③償還期限以前には償還されないこと，④銀行が当該劣後債務の元利金の支払い後に自己資本比率が8％以上の場合を除き，元利金の支払われない特約（ロック・イン条項）が付されていることがその条件である。さらに，劣後債はその発行形態により公募債と私募債に分けられる。

（2） K. Bösl・M. Sommer 編，Mezzanine Finanzierung, München, 2006年，246-247ページ。

（3） M. Häger・M. Elkemann-Reusch 編，前掲書注（1），180頁。

（4） M. Häger・M. Elkemann-Reusch 編，前掲書注（1），181頁。ドイツの匿名組合については，拙著，『資本会計制度論』森山書店，平成20年，189-219頁参照。
（5） M. Häger・M. Elkemann-Reusch 編，前掲書注（1），182頁。
（6） B. Janssen, Bilanzierung einer mit Rangrücktritt versehenen Verbindlichkeit in der Handels- und Steuerbilanz, in : Betriebs-Berater, 第60巻第35号，2005年8月，1895-1896頁。
（7） Memento, Bilanzrecht, 2007/2008, 第2版，Freiburg, 2007年，709頁及びR. Winnefeld, Bilanz-Handbuch, 第4版，München, 2006年，708-709頁。
（8）（9） H. Teller・B. Steffan, Rangrücktrittsvereinbarungen zur Vermeidung der Überschuldung bei der GmbH, 第3版，Köln, 2003年，2-3頁。
（10）（11） O. F. Graf, Rangrücktrittsvereinbarungen des Gesellschafters in Handels-, Insolvenz- und Steuerrecht, in : Zeitschrift für Steuern & Recht, 第3巻第13号，2006年6月，296頁。
（12） O. F. Graf, 前掲論文注（10），296-297頁。
（13） O. F. Graf, 前掲論文注（10），297頁。
（14） H. Teller・B. Steffan, 前掲書注（8），109頁。
（15） H. Teller・B. Steffan, 前掲書注（8），111頁。
（16） N. Bogenschütz, Neuausrichtung des Eigenkapitalbegriffs, Frankfurt am Main, 2008年，133頁。
（17） N. Bogenschütz, 前掲書注（16），137頁。
（18） Adler・Düring・Schmaltz, Rechnungslegung und Prüfung der Unternehmen, 第6巻，第6版，Stuttgart, 1998年，221頁。この点に関して，持分所有者が債権放棄をしたときの処理が問題となる。それが現物出資として実施されるときには，債権の部分価値評価による事実上の価値が債務者にとって資本金に振り替えられる。これに対して，それが現物出資で実施されないときには，資本維持規定は適用されず，任意の資本出資と解される。このため，債務の額面金額を商法第272条2項4号の資本準備金に計上する（A. Pflugbeil, Steuerliche Auswirkungen von Sanierungsmaßnahmen bei Kapitalgesellschaften, Berlin, 2006年，23-26頁）。後者のケースに関しては，いわゆる債権者保護の強行法規はなく，あくまで出資者によるその他の追加支払に相当するので，債権の部分価値に代えてその額面金額を拘束性のない資本準備金に計上すべきである（E. A. Baldamus, Forderungsverzicht als Kapitalrücklage gemäß §272 Abs. 2 Nr. 4 HGB, in : Deutsches Steuerrecht, 第41巻第20/21号，2003年5月，853-854頁）。
（19）（20） Adler・Düring・Schmaltz, 前掲書注（18），222頁。
（21） J. Schulze-Osterloh, Rangrücktritt, Besserungsschein, eigenkapitalersetzende Darlehen-Voraussetzungen, Rechtsfolgen, Bilanzierung, in : Die Wirtschaftsprüfung, 第

59巻第3号，1996年2月，99-100頁。
- (22) J. Schulze-Osterloh, 前掲論文注 (21), 100頁。
- (23) R. Winnefeld, 前掲書注 (7), 709頁。
- (24) A. Pflugbeil, 前掲書注 (18), 189頁。
- (25) A. Pflugbeil, 前掲書注 (18), 198頁。これと同じ立場の見解がある。劣後債に関しては劣後契約の締結前に通常は財産負担の原因が発生している。また，それは将来利益だけでなく清算剰余額もしくはその他の債務を上回る資産からもまた返済されねばならない以上，劣後債は債務者の財産負担が存在する。この点から当該債務について確実に弁済する必要がない場合だけその非負債化が認められるが，しかし継続企業を前提とすると，債権者が自己の債権を放棄しない限り，その非負債化は少なくともありえない（K. Küting・C. P. Weber 編, Handbuch der Rechnungslegung, 第2巻, 第5版, Stuttgart, 2005年, 74-75頁）。
- (26) A. Pflugbeil, 前掲書注 (18), 201-202頁。
- (27) R. Winnefeld, 前掲書注 (7), 710頁。
- (28) B. Janssen, 前掲論文注 (6), 1896頁。かりに存在する債務を計上しないと，未実現利益の配当及びその課税問題が生じる（U. Schildknecht, Passivierungsverbote nach Rangrücktrittvereinbarungen, in : Deutsches Steuerrecht, 第43巻第5号, 2005年2月, 183頁）。
- (29) A. Pflugbeil, 前掲書注 (18), 205頁。
- (30) A. Pflugbeil, 前掲書注 (18), 135頁。
- (31) A. Pflugbeil, 前掲書注 (18), 140頁。
- (32) A. Pflugbeil, 前掲書注 (18), 224頁。J. Schulze-Osterloh, 前掲論文注 (21), 104頁。
- (33) A. Pflugbeil, 前掲書注 (18), 149頁。
- (34) Adler・Düring・Schmaltz 編, 前掲書注 (18), 225頁。
- (35) A. Pflugbeil, 前掲書注 (18), 226頁。
- (36) A. Pflugbeil, 前掲書注 (18), 150頁。
- (37) L. Schruff, Zur Bilanzierung latenter Verpflichtungen aus Besserungsscheinen, in : J. Baetge 編, Bilanzfragen, Festschrift für Ulrich Leffson, 1976年, 所収, 157-158頁。
- (38) L. Schruff, 前掲論文注 (37), 159-160頁。
- (39) L. Schruff, 前掲論文注 (37), 161-162頁。
- (40) L. Schruff, 前掲論文注 (37), 162-164頁。
- (41) A. Herlinghaus, Forderungsverzichte und Besserungsvereinbarungen zur Sanierung von Kapitalgesellschaften, Köln, 1994年, 152-153頁。
- (42) A. Pflugbeil, 前掲書注 (18), 152頁。
- (43) これに類似する考え方をシュルツェ-オスターローは明らかにする。彼によると，法律的解釈に依存せずに，会社にとって事実上の給付強制（Leistungszwang）の有無

の面から財務改善条項付債権放棄の会計問題を論じるべきであると主張する（J. Schulze-Osterloh, 前掲論文注（21），103頁）。

(44) A. Herlinghaus, 前掲論文注（41），155-156頁。

(45)(46) R. Winnefeld, 前掲書注（7），711頁。

(47) J. D. Heerma, Passivierung bei Rangrücktritt : widersprüchliche Anforderungen an Überschuldungsbilanz und Steuerbilanz ?, in : Betriebs-Berater, 第60巻第10号，2005年3月，543頁。

(48) R. Winnefeld, 前掲書注（7），712頁。

(49) M. Groh, Der qualifizierte Rangrücktritt in der Überschuldungs- und Steuerbilanz der Kapitalgesellschaft, in : Der Betrieb, 第59巻第24号，2006年6月，1289頁。

(50) A. Pflugbeil, 前掲書注（18），202頁。

(51) M. Groh, 前掲書注（49），1289頁。

(52) M. Häger・M. Elkemann-Reusch 編，前掲書注（1），199頁。

(53) A. Pflugbeil, 前掲書注（18），203-204頁。

(54)〜(56) A. Pflugbeil, 前掲書注（18），204頁。

(57) A. Pflugbeil, 前掲書注（18），158頁。

(58) A. Pflugbeil, 前掲書注（18），160-161頁。

(59)(60) A. Pflugbeil, 前掲書注（18），163頁。

(61) A. Pflugbeil, 前掲書注（18），164頁。

(62) A. Pflugbeil, 前掲書注（18），165頁。

(63) A. Pflugbeil, 前掲書注（18），167頁。

(64) A. Pflugbeil, 前掲書注（18），168頁。

(65) A. Pflugbeil, 前掲書注（18），169頁。

(66) A. Pflugbeil, 前掲書注（18），207頁。

(67) A. Pflugbeil, 前掲書注（18），207-208頁。

(68) M. Häger・M. Elkemann-Reusch 編，前掲書注（1），200-201頁。

(69) M. Häger・M. Elkemann-Reusch 編，前掲書注（1），201頁。

(70)(71) A. Pflugbeil, 前掲書注（18），209頁。

(72) A. Pflugbeil, 前掲書注（18），80-81頁。

(73) A. Pflugbeil, 前掲書注（18），82-83頁。

(74) A. Pflugbeil, 前掲書注（18），83頁。

(75) A. Pflugbeil, 前掲書注（18），47頁。

(76) A. Pflugbeil, 前掲書注（18），87頁。

(77) A. Pflugbeil, 前掲書注（18），93頁。

(78) A. Pflugbeil, 前掲書注（18），97頁。

(79) J. Westerburg・D. Schwenn, Rangrücktrittsvereinbarungen für Gesellschafter-

darlehen bei der GmbH-Entwicklung zu mehr Rechtssicherheit ?, in : Betriebs-Berater, 第61巻第10号, 2006年3月, 501頁。

(80) A. Pflugbeil, 前掲書注 (18), 191頁。K. Schmidt, Finanzplanfinanzierung, Rangrücktritt und Eigenkapitalersatz, in : Zeitschrift für Wirtschaftsrecht, 第20巻第30号, 1991年7月, 1246-1247頁。J. Götz, Überschuldung und Handelsbilanz, Berlin, 2004年, 191-192頁。J. Heerma, 前掲論文注 (47), 197頁。

(81) Adler・Düring・Schmaltz, 前掲書注 (18), 220頁。

(82) Adler・Düring・Schmaltz, 前掲書注 (18), 220-221頁。

(83) J. D. Heerma, 前掲論文注 (47), 537頁。

(84)(85) J. D. Heerma, 前掲論文注 (47), 539頁。

(86) この点に関してヘアーマは次の例を示す。1つは, 2人の出資者がそれぞれ券面額50,000ユーロの持分と, 100,000ユーロの株式払込剰余金を払い込み, またその1人が無利子の劣後債50,000ユーロを取得すると, 分配比率は100,000ユーロ：50,000ユーロ＝2：1となる。第三者の債権者すべての返済後の財産額を21,000ユーロと仮定すると, 14,000ユーロと7,000ユーロとにそれぞれ配分される。もう1つは, 株式払込剰余金の支払に代えて, より高い資本出資をそれぞれ150,000ユーロを出資したとする。このときには, (150,000ユーロ＋50,000ユーロ)：150,000ユーロ＝4：3の分配比率となる。その結果, 12,000ユーロと9,000ユーロとに財産は配分される。このように, 2つのケースで分配結果は異なる (J. D. Heerma, 前掲論文注 (47), 539頁)。

(87)(88) J. D. Heerma, 前掲論文注 (47), 540頁。

(89)(90) J. D. Heerma, 前掲論文注 (47), 541頁。

(91) ボーゲンシュッツ (N. Bogenschütz) もこれと同じ立場を表明する。債務超過判定の保護範囲はもっぱら会社に対して劣後債権をもたない債権者である。それは劣後を取り決めた債権者の保護に用いるべきではないという (N. Bogenschütz, 前掲書注 (16), 142-143頁)。

(92) M. Groh, 前掲論文注 (49), 1288頁。

(93) T. E. Funk, Der Rangrücktritt bei Gesellschafterdarlehen nach MoMiG im Steuerrecht, in : Betriebs-Berater, 第64巻第17号, 2009年4月, 869頁。

第11章
デット・エクイティ・スワップの会計

I　序

2008年9月に起こった世界的金融危機を背景に，ドイツの多くの企業は財務上急激に悪化し，その改善のためのスキームが論議されている。なかでもその一手法がわが国でよく知られているデット・エクイティ・スワップ（debt equity swap；DES），つまり債務の資本化である。これが会社更生にとっての有力な手段とみなされている。これはドイツにおいても例外ではない。このDESに対する関心が高まっている。本章ではDESに対するドイツ商法及び税法の処理と，このDESの代替案としてのデット・メザニン・スワップ（Debt Mezzanine Swap；DMS）及びリバース・デット・エクイティ・スワップ（Reverse Debt Equity Swap；RDES）とについて検討することにしたい。

II　商法におけるDES

1　DESの法手続

アングロサクソンとは違って，ドイツ商法では企業再生の範囲においても現在の出資者の意向を無視した形でDESを実施することはできない仕組みとなっている。つまり，会社債権者による企業再生に対して，現在の出資者の権利の侵害を現行会社法及び倒産法はあらゆるケースで放棄している。一方，イギリス及びアメリカでは倒産のケースにおいて出資者の意向に反した企業再生の途が開かれている。

(1) 簡易の減資

　会社の財務的危機的状況のときには，巨額の損失が発生しているのが普通である。そこでDESの実施にあたっては，まず減資が不可欠となる。この減資についてドイツでは2つの減資の種類がある。1つは通常の減資で，他の1つは簡易の減資である[1]。両者とも資本金の4分の3以上を占める株主総会の特別決議を要する（株式法第222条1項・第229条3項）。通常の減資は債権者保護手続を必要とするのに対して，簡易の減資はそれを要しない点に違いがある。

　簡易の減資は価値減少の相殺，その他の損失の塡補，あるいは資本準備金の減少により資本金を減額するときに用いられる。

　但しその適用には原則として以下の3つの要件が必要である。1つめは繰越利益が存在しないこと，2つめは利益準備金をあらかじめ取り崩しておくこと，3つめは法定準備金及び資本準備金の合計が減資後の資本金の10分の1を上回るときには，その超過分を取り崩すこと，この3点である。この場合，法定準備金はわが国の利益準備金に相当し，資本準備金と併せて資本金の10分の1に達するまで年度剰余額から繰越損失額を控除した金額の20分の1を設定する。但しこの資本準備金は商法第272条2項第1号から第3号までの資本準備金を指す（株式法第150条1項）。簡易の減資において規定されている資本準備金はこの第1号から第3号までの資本準備金のほかにさらに第4号の資本準備金も含む。

　この3つの要件のほかに，もう1つの要件がある。それは，資本準備金への繰り入れ及び利益準備金への繰り入れの際にその他利益準備金を取り崩して法定準備金を計上する場合と，減資から得られる減資差益を資本準備金に計上する場合には，資本準備金及び法定準備金の合計が資本金の10分の1に達していないときにだけ可能である（株式法第231条）。

(2) 現物出資手続

　DESにはこの簡易の減資手続と併せて現物出資手続も必要となる（株式法第183条1項，第27条1項）。さらに，この資本金増加に際して株主総会における定款変更が要求される。これにも資本金の4分の3以上による特別決議が必要である（株式法第182条）。この現物出資手続において大きな問題がその評価であ

る。それには評価鑑定（Wertgutachten）が要求される（株式法第183条3項・第184条1項2文）。この評価鑑定はきわめて煩瑣であり，DES実施の大きな障害となる傾向がある。

このほかにDESにあたって債権者が事業に投資し出資者となる関係で，この債権者に対する株式引受権の排除がドイツ商法の焦点となる。別言すれば，新たな出資者となる債権者には，この引受権を付与しないという決議がこれである。それには資本金の4分の3以上の特別決議が必要である。会社更生目的によるこの引受権排除は判例において妥当性を有するといわれる[2]。

2 会 計 処 理

DESに対する会計処理として次の2つがある。1つは時価説であり，他の1つは券面額説である。

(1) 時 価 説

ドイツ資本会社法の骨格は，いうまでもなく出資者の有限責任制度である。このため，この有限責任制度を支えるのが資本金制度，資本調達及び資本維持のルールである。資本金に関しては設立時の最低資本金は株式会社では50,000ユーロ，有限会社では25,000ユーロである（株式法第7条，有限会社法第5条1項）。この資本金制度は自己資本とともに損失に対するクッションとしての機能をもち，株主に対する分配規制の対象でもある（株式法第57条3項）。その意味で，資本金制度はドイツ会社法上きわめて重要な役割を果たしている。出資者の出資がリスク負担としての役割を果たすので，債権者保護の見地からはドイツ法は額面資本金が完全な価値を有し，しかもコントロールされた調達ルールを定める。

BilMoGの制定によっても，このドイツ法の基本スタンスに変化は全くない。立法者はむしろドイツ責任資本制度の堅持を明確に表明した。資本調達にあたって通常は金銭出資と現物出資とがあり，後者に関しては出資能力について一定の制約がある。労務出資は認められていない（株式法第27条2項）。無形資産については，それが把握可能な資産価値を具現し，会社への譲渡が出資の条件である。

また，現物出資に関しては資本維持の面からその価値が少なくともそれに対して付与される会社権，つまり株式もしくは会社持分とイコールであることが不可欠である[3]。すでに触れた現物出資については，かつては出資者保護の面が強かった。その後，債権者保護に重点が移行したが，出資者保護は株式の希薄化面から依然として失われていない。

このようなドイツ法の基本的スタンスを踏まえ，時価説は以下の点を根拠とする。

第1は出資対象物としての債権の面である。MoMiGはキャッシュ・プーリンク（Cash Pooling）と呼ばれる手法を容認した。これは，特に親会社が銀行の場合に親子会社間における現金管理を合理的に実施するために会社間での資金授受を一定の条件で容認する制度である（有限会社法第30条1項，株式法第291条3項）。このキャッシュ・プーリンクでは債権が金銭と同様であり，したがって流動性に適する価値を有することが想定されている[4]。この点に関してプリースター（H. J. Priester）は価値を有することについて機能的な定義をDESについて試みる。それに従うと，DESの観点のもとで会社側での評価問題が重要となる。もちろん，そこでは企業の解散を前提とした資産評価ではない。あくまで継続企業をベースとした資産評価が問題となる。とすれば，会社側の債権評価として当然それが価値を有する部分であることが不可欠となる。

第2は債権者間における平等の取扱いに関する面である。たしかに券面額によるDESは現在の債権者には用心の原則に基づいて一定の意義をもちうる。たとえ会社側の財務状態が悪化しても債権がその券面額で評価されるからである。また，DESに関係しない債権者にとっても，債権者の一部が劣後的地位にある出資者に移行してしまい，自己の債権者の権利に何らマイナスは生ぜず，むしろプラスに作用する。しかし，将来の債権者には別問題である。というのは，価値を有する債権部分の資本化に伴い，責任資本の値は増加し損失補填の可能性は高まるのに対して，価値を有していない債権部分の資本化は財産填補に有効に働かないからである[5]。

第3は，出資者保護の面である。この立場からは債権の価値を有する部分のみの資本化は意義をもつ。DESの発行価額を低く抑えることによって，現在の出資者は保護されるからである。債権が十分な価値をもたないときには，出

資者はその資本金増加の決議に対する異議を申し立てることができる[6]。

(2) 券面額説

この時価説に対立して，券面額説は債権の時価ではなくて，その券面額による資本化を主張する。その根拠は以下の通りである。

第1に，時価説が前提とする債権について価値を有する部分に限定する法規定は株式法第57条及び有限会社法第19条5項・第30条にも存在していない。キャッシュ・プーリンクについて連邦通常裁判所は投資する会社がプールに対する自己の債権をいつでも処理できる状況にあることを要求する。債務者の流動性状況を全く度外視する。しかし債務者の財産のなかにある秘密積立金という単なる期待価値を考慮する倒産法上の債務超過概念はMoMiGの立法者の説明意図に反しており，事実上会社に対する債権が第三者に対する債権ほど厳格な尺度で測定できないという結果をもたらす[7]。

第2に，価値を有する債権部分によるDESには以下の問題点がある。その部分だけを出資と解した場合，券面額の資本化に比べてけっして債権者保護につながらない。というのは，価値を有しない債権部分が資本化されないため，その金額だけ分配規制の対象から除外されてしまうからである。逆に券面額を資本化したほうがそれに歯止めをかけることができ，債権者保護に資する[8]。また，将来の債権者にとっても券面額の資本化の情報開示を実施すれば，それで十分である。損失補塡の可能性が問題であれば，そこではDESとは無関係の会社財産が将来の債権者には特に関心がある[9]。

第3に，出資者にとっても券面額の資本化は何ら株式の希薄化の恐れはない。価値を失った債権部分だけすでに自己資本は完全に毀損しているからである。「現物出資評価の目的は現物出資の評価決定だけにあり，新しい持分に対する適正な発行価額の決定にはない[10]。」

第4に，時価説を前提とすると債権者は更生目的のDESにおいて二重の面で不利となる。一方で債権の価値が券面額を下回る形で資本化され，他方で自己の債権を評価減しなくてはならないからである。この欠点は実質的に正当な理由ではなく，DESに応じないそれ以外の債権者のメリットと適合しない[11]。

このように，債務者企業における DES の会計処理として時価説と券面額説とが鋭く対立している。これに対して，債権者側が債権による現物出資について時価で評価し，券面額との差額は損失に計上する点で，両者の処理は一致する[12]。

なお，債権と資本金増加の意味における持分との交換ではないので，本来の DES と異なるが，しかしそれと全く同じ効果をもつ別の方法もある。それは，持分の取得による資本の増加に代えてまず債務者企業の持分を投資者が取得し所有者となり，その後で投資者が自己の債権の一部を民法第397条に従い債務免除契約を締結して放棄する手法である[13]。

Ⅲ　税法におけるDES

1　簡易の減資

商法上の DES として簡易の減資が実施されると，税法上この減資の結果，前期末で把握された特別表示の在高（Bestand des Sonderausweis）が減少する（法人税法第28条2項1文前段）[14]。ここで特別表示の在高とは，資本金及び持分所有者による出資に基づく準備金とを意味し，払込資本の額に相当する（法人税法第28条1項3文）。この払込資本のうちで資本金を除く部分は税務上の出資勘定に計上される。減資の額がこの前期末の特別表示の在高を上回るときには，この税務上の出資勘定に貸記される（法人税法第28条2項2文）。

2　現物出資による資本金増加

税務上，DES による債権放棄は，会社側にとって債権による出資とみなされる（所得税法第4条1項7文・6条1項5号）。判例では，債権者の誰も投資しておらず，更生を要する会社と会社関係にないときに，会社更生のケースでは債権放棄は会社法上の原因となると推測される。

債権は部分価値で評価される。ここで部分価値とは，事業全体の取得者がその総購入価格の範囲で各経済財に付すはずの金額をいう（所得税法第6条1項3文）。この債権の部分価値は債務者の支払能力及び支払の同意に影響される。

しかし，会社の貸借対照表における債務超過からは直ちに当該債権の価値損失とは判定できない[15]。それ故に，会社に多額の秘密積立金があるとき，あるいは債権が即座に支払期限が到来せず将来に分割弁済されるときには，貸借対照表上の債務超過にもかかわらず，債権の券面額で計上されうる。同様に会社が一般資本市場から新規の借り入れができないときにも，当該債権の価値が喪失したとは必ずしも判断されない[16]。原則として税務上DESの実施前に債権の価値が維持されている点に十分な報告と説明が必要となる。その点から，いずれにせよ債権価値が維持されている点を立証しておくために，公認会計士に鑑定してもらい，それが会社法上の理由によるDESであることをあわせて確認しておくことが望ましい。

債権の部分価値による評価の結果，すでに債権としての価値を喪失している部分については，会社側では税務上の収益となる。いわゆる更生利益がこれである。一方，債権者側は債権により現物出資について交換に準じた取引とみなし，債権の譲渡価値をベースとした普通価値で評価する（所得税法第6条6項1文）。これと券面額との差額は費用に計上する。

3 更生利益の取扱

この更生利益に関しては税務上変遷がある。

1997年までは更生利益について一定の条件のもとで更生特典（Sanierungsprivileg）があり非課税とされた（1997年改正前所得税法第3条66号）。1997年の所得税法の改正でその規定が削除された。

2003年に連邦財務省は更生免除（Sanierungserlass）を公表した。これによると，1997年改正前所得税法第3条66号と同様に更生利益の特典を復活した。その条件は，企業が更生でき更生の必要性があり，債務免除が更生に適していること，そして債権者の更生意図である。更生計画が整っておれば，その更生条件が満たされると推測される。この更生条件を満たすと，第1に更生利益は当期損失及び繰越損失と相殺できる。第2に，納税者による更生特典の申請を税務当局が認可したときには，更生利益に対する課税が猶予され（租税通則法第222条），場合によっては免除される（租税通則法第227条）。更生利益と損失の相殺に関して当期損失との相殺は100%可能だが，繰越欠損金との相殺は総所得

の75％までに限られる。したがって，25％については最低利益課税が実施される。

2008年に法人税法第8c条が新たに設けられた。これに従うと，更生利益の課税は次のように変更された。5年以内に直接的あるいは間接的に構成員の権利や議決権の25％以上で50％以下の比率を取得したときには，繰越欠損金はその持分割合だけしか更生利益と相殺できず，残余分はそのままである。その割合が50％を上回るときには更生利益と繰越欠損金の全額とを相殺できる。この規定により，持分割合が25％から50％までの間のケースでは，更生利益を繰越欠損金の全額と相殺できない。

この欠点を是正するために，さらに2009年7月には法人税法第8c条1a項が設けられた。この規定によれば，支払不能もしくは債務超過を防止し，同時に重要な事業構成を維持するための更生措置が講じられるときには，出資者の変更に伴う繰越欠損金の相殺が持分比率にかかわらず，認められる。ここで重要な事業構成の維持とは，その事業の取り決めのなかに5年間にわたって給料の金額が従来の給料水準と比べて80％を下回らないか，あるいは資本会社に対して出資により重要な事業財産を提供することを前提とする。

しかし，この新たな更生措置に関する規定に対して2010年2月にEU委員会からEUのスタンスに抵触する疑義があるという通告を受けた。その結果，2010年4月にBMFはその通達のなかでこの新規定をEU委員会の審査が終了までは適用しない旨を公表した。

Ⅳ D M S

1 DES と DMS

すでに触れた通り，DESの場合には価値をもたない債権部分は商法上一般に会社側において事業上の収益として計上される。更生計画が税務上認可されたときには，たしかに更生免除を受けることができる。しかし，それが認可されないときには更生免除は受けられない。同様に新たに規定された更生条項，つまり出資比率にかかわらず一定の要件を満たす出資者の変更に伴う当期利益

と繰越欠損金との相殺は，EU委員会の審査により目下適用できない状況にある。その結果，持分比率が25％以上で50％以下のケースではその持分割合部分しか繰越欠損金との相殺ができない。

このようなDESに含まれる税務上の問題点から登場したのがDMSである。DMSの基本的前提は，まず会社側では次の点にある[17]。

第1は，持続的に業績のプラス方向が買収やあるいは所有者の交代によって阻害されている。第2は，借入の負担が重く，その利息及び返済が予定されている期間にキャッシュ・フローによって支払うことができず，債務超過の可能性がある。第3は，成果並びにキャッシュ・フローを改善し，現在の負債をリストラ負担分及びDMSも含めて再調達できる業務上のリストラ策がある。第4は，更生にとっての資金が不足している。第5は，出資者は更生に出資しようとするが，しかしその負担分を自己資金からすべて賄うことができない。

次に資本提供者側では以下の3つの条件が必要である[18]。第1は，企業の清算価値がリストラ策の終了時点で持続的な企業価値よりも低く，それによって事業の解散に比べて債権の一部放棄が有利に働くことが確保されている。第2は，差し迫ったリストラを流動性の促進によって行う準備が整っている。これによりリストラ等によって企業価値の増加が見込まれている。第3は，現在の持分所有者に信頼性があり，しかもリストラの実施の能力と意向がある。

2　DMSの特徴

(1)　商　法　面

DMSの特徴は，商事貸借対照表においてDMSが自己資本の部に計上される点にある。商法上において享益権[19]を自己資本とみなすメルクマールには次の4つの要件がある。

① 倒産時もしくは清算時にすべての債権者の弁済後における劣後性がある。

② 成果に依存した報酬のタイプで，それは配当可能な自己資本の構成要素から支払われる。

③ 投資された全額の損失負担がある。

④ 資本提供の長期性があり，少なくとも金融機関法第5条の定める5年間

の支払期限があり，しかも最低2年間の解約制限がある。

(2) 税　法　面

　法人税法上の自己資本に関する要件は享益権において利益の参加と清算剰余額の参加である（法人税法第8条3項2文）。この2つの要件を満たせば，この享益権は出資に近いタイプとみなされる。これに対して，2つの要件のうちで清算剰余額への参加が欠けているときには，享益権は税務上自己資本ではなくて他人資本として取り扱われる。これは債務に近いタイプとみなされる。その結果，享益権に対して支払われる報酬は所得からマイナスでき，営業税法でも営業収益から控除できる（営業税法第7条）。

　この点に関して，税務当局は必ずしも清算剰余額への参加という要件にこだわらず，享益権の返済期間が30年を超えなければ十分とみなす[20]。

3　DMSの実施と留意点

(1)　DMSの実施方法

　DMSの実施に際しては以下の点がポイントとなる。

　第1に，債務の順位を優先的なものから劣後的なものに変更する。これによって企業は業務上さらに必要な投資へのファイナンスに対する機会を獲得できる。この追加的なファイナンスの面から，メザニンによる借入金は一般に支払期限が最も遅く到来する借入金となる。このメザニンによる借入金の支払利息もまた同様に企業の存続が終了する時点ではじめて支払期限が到来する。その結果，メザニンの借入金に対してその提供者のリスクが高まるため，一般市場利率よりも10%から12%の利率が設定される。

　第2に，劣後債[21]への転換に伴い他人資本提供者の権利は弱まる。メザニンの借入金による劣後性のため，その権利者の執行の可能性が通常のシニア債の執行後60日から120日の間に延期される。この期間中にはシニア債権者だけが執行できる。このシニア債権者による執行が万一放棄されても，メザニン債権者の放棄には影響しない。

　第3に，他人資本の担保に関してはシニア債権者もメザニン債権者も同等の取扱である。企業のすべての資産が担保の対象となる。事実上必要ない資産の

換金は，リストラ策の範囲内で許容され，あるいは個別的な了解のもとで実施される。コンツェルン企業のリストラを可能とし，損失に対して他人資本提供者を担保で保証するためには，子会社もしくは結合企業が債務者としての信用保証としての役割を果たすことになる。

(2) DMSの留意点

DMS実施の留意点は以下の通りである。

第1は，DMSにおいてファイナンス上の制限が生じうる。多国籍企業では各国の子会社はそれぞれの金融機関を必要とする。そのため，その企業行動には通常各地域ごとでの範囲等においてファイナンス上のガイドラインの上限が設定されるのが普通である。この範囲内で利子もしくは為替のヘッジを要する金融上のガイドラインに即した貸借関係の取り決めが結ばれる。企業の債権が担保となるときには，ファクタリングもしくは動産・債権担保による融資の可能性に限定される。

DMSの時点で企業がまだ事業上不可欠でない資産を利用できるときには，その売却義務が課せられる。

第2に，DMSには一定の余裕期間が必要となる。DMSとリストラ策とがセットとなるケースが一般的であるので，企業は両者について弾力的に対処している姿勢が要求される。その意味で，利害関係者からDMSの了解を取り付けるには一定の時間的余裕が必要となる。

DMSの対象とはならない債務を従来通り債務のままとする際に，このグループの各債務についてあらかじめ解約，返済もしくは借り替えといった措置を講じておくのが望ましい。場合によっては，このような措置が許容されるのであれば，DMSよりも効果的となりうる。

メザニン債権者にとっては支払期限の延長に伴う仕入債務の増加によるリスクに関心がある。それ故に，その絶対額ではなくて特定の比率を通じて一定水準に保つことが必要となる。メザニン債権は債権と棚卸資産を常に担保に適するものと捉えており，仕入債務の増加はこれに反する結果をもつ。売上高の回収による再投資にあたって，たいていリストラ策の拘束があるのが通常である。その補塡の可能性があり，あるいは債権者に業績を上回る分が配当され得

ない裁量の余地が認められると，企業にメリットがある。

このように，DMSには商法上の自己資本比率を高め，税務上その報酬の費用計上が可能となるメリットがあるが，その実施に際して一定の要件を満たすことが必要である。

VRDES

1 RDESの概要

RDESの特徴は以下の通りである。

まず債権者が新設の資本会社に対して新しい持分との交換で債務者企業に対して従来と同一の投資比率で自己の債権を現物出資する。次に債務者企業はその事業全部もしくはそれに類する事業部門を当該債権者の債務も含めて分割し，新設の資本会社の会社権と交換する（組織変更法第123条3項1号）。会社はこの2つの手続によるRDESを通じて伝統的なDESと同様の効果をもつ。すなわち，債権者の債権が新会社に移転するとともに，それに対応する債務者企業の債務も新会社に移転するからである。その結果，新会社の資本金は法の定めがあるので，DESに生じうる債権の過大評価による追加出資の責任を回避できる[22]。さらに，その報告義務も生じない。企業の分割に際して債務者企業の出資者は脱退請求権を適用できずに，そのまま新会社の株主となる。このため，RDESはDESと異なり，債務者企業の繰越欠損金に対する更生利益課税に大きな威力を発揮する。

2 RDESに対する税務上の取扱

(1) 繰越欠損金との相殺問題

RDESにおいては，債務者企業への出資比率に変化はないので，法人税法第8c条で規定する前提，つまり繰越欠損金の消滅に対する従来の法律状況は適用されない。その結果，分割される企業で生じる債務者企業の法人税法上及び営業税法上の繰越欠損金は新会社には移転しない。しかし，RDESの実施後には少なくとも債務者企業でそのまま繰越欠損金の金額は残る。債務者企業が全

く業務をしないときには，繰越欠損金と投資収益との相殺のみが問題となる。但し，その相殺は限定的である。資本会社の投資収益は法人税法第 8b 条により大幅に非課税だからである。

　繰越欠損金との相殺の余地が生じるのは RDES が税務上の簿価ではなくて，この税務上の簿価を上回る時価あるいは両者の中間価値で実施されるケースである。時価または中間価値に従うときには，それと簿価との差額が繰越欠損金と相殺できる可能性がある[23]。

(2) 分 割 利 益

　伝統的な DES と同様に RDES においても債務者企業の財産の新会社への分割は税務上交換に類似した取引と解される。債務者企業の財産を新会社に譲渡する反対給付として新会社の持分を取得する。ここで債務者企業における譲渡財産の簿価と新会社における財産の時価との差額は税務上課税所得となる。この分割利益は債務者企業の当期損失と無制限に相殺できる。相殺できずに残った利益部分については所得税法第 10d 条 2 項の最低課税後において繰越欠損金と相殺できる。それでもなお残余の利益部分が生じるときには，税務当局の認定を受ければ，税猶予もしくは税免除となりうる。

　一方，新会社が当該財産を普通価値で引き継ぐときには，追加的に高い減価償却の可能性があり，税務上のメリットがある。

　債務者企業の財産譲渡に関して時価もしくは中間価値に代えて簿価を用いるケースもある。これによると，分割利益は発生しない。但しこの適用には条件がある。

　第 1 に，分割の対象が組織変更税法 (Umwandlungssteuergesetz) 第 20 条 1 項で定める債務者企業の事業全体もしくは事業の一部である点である。税務当局及び判例によれば，事業の一部については組織上あるいはある一定の独立性のある事業全体の一部と解されている。その場合，主たる事業から空間的な分離と物的な区分とが基準となる。この点からいえば，RDES のケースはこの要件を満たすかどうかは各ケースで異なる。一般にそれをクリアするのは困難な場合が少なくない。

　1990 年の EU による税務上の合併指令 (Fusionsrichtlinie) によると，それは事

業の一部では資産及び負債に関して組織面から独立した事業であり，自己資金により一単位として機能する事業と定義される。この定義では分割される企業側においてではなくて，受入企業側の面が判断基準として重視される。その結果，RDESにそれが適用される可能性がある。

第2に，会社分割にあたって債務超過の場合には簿価または部分価値の選択権は要求できない（組織変更税法第20条2項2文2号）。このため，この債務超過を解消するためには，譲渡資産の時価評価が必要となると同時に，必要な範囲で多額の負債を債務者企業から新会社に移転したり，あるいは分割以前に債務の一部を放棄してもらい，それによって生じる利益について更生免除を申請できる。この税務上の利益は債務者企業の繰越欠損金と相殺できる。RDESの実施に際してこの債務超過を回避するためには，重要でない債務を債務者企業のままとして移転させないか，あるいは分割前に債務の一部の放棄をしてもらい，更生利益に対する免除手続を申請しておくことが必要となる[24]。

第3に，新会社に対して分割が普通価値ではなくて，それを下回る簿価もしくは中間価値で実施し分割利益の課税が生じないときには，債務者企業が投資を少なくとも7年間継続する必要がある。7年間以内に債務者企業が新会社の投資を売却するときには，分割時点で非課税であった利益は遡及的に課税される。但し，事後的な課税義務は7分の1だけ減少する。

(3) 債権と債務の相殺による利益

RDESもDESと同様に債務の簿価とそれに対応する債権の普通価値との差額について新会社では課税利益が発生する。それが組織変更税法第20条で定める分割に該当するときには，課税利益をマイナスする準備金に計上できる（組織変更税法第23条6項，第6条3項）。この準備金は次期以降3年間にわたって3分の1ずつ取り崩して利益を増加させる。ところが，この処理はDESでは不可能である。分割財産が問題ではないからである[25]。

RDESが簿価で行われず，利益が新会社の税務上の当期損失と相殺できないときには，DESと同様に税免除の申請が問題となる。もちろん，それが認可されないというリスクはある。この点に関して税務当局による税免除の認可基準は，すでに触れた租税通則法第227条に基づいて判断される。その点では両

者の取扱には違いはない。

　仮に税務当局が更生利益で生じる税の免除に同意しないと仮定すれば，債権者は価値を喪失した債務者企業の債権部分を分割前にあらかじめ放棄しておくことが代替案として考えられる[26]。

　このように，RDESは更生利益に対する課税を回避しうる手法であるが，ただ繰越欠損金の経済的利用及び分割された経済財の時価評価に伴う新たな税務問題が生じうる。また，RDESには分割される債権者企業における出資者の決議が必要であり，さらにこれまでの経営者がもはや事業経営に参画できなくなる点にも留意する必要がある[27]。

VI　結

　以上の論旨を整理すれば以下の通りである。

　第1に，ドイツ商法上DESは簡易の減資と現物出資の二段階手続と解される。債務者企業の処理法としては，債権者側の立場から債権の出資と解する時価説と，会社側の立場から貸方項目間における単なる振替取引とみなす券面額説とが対立する。前者は時価をベースとし，債務者企業には価値を有する債権部分の時価と簿価との差額について債務免除益が生じるが，後者ではこれは発生しない。このDESとは異なるが，債務者企業の持分を投資者が取得して所有者となり，その後でその投資者が自己の債権の一部を放棄してDESと同一の効果をもつ方法もある。

　第2に，ドイツ税法上DESは簡易の減資に対しては払込資本の減少，現物出資は会社側では債権の出資とみなされる。その場合，債権は部分価値で時価評価され，価値を喪失した債権部分は税務上の利益（更生利益）となる。この更生利益に対する課税をめぐって近年いろいろな見解及び解釈が展開されている。債権者側は債権の譲渡価値である普通価値で評価される。

　第3に，DESに代わって商法上は自己資本比率を高めるとともに，税務上はその報酬を課税所得計算から控除できる一定の要件を満たす享益権を用いたDMSが登場している。企業再生の一環として注目に値する手法で，わが国においてもその導入の可能性を今後早急に検討すべきである。

第4に，DESとは違ってRDESは更生利益課税を回避するための手法で，まず債権を新設会社に現物出資し，当該会社にその後で債務者企業の企業財産を吸収分割させる。

このようなDES及びDMS・RDESにみられるドイツの動向は，わが国の会社法及び税法における会社再生の処理においても大いに注目に値する。

注

（1） この詳細は拙著，『資本会計制度論』森山書店，平成20年，87-89頁参照。
（2） M. Scheunemann・G. Hoffmann, Debt-Equity-Swap, in : Der Betrieb, 第62巻第19号，2009年5月，984頁。
（3） H. J. Priester, Debt-Equity-Swap zum Nennwert ?, in : Der Betrieb, 第63巻第26号，2010年7月，1447頁。
（4） H. J. Priester, 前掲論文注(3)，1447頁。C. Hohlbein, Sanierung insolventer Unternehmen durch Private Equity, Sipplingen, 2010年，224頁。
（5） H. J. Priester, 前掲論文注(3)，1449頁。C. Hohlbein, 前掲書注(4)，224頁。
（6） H. J. Priester, 前掲論文注(3)，1450頁。
（7） A. Cahn・S. Simon・R. Theiselmann, Debt Equity Swap zum Nennwert !, in : Der Betrieb, 第63巻第30号，2010年7月，1629頁。
（8） A. Cahn・S. Simon・R. Theiselmann, 前掲論文注(7)，1631頁。S. Heintges・P. Urbanczik, Debt for Equity Swaps und deren Auswirkungen auf die Vermögens-, Finanz- und Ertragslage, in : Der Betrieb, 第63巻第27/28号，2010年7月，1471頁。
（9） A. Cahn・S. Simon・R. Theiselmann, 前掲論文注(7)，1631頁。
（10） A. Cahn・S. Simon・R. Theiselmann, 前掲論文注(7)，1632頁。
（11） A. Cahn・S. Simon・R. Theiselmann, 前掲論文注(7)，1631頁。
（12） この点については，拙稿，「ドイツ出資会計制度」『會計』第178巻第4号，平成22年10月，5-6頁。
（13） R. Redeker, Kontrollerwerb an Krisengesellschaften : Chancen und Risiken des Debt-Equity-Swap, in : Betriebs-Berater, 第62巻第13号，2007年3月，679-680頁。
（14） この具体的な処理については，拙著，前掲書注(1)，73-74頁参照。
（15）（16） M. Scheunemann・G. Hoffmann, 前掲論文注(2)，985頁。
（17） H. Oelke・H. T. Wöhlert・S. Degen, Debt Mezzanine Swap-Königsweg für die Restrukturierungsfinanzierung ?, in : Betriebs-Berater, 第65巻第6号，2010年2月，300頁。
（18） H. Oelke・H. T. Wöhlert・S. Degen, 前掲論文注(17)，300-301頁。

(19) 享益権については，拙著，前掲書注(1)，169-188頁参照。
(20) S. Hofert・C. Möller, GmbH-Finanzierung : Debt Mezzanine Swap-der bessere Debt Equity Swap für Unternehmen in der Krise, in : GmbH-Rundschau, 第100巻第10号，2009年，530頁。
(21) 劣後債の処理については第10章参照。
(22) R. Drouven・J. Nobiling, Reverse Debt-Equity-Swap-Auch steuerlich eine Alternative ?, in : Der Betrieb, 第62巻第36号，2009年9月，1895頁。
(23) R. Drouven・J. Nobiling, 前掲論文注(22)，1896頁。
(24) R. Drouven・J. Nobiling, 前掲論文注(22)，1898頁。
(25) R. Drouven・J. Nobiling, 前掲論文注(22)，1898-1899頁。
(26) R. Drouven・J. Nobiling, 前掲論文注(22)，1899頁。
(27) C. Hohlbein, 前掲書注(4)，292-293頁。

第12章

合併の会計

Ⅰ 序

　わが国の合併規定は会社法第748条から第757条のなかで規定されており，会計規定については会社計算規則第35条及び第36条，さらに第45条から第48条で具体的に規定している。税法は合併に関して法人税法第2条12の8から12の17までと，第62条を中心に規定している。ドイツにおいては，わが国の場合とは異なり合併に関して商法及び税法とは別の制度が制定されている。組織変更法と組織変更税法がこれである。前者は1994年に，後者は1995年にそれぞれはじめて制定された。その後いくつかの改正を経て今日に至っている。そこで示されている合併の会計処理は必ずしもわが国及びIFRSのそれと同じではなく，ドイツにおいては固有のユニークな会計処理が行われてきている。

　本章では，この合併に関するドイツの会計処理の特徴を明らかにすることにしたい。

Ⅱ 組織変更法における合併の処理

1 組織変更法制定の経緯

　株式会社の合併に関してドイツ商法はすでに1861年普通ドイツ商法第215条及び第247条のなかで規定した。その後，例えば株式合資会社を株式会社に組織変更したり（普通ドイツ商法第305条），株式会社を有限会社に組織変更する規定などが整備された（1892年有限会社法第80条及び第81条）。1937年株式法は

一方で資本会社の合併を定め，他方で資本会社間の組織変更も定めた。いわゆる合名会社などの人的結合体の組織変更が可能となったのは1956年である。そこでは資本会社を人的結合体に組織変更することが認められ，1969年には人的結合体を資本会社に組織変更することも認められるようになった。

このように，ドイツでは組織変更の一環として合併が位置づけられてきており，1982年のEUにおける第3号の合併指令等についてもドイツ法への変換を加味しながら，1994年に組織変更法が制度化された。そこでは組織変更自体について明確な定義をしていないが，合併，分割 (Spaltung)，財産譲渡 (Vermögensübertragung) 及び組織変更に関する規定が定められている。この組織変更法は1998年，2007年，2009年に一部改正され，今日に至っている。

なお，組織変更法における合併処理は，後述する組織変更税法とは異なり，企業形態のいかんにかかわらず被合併側と合併側の処理は同一である。以下においては，主として法人間の合併を中心に論じる。

2 被合併法人側

被合併法人は合併の申請に際して商法上の最終貸借対照表 (Schlußbilanz) を作成しなければならない (組織変更法第17条2項)。これは商業登記簿への申請における貸借対照表だけを指し，損益計算書は含まれない。この最終貸借対照表は成果貸借対照表であり，けっして財産貸借対照表ではない。その貸借対照表は以下の機能を有する[1]。

① 貸借対照表継続性。合併法人は移転財産をこの最終貸借対照表で示されている簿価を取得原価とみなして計上することができる。
② 債権者保護。合併法人の債権者はこの最終貸借対照表を通じて組織変換法第22条2項に基づいて担保保証を請求すべきかどうかを判断することができる。
③ 成果の確定。最終貸借対照表は被合併法人の成果の確定に役立ちうる。
④ 会社の消滅による減資の必要性。最終貸借対照表で示されるべき自己資本に従い，組織変更法第139条及び第145条に基づいて減資が必要かどうかが原則として決定される。

これに対して，最終貸借対照表は組織変更法第5条1項3号が定める合併比

率の確定や，利益処分の目標をもつ被合併法人の年次成果の測定には関係しない。

　最終貸借対照表は合併の申請日前8ヶ月を限度までに作成されうる（組織変更法第17条2項）。これにより被合併法人には前期末の貸借対照表をこの最終貸借対照表として利用しうる[2]。その結果，最終貸借対照表はその計上項目及びその評価に関して原則として年次貸借対照表の作成基準としてのGoBに従い，簿価に基づいて作成される[3]。その評価は実現原則に基づき，時価による評価は認められない。というのは，合併行為はけっして実現という事実に結びつかず，秘密積立金をオンバランスさせる販売行為とはみなされないからである。合併は被合併法人と合併法人との間の給付交換（Leistungsaustausch）である[4]。

　この最終貸借対照表に関してこの組織変更法第17条2項2文を重視する通説では，その貸借対照表の目的は資本金増加のコントロール及び債権者保護を中心とすると解される。その結果，最終貸借対照表は財産貸借対照表とみなされる。そこでは損益計算書も附属説明書も特に必要ない。これに対して，被合併法人と合併法人との間における財産及び成果の確定に最終貸借対照表の目的があると解すれば，その貸借対照表自体では不十分となる。損益計算書も併せて作成しなければならない。さらに附属説明書の作成も望ましい[5]。この見解では組織変更法第17条における年次貸借対照表は年次決算書と同義とみなされる。

　この最終貸借対照表のほかに場合によっては合併のプロセスで有限会社の出資者総会前及び株式会社の株主総会前に中間貸借対照表（Zwischenbilanz）の作成が必要となることもある（組織変更法第49条2項，第62条3項，第63条1項2号）。この中間貸借対照表は貸借対照表と付属説明書から成る[6]。

3　合併法人側

　資本会社同士が合併する場合，旧組織変更法では被合併法人の最終貸借対照表で計上された項目及び金額がそのまま合併法人の年次貸借対照表に引き継がれた。この簿価引継ぎの義務は貸借対照表継続性に貢献し，合併に伴う財産移転の恣意的な評価を回避する必要があるという点にその理由があった。しか

し，この厳格な簿価引継ぎは合併法人の財産及び収益状況と貸借対照表に基づく合併法人の配当限度額を減少させる合併損失とを的確に表示しない結果をもたらした。この欠点は，新株発行による資本金増加のケースにおいてだけ合併差益に相当する調整項目（Ausgleichsposten）の設定による合併差損の成果中立的処理によっても取り除くことはできなかった。

このような事情から1994年に改正され現行法上の組織変更法は一元的な簿価引継ぎルールを変更した。これによると，従来と同様に被合併法人の簿価または商法第253条の意味における事実上の取得原価のいずれかを選択適用できる（組織変更法第24条）。つまり，合併法人には移転する財産に対して評価選択権がある。

合併法人にとって合併は被合併法人からの財産移転を伴う交換取引と解される。

(1) 簿価引継ぎ方式

合併法人が簿価引継ぎ方式を選択すると，貸借対照表項目の計上範囲がまず問題となる。かりに組織変更法第24条を純然たる評価規定と捉えると，貸借対照表への計上項目は評価規定に左右されず，それから別個の問題として取り扱われる。その結果，例えば被合併法人に計上されていない自己創設の無形固定資産やのれんも合併法人には計上できることになる。しかし，かかる解釈は一般的ではない。通説は，従来の強制的な簿価との連関を当該規定の目的として堅持したままであると解する。したがって，被合併法人の最終貸借対照表の項目がベースとなる。合併法人において繰延税金の実質的な前提がなくとも，被合併法人の繰延税金は引き継がれる。旧商法では資産化できた自己持分は商法改正に伴い資本の控除とみなされ，簿価引継ぎ方式でも資産化できなくなった（商法第272条1a項）。

合併費用は簿価引継ぎでは取得原価の付随費用として資産化できない。

この簿価引継ぎ方式の論点は以下の通りである。

第1は，資本金増加による発行価額が移転財産の簿価を上回る場合のケースである。移転財産の時価が発行価額をカバーしていれば，このケースは容認されるというのが通説である[7]。これに対して，移転財産の時価が少なくとも

発行価額に等しいという実質的資本調達原則と並んで，発行価額が少なくとも資本金，通常は出資に等しいという形式的資本調達原則も満たす必要があるという少数説もある。この見解によると，時価が発行価額を上回っていても，移転財産の簿価が発行価額を下回るときには，簿価引継ぎ方式に対する選択権の制限が存在する[8]。これとの関連で問題となるのは，たしかに被合併法人の純資産の簿価が合併法人の発行価額または消滅する投資の時価よりも上回る場合である。これは特に市場価値による企業価値が純資産の簿価を下回るケースである。合併法人にはその差額について配当可能な年度剰余額が生じてしまい，商法第264条2項1文で定める真実な写像表示に反する[9]。

第2は，簿価引継ぎ方式による合併差損益の処理である。まず資本金の増加を伴わない合併についてである。これは移転財産の簿価に対して合併法人が自己持分を譲渡したりあるいは投資持分を消滅させる合併である。このケースにおいて生じる合併差額のうち合併差損は損益計算書に特別損失として表示する[10]。たとえば，子会社の100％を投資する親会社及び子会社の貸借対照表が以下の通りであると仮定する。

	親会社				子会社		
子会社株式	400,000	資本金	100,000	固定資産	400,000	資本金	100,000
流動資産	300,000	資本準備金	50,000	流動資産	500,000	利益準備金	200,000
		他人資本	550,000			他人資本	600,000
	700,000		700,000		900,000		900,000

但し，親会社には秘密積立金が50,000ユーロ，子会社には100,000ユーロそれぞれある。この100,000ユーロのうち40,000ユーロは流動資産に，残りの60,000ユーロはのれんにそれぞれ相当する。親会社が子会社を合併すると，以下の仕訳で示すように，子会社株式の簿価400,000ユーロと子会社の自己資本との相殺により，100,000ユーロの合併損失が生じる。

（借）資 本 金	100,000	（貸） 子会社株式	400,000
利益準備金	200,000		
合 併 損 失	100,000		

その結果,合併貸借対照表は以下の通りである[11]。

合併貸借対照表

固定資産	400,000	資本金	100,000
流動資産	800,000	資本準備金	50,000
		合併損失	(100,000)
		他人資本	1,150,000
	1,200,000		1,200,000

　これは上記のように親会社が子会社株式を有する場合のほかに,新持分を発行し資本金 400,000 ユーロを増加させる場合や自己持分を供与する場合も同様である。合併損失を計上するのは,商法上それが額面未満による持分発行を意味するからである[12]。のれんあるいは合併超過価値（Verschmelzungsmehrwert）として計上できない[13]。この合併損失を自己資本と直接的に相殺すべきという見解もある[14]。資本金増加を伴う合併は明らかに出資取引であり,この出資取引は損益計算書に示されず,自己資本として把握するのが理論的だからである。

　資本金の増加を伴う場合に生じる貸方側の合併差額の処理はそれとは若干異なる。たとえば,合併法人の時価は資本金 100,000 ユーロ,利益準備金 50,000 ユーロ,秘密積立金 50,000 ユーロであり,時価合計は 200,000 ユーロであるとする。被合併法人の時価は資本金 100,000 ユーロ,利益準備金 200,000 ユーロ,秘密積立金 100,000 ユーロであり,時価合計は 400,000 ユーロであるとする。その結果,その比率は 1：2 である。これに基づいて自己資本 200,000 ユーロの合併法人は被合併法人に対して 300,000 ユーロの払込資本を増加させる。この場合,資本金に組み入れる金額が 200,000 ユーロであるとすれば,その差額 100,000 ユーロが合併差益である。

　　（借）純資産　　　　　　　300,000　　（貸）資　本　金　　　200,000
　　　　（簿価）　　　　　　　　　　　　　　　　合併差益　　　　100,000

　資本金の増加を伴うときに生じる合併差益は,いわゆる株式払込剰余金と同様に商法第 272 条 2 項 1 号の拘束性のある資本準備金に計上する[15]。

　2010 年の改正商法以前では,自己持分は原則として資産と解されていた。

Ⅱ 組織変更法における合併の処理 275

その結果，被合併法人からの財産に対する自己持分の供与により生じる借方差額は資本金の増加と関係しないので，合併損失として当期の損益に処理してきた。自己持分を新たに資本の控除と解する改正商法後も依然として同様の処理を主張する見解がある[16]。自己持分の供与による貸方差額については資本金が増加しないので，一方で合併差額を合併利益として当期の損益に計上する見解[17]と，他方で改正商法後において自己持分の処分は経済的にみて資本金増加と実質的に同じ効果をもつので，出資として商法第272条2項1号の拘束力のある資本準備金に計上すべきとする見解[18]とが対立する。

合併法人が被合併法人にすでに投資しているときには，資本金の増加を伴わない合併がある。この合併は無条件に許容される見解[19]と，子会社に対して90％以上の投資している親会社がこの子会社を合併する際にかなりの合併差損が発生する場合には，配当財源が減少するので，合併決議に際して親会社株主の同意が必要であるという見解もある[20]。この資本金が増加しない合併で生じる合併差損益は，通説によると当期の損益に計上される。

(2) 取得原価方式

簿価引継ぎ方式に代えて取得原価方式を合併法人は選択適用できる。この取得原価方式において問題となるのは，この取得原価の解釈である。

これにはまず被合併法人の財産に対する反対給付の価値で評価する考え方[21]がある。出資請求権は対価として支出された取得原価と等しい点にその根拠がある。これに従うと，移転財産に対する対価として犠牲とされる新持分の発行価額が取得原価となる。これに対して，合併は合併法人にとっては被合併会社による現物出資であるので，持分の発行価額に代えて新持分の時価を取得原価のベースとすべきという考え方[22]がある。

この2つの考え方のうち通説は前者の持分の発行価額を原則とする。但し，この金額が現物出資財産の時価を上回るときには持分の発行価額で評価されるけれども，その差額は出資者に対する補塡請求権（Ausgleichsforderung）が発生する。持分の発行価額が現物出資財産の時価を下回るときには持分の発行価額あるいは財産の時価評価に関して合併法人に選択権があると解する見解[23]と，財産の時価で評価すべきとする見解とがある[24]。

このケースにおいて，かりに持分の発行価額で評価すると，現物出資財産の時価と持分の発行価額との間に秘密積立金が形成される。しかしそれは資本準備金としてオンバランスされず，問題を含む。現物出資財産の時価で評価すれば，これと持分の発行価額との差額は商法第272条2項4号の定める拘束性のない資本準備金と解され，出資者による自己資本の部に対するその他の追加支払額としての性質をもつ。

このような通説に対して，現物出資財産の時価をベースとすれば，その時価と資本金との差額が資本準備金となる。これは商法第272条2項1号で定める拘束性のある資本準備金に属する。但し，現物出資は取得に準じた取引である以上，現物出資の評価は供与される持分の発行価額及びその流通価値から切り離されて行われるけれども，持分の流通価値を上回ることはできない[25]。

(3) 特殊なケース

連結グループにおいて親会社が持分の100％保有する子会社間での合併のケース (side step merger) では，資本金の増加は発生しない。持分所有者には被合併子会社の価値が承継子会社の投資のなかで増加し，承継子会社には取得原価は存在しない。それを無償で取得する。この理由から，それを隠れた出資と同様にゼロ評価すべきという見解[26]が一方にある。他方で，ゼロ評価は商法第246条1項の完全性の禁止違反となるので，財産移転の時点で当該財産を時価評価し，その相手項目を商法第272条2項4号の非拘束性資本準備金に計上すべきであるという見解がある[27]。

子会社が親会社を合併するケース (down stream merger) において，子会社が資本金を増加させるときには，すでに触れた評価が適用される。持分の100％を保有されている子会社が親会社を合併するときには，子会社には資本金の増加はない。そこでは移転財産の取得原価は親会社の出資者持分によって決定される。

たとえば，親会社と100％保有の子会社の貸借対照表が次頁に示す内容であったと仮定する。

この合併について簿価引継ぎ方式を適用したときには，親会社の子会社に対する投資額300,000ユーロと親会社の純資産500,000ユーロとの差額200,000

	親　会　社				子　会　社		
固定資産	400,000	資本金	500,000	固定資産	100,000	資本金	200,000
子会社投資	300,000	他人資本	300,000	流動資産	400,000	他人資本	300,000
流動資産	100,000				500,000		500,000
	800,000		800,000				

ユーロが生じる。これは合併差益として処理される。その結果，合併貸借対照表は以下のようになる。

合併貸借対照表

固定資産	500,000	資本金	200,000
流動資産	500,000	合併差益	200,000
		他人資本	600,000
	1,000,000		1,000,000

　通説はこの合併差益を当期の損益計算書に計上する。これに対して，この合併差益は事業活動から生じたものではなく，むしろ会社関係に基づいて出資者によるその他の財産流入であるとみなして，商法第272条2項4号の拘束性のない資本準備金に計上すべきであるという見解もある[28]。

　これとは逆に合併差損が生じたときが特に問題となる。それはある意味で出資額の払戻しに相当する。したがって，合併差損が生じる合併は認められるのか否かが論点である。また，そのケースを容認するとしても，この合併差損を子会社の資本金を除く剰余金部分で補填できなかったり，あるいは債務超過をもたらす場合にはどのように対処すべきかという問題もある[29]。

III　組織変更税法における合併の処理

1　被合併法人側

　一般規定に従うと，合併は被合併法人にとって税務上強制的な利益実現取引である。これは納税主体主義（Subjektsteuerprinzip）から生じる。これによれば，税負担は法人において財産増加から発生する。この納税主体原則は担税力の構

成要素であり，秘密積立金が計上され，それを通じて被合併法人は税負担が生じる[30]。その結果，被合併法人では譲渡資産に関する普通価値による財産評価が原則である（組織変更税法第1条1項）。ここで普通価値とは資産の市場価値を中心とし，各経済財の売却価値等を考慮して決定される。

但し，以下の3つの要件を満たすときには，税務上評価選択権が可能である。その要件は以下の通りである。

① 合併以降において合併法人に移転する経済財に対して法人税への課税が確保されている。
② 合併法人に移転された経済財の売却課税についてドイツの権利がある。
③ 反対給付が全く供与されない場合あるいは反対給付として会社権だけしか供与されず金銭の支払いがない。

このうち③に関して付言すると，反対給付が供与されないケースとは，アップ・ストリームの合併に際して合併法人が被合併法人の持分に対して100％を投資していれば，財産移転に伴い反対給付はない。また，ダウン・ストリームの合併では合併法人が自己の資本金の増加をしないケースがこれに該当する。というのは，被合併法人が保有する持分が出資者の脱退に十分だからである[31]。この2つのケースのほかに合併法人が反対給付として自己の会社権だけを供与し，金銭を全く支払わないケースも含まれる。

これらの①から③の要件すべてを累積的に満たすときには，普通価値に代えて簿価，それを上回る中間価値（Zwischenwert），普通価値を上限とする金額による評価選択権が被合併法人側にある（組織変更税法第11条2項）。その結果，被合併法人が簿価を選択したときには譲渡利益は生ぜず，税中立的に処理される。これに対して，被合併法人が簿価を上回る中間価値もしくはそれを上回る普通価値で評価したときには譲渡される経済財の仮定上の売却を伴う譲渡利益が生じる。

すでに触れた通り，簿価を適用するときには譲渡利益は生じない。これは，経済において経営経済的に望ましい組織再編に対して税の影響を及ぼさないという目標に基づく。この場合，簿価による評価は商事貸借対照表とは独立して実施される。このため，そこでは基準性原則は適用されない。この税中立性の根拠としては組織変更法の範囲における財産譲渡において，市場による所得の

実現が問題ではなく，一定の条件のもとで企業上の契約の継続が重要となる。それ故に，経済財が事業財産から分離するという意味での販売行為とはならない[32]。

(1) 現金の支払を対価に含む合併の設例

以下，対価として現金の支払を含む被合併法人における合併の設例を示す[33]。この被合併法人はすでに触れた①から③の要件をすべて満たさないため，普通価値で経済財を評価するケースを取り上げてその処理法を示す。被合併法人の資産の簿価及び普通価値が以下の数値であると仮定する。

	簿価	普通価値
の れ ん		80
無形経済財		40
固 定 資 産	200	360
流 動 資 産	100	120
	300	600

合併法人はこの被合併法人に対する反対給付として550の会社権を付与し，さらに50の金銭を支払うものとする。このケースにおいてはまず事業財産に対する譲渡資産の評価を以下のように計算する。

会社権の額（550）／普通価値（600）×簿価（300）＝275

この275を固定資産及び流動資産に簿価ベースで配分する。

	の れ ん	無形固定財	固定資産	流動資産	合　計
事業財産			183	92	275

一方，金銭の支払い50について各経済財について配分する。例えば，のれんに関して次の計算式で算定する。

のれんの普通価値（80）／すべての経済財の普通価値合計（600）×50＝7

以下，それ以外の項目も同様に計算すると以下の結果が得られる。

	の れ ん	無形固定財	固定資産	流動資産	合　計
評価引上額	7	3	30	10	50

これに基づいて各項目の金額は最終的に以下の表のようになる。このように，譲渡資産は簿価でもなければ反対給付の額でもなく，現金の支払額を一定割合で加算した各資産の簿価引上額で評価される。

	のれん	無形固定財	固定資産	流動資産	合　計
簿　　価			183	92	275
評価引上	7	3	30	10	50
計上金額	7	3	213	102	325

出典：G. Brähler, Umwandlungssteuerrecht, 第6版, Wiesbaden, 2011年, 249頁

(2) 譲渡利益の算定

被合併法人において簿価で経済財を評価すれば，譲渡利益（Übertragungsgewinn）は生じない。簿価以外の中間価値並びに普通価値で経済財を評価すると，秘密積立金の計上に対応する譲渡利益が発生する。譲渡利益は以下の式で算定される。

$$
\begin{array}{r}
\text{中間価値もしくは普通価値で譲渡する経済財} \\
-)\ \underline{\text{移転する経済財の簿価}} \\
\text{帳簿上の利益} \\
-)\ \underline{\text{組織変更費用}} \\
\text{営業税及び法人税前移転利益} \\
-)\ \underline{\text{移転利益に対する営業税及び法人税}} \\
\text{課税される譲渡利益}
\end{array}
$$

たとえば，ある会社の資産が350，資本金50，負債300であり，帳簿外の秘密積立金が350，追加的なのれんが50あると仮定する。当該会社の貸借対照表は以下の通りである。

貸借対照表

のれん	+50	50	資本金	50
資産		350	譲渡利益	400
+秘密積立金	+350		他人資本	300
	700	700		
		750		750

譲渡利益に対する課税は以下の通りである[34]。

	貸借対照表上の譲渡利益	400
	組織変更費用	0
	営業税及び法人税前譲渡利益	400
−)	営業税（14％）	56
−)	法人税（15％）	60
	課税される譲渡利益	284

2 合併法人側

合併法人側は原則として被合併法人の最終貸借対照表における財産評価を承継する（組織変更税法第12条1項）。その意味で評価の連携が存在する。ここでは基準性原則は適用されない。税務上合併法人は以下のケースに分けて処理する必要がある。

(1) 合併法人が被合併法人の持分を保有しているケース

合併法人が被合併法人の持分を保有しているときには，被合併法人に対する持分の簿価と移転する経済財の評価額との差額が生じる。これが移転損益（Übernahmegewinn oder -verlust）である。

例えば，親会社及び子会社の貸借対照表がそれぞれ以下の内容のときに親会

親会社貸借対照表

子会社投資	300	資本金	250
その他の資産	450	他人資本	500
	750		750

子会社貸借対照表

諸資産	250	資本金	100
		利益準備金	150
	250		250

社が100％子会社を合併すると，移転資産250と子会社投資300との差額50が移転損失となる。これは子会社の秘密積立金を示す。移転損失は被合併法人の負債が資産を上回るときにも生じる。

逆に移転利益は以下のケースで生じる。

親会社貸借対照表			
子会社投資	100	資本金	200
その他の資産	550	利益準備金	270
		他人資本	180
	650		650

子会社貸借対照表			
諸資産	370	資本金	100
		利益準備金	150
		他人資本	120
	370		370

このケースで被合併法人たる子会社が簿価による評価選択権を選択したときには，譲渡利益は生じない。これに対して，合併法人側ではこの合併取引は財産移転とみなされる。したがって，移転利益が次の式から算定される。

移転資産の金額（移転資産370と移転負債120の差額）	250
相殺される投資の簿価	100
移転利益	150

この合併法人の移転利益については，組織変更税法第12条2項1文の規定により原則として課税されない。但し，アップ・ストリームの合併では，法人税法第8b条1項1文の規定が適用され所得算定からは除外される。法人税法第8b条5項1文の規定により100％子会社のケースでは移転利益150のうちで95％は非課税だが，残りの5％，つまり7.5は事業支出として控除できない。合併後の貸借対照表は以下のようになる。

合併貸借対照表			
諸資産（550＋370）	920	資本金	200
		利益準備金	270
		移転利益	150
		他人資本（180＋120）	300
	920		920

親会社が子会社の持分を100％保有しておらず，例えば50％しか保有していないとき，譲渡される純資産と消滅する投資の簿価との間で生じる差額が400

あれば，そのうち持分割合に相当する 200 だけが移転利益となる。これが法人税法第 8b 条の適用を受け，その 5％ に相当する 10 は課税所得から控除できる事業支出に計上できない[35]。

ただ，この移転利益の計上には問題がある。というのは，それは法人間における非課税合併に反するし，合併法人が被合併法人に対して 10％ を上回らない投資についてだけ課税しうるという合併指令第 7 条の規定に反するからである[36]。

(2) 合併法人が被合併法人の持分を保有していないケース

合併法人が被合併法人の持分を全く保有しておらず，第三者が保有している合併のケースがある。ここではさらに合併法人の資本金が増加する場合と，資本金が増加しない場合とがある。

A 資本金が増加するケース

合併法人が合併に際して自己の新たな持分を被合併法人に供与する場合には，会社法上の出資に該当し資本金は増加する。ここでは移転損益は考慮外となる。移転資産の計上金額が新持分の額面金額を上回るときには，会社法上の出資に属する株式払込剰余金が生じる。

これに対して，新持分の額面金額を税務上の移転資産の額が下回るときには，額面未満発行となり，そのような持分発行は株式法上認められていない。この点に関して通説は税務上の利益測定における費用とみなさず，むしろ資産に対する資本のマイナスと解する[37]。

B 自己持分を供与するケース

合併法人が被合併法人に対して新持分の発行に代えて自己持分を供与するときには，それを交換取引とみなす見解がある。これによると，移転財産の価値と供与する持分の簿価との差額は利益として実現する。このようにして測定された利益は，法人税法第 8b 条 2 項・3 項 1 文の適用により利益の 95％ が非課税となる。

これに対して，被合併法人の経済財は合併法人に移転するけれども，自己持分は被合併法人の持分所有者に供与される。このため，自己持分の場合には，法人間の交換取引とはいえず，むしろこの財産移転は会社法上の取引をベース

としたものと解する見解がある。これによると、その差額は利益としての性質をもたず、出資として資本準備金に計上すべきものとみなされる[38]。

C アップ・ストリーム合併における価値取戻命令

被合併法人が投資簿価に関して過去において課税利益算定上すでに特典ある評価減していたときには、アップ・ストリームの合併では合併法人はその簿価について価額取戻命令がある（組織変更税法第12条1項2文）。例えば簿価が100、普通価値が130である持分の被合併法人を合併する際に、当該持分の原初的取得原価は150であるが、税務上の特典を利用した結果、その簿価は50である。移転する資産の評価額は800であると仮定する。その場合、持分の簿価50を100だけ引き上げて150としなければならない。但し、その持分の普通価値は130である。そこで、普通価値130と簿価引き上げ額100との差額、つまり30だけ評価差額が生じる。合併法人はこの30を当期の利益に計上する。移転利益は移転資産の評価額800から投資の普通価値130を控除した金額670である[39]。

D 繰越欠損金の取扱

合併法人が繰越欠損金を活用するときには法人税法第8c条の規定が重要である。これによると、その制度を利用するには一定の制限がある。投資期間が5年を上回り、かつその投資比率がポイントとなる。投資比率が25％までは繰越欠損金の控除は全額可能である。投資比率25％から50％までの範囲、例えば30％だと繰越欠損金の控除はその70％は可能だが残余の30％は控除できない。投資比率が50％を上回るときには、欠損金控除ができない。

このように、合併法人による繰越欠損金の控除は制限されている[40]。但し、この制限も①コンツェルン条項（法人税法第8c条1項5文）・②秘密積立金条項（法人税法第8c条1項6―8文）・③更生条項（法人税法第8c条1a項）において緩和措置が設けられている[41]。

①の内容は、同一法人が直接的及び間接的に合併法人及び被合併法人に対して100％投資しているときには、欠損金控除の制限はない。②の内容は、投資が50％を上回るときには秘密積立金が欠損金を上回れば、秘密積立金に対する投資割合だけ欠損金を控除できる。③の内容は、支払不能もしくは債務超過を回避し重要な事業構成を維持する一定の更生措置が講じられたときには繰越

欠損金の控除を容認する。

この③の規定は2010年2月にEU委員会からクレームがつけられ，EU委員会の審査が終了するまではドイツ連邦財務省はその法人税法第8c条1項の規定を適用しない通達を公表した[42]。

(3) 税務上の自己資本表示

税務上の自己資本は一般に資本金，税務上の出資勘定，中立的資産 (neutrales Vermögen) に表示される。このうち，税務上の出資勘定は出資者による会社法上の会社関係に基づく出資のうちで資本金に計上されなかった額，いわゆる資本剰余金に相当する。中立的資産はその他の準備金を指す。なお，それ以外に利益準備金が資本金に組み入れられるときには，その金額は特別表示される（法人税法第28条1項3文）。

以下に示す内容のB社がA社を合併し，その際にA社に株式を交付して資本金が150だけ増加すると仮定する。なお，A社の税務上の出資勘定は資本準備金の額に等しい30である。

A社				B社			
諸資産	650	資本金	80	諸資産	900	資本金	300
		資本準備金	30			利益準備金	600
		利益準備金	540		900		900
	650		650				

まず被合併法人A社の資本金80は合併により税務上の出資勘定に振り替えられる結果，そのトータルの金額は資本準備金30を含めて110となる。このケースでは税務上の出資勘定の金額110は合併法人の資本金増加150を下回る。そのため，その差額40だけ被合併法人の利益準備金540の一部を減少させる。合併法人は以下の合併仕訳をする。その結果，合併貸借対照表は次頁の通りである。

(借) 諸 資 産	650	(貸) 資 本 金	150
利益準備金	40	利益準備金	540

B社

諸資産 900＋650	1,550	資本金　300＋150	450
		利益準備金　600＋540－40	1,100
	1,550		1,550

　B社の移転利益は，A社からの移転資産650とA社に対する持分の提供に伴う資本金の増加150との差額，すなわち，500となる[43]。

Ⅳ　組織変更税法におけるその他の合併処理

　すでに触れた組織変更法において，法人間の合併処理について論及した。しかし，組織変更法自体では会社形態による処理の違いはない。このため，商法上は単に被合併側と合併側との間で処理の違いがあるにすぎず，両者がいかなる会社形態間による合併であるかは問わない。これに対して，組織変更税法はそれとは異なる。いかなる会社形態間での合併かによって処理は異なる。

1　法人が人的結合体を合併するケース

　まず人的結合体を法人，例えば資本会社が合併するケースについて取りあげる。ここで主な人的結合体とは，合名会社，合資会社及びパートナーシップ(Partnerschaftsgesellschaft)である。わが国では合名会社及び合資会社は一般に人的会社と呼ばれ，会社形態として取り扱われている。しかし，ドイツではそれらは利益追求主体ないし利益測定主体ではあるが，租税固有の納税主体ではない。それらは組合員の集合体にすぎず，この組合員が所得税の納税義務がある。この理由から，人的会社という用語は誤解を与えるので，それに代えてあえて人的結合体という用語を用いることにする。

(1)　合併法人の処理

　このような人的結合体を法人が合併するタイプは人的結合体の組合員自体だけでなく，法人にもまた影響を及ぼす。これに関して組織変更税法は固有の規定を含まず，それは法人に対するEinbringungとみなされる（組織変更税法第20条～第23条）。このEinbringungについて組織変更税法には正式な定義はない。

それは純然たる税法上の概念で、一般に人的結合体における事業全体が法人に対して包括的権利承継として譲渡し、いわば現物出資に対する見返りに法人が自己の持分を供与するものとみなされる。つまり、個々の資産による狭義の現物出資と対比させれば、個々の資産及び負債を含む事業全体またはその一部を、その反対給付として会社権の付与により包括的に権利承継する現物事業出資もしくは広義の現物出資ともいうべきものである。

この場合、合併法人側が、①合併後の移転資産に対する売却利益の課税権がドイツに留保され、②被合併側の純資産がマイナスでなく、③合併法人に後に法人税が課せられるという3つの条件を満たすときには評価選択権がある（組織変更税法第20条2項・第21条）。この規定により合併法人が被合併側における簿価を選択し、反対給付としてすべて会社権としての持分を被合併側に供与するときには（組織変更税法第1条3項）、被合併側における秘密積立金は実現しない。

この一定の前提を満たし簿価引継ぎ方式を適用するときにはじめて合併に対する税の中立性が可能となる[44]。このケースでは合併法人側は常に資本金を増加させることが不可欠で、資本金を増加させないときには組織変更税法第20条・第21条を適用できず、利益の実現とみなされる。実務上はこの利益実現を回避する傾向が強い。税務上はこの簿価引継ぎ方式を適用するが、しかし商法上は強制的に秘密積立金を実現しなければならないときには、両者の間で差異が生じる。この処理に用いられるのが税務上の調整項目である（組織変更税法第20条2項2文）。

簿価引継ぎ方式に代えて合併法人が簿価を上回る普通価値もしくは両者の中間価値で評価するときには、その評価額と簿価との差額たる秘密積立金が実現され、課税の対象となる。被合併側の当期損失及び繰越欠損金は合併法人には引き継ぐことはできない。というのは、被合併側の人的結合体における当期損失及び繰越欠損金はその組合員個人に関係するにすぎないからである[45]。

(2) 被合併人的結合体の処理

一方、被合併側の人的結合体における税務上の合併処理に関しては、次の2つの考え方がある。1つは、人的結合体が共同事業体（Mitunternehmerschaft）で

はなくて，個々の共同事業者による現物出資と解する考え方である。税務当局及び判例がこの見解を支持し，これが通説である。いわゆる貸借対照表収束理論（Bilanzbündeltheorie）がこれである。

それに対して，人的結合体自身が統一的な主体とみなされ，部分的な納税主体と捉える考え方がある。ここでは前者の貸借対照表収束理論とは違って，人的結合体を構成する組合員が合併法人の持分所有者となる。この最近の見解によれば，事業の売却の有無を，人的結合体の見地から所得税法第16条の適用において判断する必要がある[46]。被合併側の人的結合体における財産評価は合併法人の財産評価に左右される（組織変更税法第20条3項）。したがって，合併法人が簿価を適用すると，被合併側の人的結合体もまたそれを引き継ぐので，持分交換損益は生じない。これに対して，合併法人が普通価値または中間価値で評価すると，被合併側ではその評価と簿価との差額について現物事業出資損益（Einbringungserfolg）が生じる。現物事業出資利益は課税の対象となる（組織変更税法第20条4項）。現物事業出資損失は出資者の所得と相殺できる。

2　人的結合体が法人を合併するケース

かつて1977年の組織変更税法は人的結合体が法人を合併するケースに関して，法人に含まれる経済財の売却として処理した。1995年の組織変更税法はそれを改正し，法人の人的結合体への財産譲渡を税に対して中立的に処理する可能性を導入し，簿価引継ぎ方式を人的結合体に許容する。もちろん，秘密積立金の実現も可能である。

(1)　被合併法人の処理

被合併法人は経済財を普通価値で評価するのが原則である（組織変更税法第3条1項1文）。その結果，法人の消滅により普通価値と簿価との差額は譲渡利益として課税される。繰越欠損金があるときには，この譲渡利益から一定額を控除できる（所得税法第10d条2項）。

但し，申請により簿価または中間価値で評価することができる。簿価または中間価値で評価する前提は，①人的結合体に移転する事業財産のその後の課税（所得税あるいは法人税）が確保され，②その課税権がドイツにあり，③現金

などの反対給付が供与されず，あるいは会社権しか供与されていないという3つの要件を満たすことが必要である（組織変更税法第3条2項）。

簿価を選択するときには譲渡利益は生じない。中間価値を選択するときには，この中間価値と簿価との差額が譲渡利益として課税される。繰越欠損金があるときにはその一定額をこの譲渡利益から控除できる（所得税法第10d条2項）。

(2) 合併人的結合体の処理

合併人的結合体は原則として被合併法人の評価をそのまま引き継ぐ（組織変更税法第4条1項1文）。そこには被合併法人と合併人的結合体との間で評価の連携が要求される。この点で，それは明らかに商事貸借対照表とは異なる結果をもたらし，そこには基準性原則は適用されない。もっとも，合併人的結合体が合有貸借対照表（Gesamthandsbilanz）で被合併法人の財産評価を承継するときには，この評価連携を要しない。むしろ人的結合体の合有貸借対照表では移転財産が被合併法人の評価を上回ったり，あるいは下回ったりする金額で計上しても，その金額が補充貸借対照表（Ergänzungsbilanz）を考慮して被合併法人の評価を修正し，事実上の評価連携を保持していればよい[47]。

合併人的結合体が被合併法人に対して合併前にすでに投資をしており，その投資簿価について税務上過年度に評価減並びに所得税法第6b条の控除等があるときには，普通価値を上限として評価取り戻しが要求される（組織変更税法第4条1項2文）。その結果，合併人的結合体では投資修正損益が発生し課税の対象となる（組織変更税法第4条1項3文）。

被合併法人の相殺できる損失，繰越欠損金及び相殺できないマイナス所得は，合併人的結合体には移転しない（組織変更税法第4条2項2文）。

二重課税を前提とする資本会社と，組合員に対してだけ課税する人的結合体とは課税の仕組みが異なる。その結果，被合併法人における公示準備金は，合併による法人格の消滅に伴い合併人的結合体の組合員に対するみなし配当となり，課税の対象となる（組織変更税法第7条）。

それはまず人的結合体の各持分所有者に対して資本財産所得として加算される。ここでは，この持分所有者が個人で投資比率が1％を下回り，当該持分を

個人財産として保有するときには被合併法人における公示の利益準備金に対する持分割合に対して清算税が適用され，それ以外は被合併法人における公示の利益準備金に対する持分割合の60％が資本収益税として課税される。法人が持分所有者のときには持分割合の95％が非課税で，5％だけが課税される（法人税法第8b条1項）。

次に，移転損益（Übernahmeergebnis）を算定する。これ以下に示す2段階で算定される。第1段階として移転財産の純資産額（これは被合併法人の評価によって決定される。）から財産移転費及び被合併法人に対する持分の簿価を控除して移転損益が算定される。この第1段階で算定された移転損益からすでに説明した組織変更税法第7条に基づく資本財産所得（みなし配当額）を差し引いたのが最終的な移転損益である。資本財産所得をマイナスするのは，持分所有者にはすでに資本所得が課せられているので，二重課税を回避する目的からである[48]。

被合併法人の合併に伴う移転損失は税務上控除できない（組織変更税法第4条6項）。

なお，被合併法人を個人企業が合併するときには，原則として人的結合体が被合併法人を合併するケースと同様に処理する[49]。

3 人的結合体間における合併のケース

人的結合体間で合併するケースもある。この場合，人的結合体間の合併は税法上において合併人的結合体に対する被合併人的結合体による包括的な財産譲渡，つまり現物事業出資とみなされる（組織変更税法第24条1項）。

(1) 合併人的結合体の処理

合併人的結合体側は原則として移転財産を普通価値で評価する（組織変更税法第24条2項1文）。但し，一定の要件を満たせば，商事貸借対照表とは独立して評価選択権がある。簿価引継ぎ方式も適用できる。これ以外の普通価値もしくは両者の中間価値で評価することができる。但しこの場合はすでに触れた人的結合体が法人を合併するケースを規定する組織変更税法第20条2項2号と異なり，被合併側の純資産がマイナスでも可能である。というのは，反対給付に

含まれる秘密積立金が失われておらず，その課税が留保されているからである[50]。

被合併人的結合体ないしその出資者の税務上の損失の取扱については，組織変更税法第24条は特に定めていない。合併人的企業体が簿価または中間価値で承継財産を評価するときには，被合併人的企業体の法的地位となる。このケースでは，被合併側の税務上の損失は合併後に被合併人的結合体の出資者によって合併側に引き継がれる[51]。

(2) 被合併人的結合体の処理

税法上，包括的に財産譲渡する被合併人的結合体は合併人的結合体の共同事業者となる。この共同事業者としての地位として，その財産譲渡に対する反対給付たる合併側の持分が供与される。被合併人的結合体側は合併人的結合体の評価選択権に左右される。後者が移転財産を簿価引継ぎ方式を適用すると，前者には現物事業出資損益は発生しない。

これに対して，後者が移転財産を普通価値もしくは中間価値で評価すれば，前者には簿価との差額において現物事業出資利益が発生したときには課税の対象となる。現物事業出資損失が生じたときには，出資者の所得と相殺できる。

V 結

以上の論旨から，ドイツ会計制度における合併処理の特質を指摘すれば，次の通りである。

第1に，組織変更法によれば，商法上被合併法人は年次貸借対照表と同様の基準で最終貸借対照表を作成するのに対して，合併法人は移転財産の評価に関して被合併法人の簿価引継ぎ方式または取得原価方式のいずれかによる評価選択権が付与される。これに対して，組織変更税法では被合併法人は譲渡資産に関して普通価値による評価を原則とする。但し一定の要件を満たすときにはそれに代えて簿価，中間価値または普通価値を上限とする評価選択権があるのに対して，合併法人は被合併法人と全く同一の評価を引き継ぐ規制がある。

第2に，組織変更法において合併法人が簿価引継ぎ方式を適用する場合，発

行価額が移転財産の簿価を上回っても，移転財産の時価が発行価額をカバーすれば，その処理は問題はないとされる。その際に両者の差額として生じる合併損失は，通説では特別損失として当期の損益計算に計上するが，合併差益は成果中立的に資本準備金に計上する。これに対して少数説によれば合併損失による処理は必ずしも妥当ではなく，簿価引継ぎ方式による取得取引と出資取引は成果中立的に処理するべきであると主張する。

　第3に，親会社が100％投資している子会社によるダウンストリームの合併において，合併差損が認められるか否かに関して2つの見解がある。1つは，それが出資の払戻しに該当するので，その合併自体がそもそも認められないという見解である。もう1つは，子会社の自由に処分可能な利益準備金でその合併差損を相殺できたり，あるいは債務超過にならなければ認められるという見解である。

　第4に，組織変更税法では被合併法人が簿価で経済財を評価すれば譲渡利益は生じないが，それを中間価値もしくは普通価値で評価すれば，秘密積立金に相当する譲渡利益が生じ課税の対象となる。その場合，合併法人が被合併法人の持分を保有するときには，その持分の簿価と移転する経済財の評価額との差額が移転利益となる。この移転利益は法人税法第8b条の規定により95％が非課税である。被合併法人の持分を第三者が保有するときには，合併法人が資本金を増加させるときには出資とみなされる。

　第5に，合併法人が繰越欠損金を活用する場合には法人税法第8c条の適用を受け，投資比率が25％から50％まではその比率に応じて一部の控除が認められる。このほかにコンツェルン条項・秘密積立金条項・更生条項による繰越欠損金の控除規定もあるが，更生条項規定はEU委員会からクレームがつけられ，現在その規定は適用できない。

　第6に，組織変更法では被合併側及び合併側がいかなる企業形態をとるかにかかわらず，これまで述べてきた処理は同一であるのに対して，組織変更税法ではその点が異なる。法人が人的結合体を合併するときには，合併法人側に一定の条件付きで評価選択権がある。合併法人側が簿価引継ぎ方式を適用するときには，資本金の増加を条件として税の中立的処理が可能となる。人的結合体が法人を合併するときには，簿価引継ぎ方式も秘密積立金の実現も可能であ

る。人的結合体間の合併のケースでも同様に，合併人的結合体側に一定の条件付で評価選択権がある。簿価以外の普通価値及び両者の中間価値で評価するときには，被合併人的結合体側では譲渡損益が計上される。

　このようなドイツにおける合併処理はわが国の会計制度とは異なる。わが国の会社法上一方で合併が取得と解されるときには合併法人は被合併法人の資産及び負債を時価で評価し，その純資産の増加を株主の払込資本変動額として処理し，他方で共通支配下の合併は持分の結合と解され，被合併法人の帳簿価額で処理する（会社計算規則第35条）。わが国の税務上合併交付金がなく合併法人間の事業の継続及び株主の投資の継続が認められるときには適格合併[52]とみなし持分の結合として処理する。それ以外は非適格合併とみなし取得として処理する（法人税法第62条）[53]。

注

（1） Institut der Wirtschaftsprüfer in Deutschland 編, Wirtschaftsprüfer-Handbuch, 2002, 第2巻, Düsseldorf, 2002年, 285頁。
（2） M. Knüppel, Bilanzierung von Verschmelzungen nach Handelsrecht, Steuerrecht und IFRS, Berlin, 2007年, 23頁。
（3） B. Sagasser・T. Bula・T. R. Brünger 編, Umwandlungen, 第4版, München, 2011年, 374・376頁。
（4） Institut der Wirtschaftsprüfer in Deutschland 編, 前掲書注（1）, 288-289頁。
（5） B. Sagasser・T. Bula・T. R. Brünger 編, 前掲書注（3）, 373頁。
（6） B. Sagasser・T. Bula・T. R. Brünger 編, 前掲書注（3）, 370頁。
（7） M. Lutter 編, Umwandlungsgesetz, 第2版, Köln, 2000年, 477頁。W. D. Budde・G. Förschle 編, Sonderbilanzen, 第2版, München, 2002年, 449頁。H. C. Maulbetsch・A. Klumpp・K. D. Rose 編, Umwandlungsgesetz, Heidelberg, 2009年, 228頁。
（8）（9） Kallmeyer, Umwandlungsgesetz, 第4版, Köln, 2010年, 325頁。
（10） Kallmeyer, 前掲書注（8）, 326頁。
（11） B. Sagasser・T. Bula・T. R. Brünger 編, 前掲書注（3）, 427頁。
（12） M. Knüppel, 前掲書注（2）, 214頁。
（13） M. Lutter 編, 前掲書注（7）, 469頁。
（14） M. Knüppel, 前掲書注（2）, 212頁。
（15） B. Sagasser・T. Bula・T. R. Brünger 編, 前掲書注（3）, 424頁。

(16)(17)　Kallmeyer, 前掲書注(8), 339頁。
(18)　M. Lutter編, 前掲書注(7), 469頁。B. Sagasser・T. Bula・T. R. Brünger編, 前掲書注(3), 423・428頁。M. Knüppel, 前掲書注(2), 202頁。
(19)　W. D. Budde・G. Förschle編, 前掲書注(7), 450頁。
(20)　B. Sagasser・T. Bula・T. R. Brünger編, 前掲書注(3), 389-390頁。
(21)　M. Knüppel, 前掲書注(2), 85頁。R. Winnefeld, Bilanz-Handbuch, 第4版, München, 2006年, 2117頁。
(22)　M. Knüppel, 前掲書注(2), 86-87頁。H. Herchen, Agio und verdecktes Agio im Recht der Kapitalgesellschaften, Köln etc, 2004年, 207・256頁。K. Fischer-Böhnlein, Verschmeltzungen aus handelsbilanzieller Sicht unter Berücksichtingung betriebswirtschaftlicher und steuerlicher Aspekte, Frankfurt am Main, 2004年, 194頁。
(23)　Adler・Düring・Schmaltz, Rechnungslegung und Prüfung der Unternehmen, 第1巻, 第6版, Stuttgart, 1995年, 363-364頁。
(24)　B. Sagasser・T. Bula・T. R. Brünger編, 前掲書注(3), 398頁。
(25)　M. Knüppel, 前掲書注(2), 92頁。
(26)　Kallmeyer, 前掲書注(8), 318-319頁。Adler・Düring・Schmaltz, 前掲書注(23), 360頁。
(27)　Kallmeyer, 前掲書注(8), 318-319頁。
(28)　J. Thalheimer, Kapitalerhaltung und Gläubigerschutz beim Down-Stream-Merger, Hamburg, 2011年, 47. 49頁。
(29)　この点に関して, 合併損失をもたらすときには有限会社法第30条及び株式法第57条・第62条の資本維持ルールの適用を受けるという見解(M. Klein・M. Stephanblome, Der Downstream Merger −aktuelle umwandlungs- und gesellschaftsrechtliche Fragestellungen, in : Zeitschrift für Unternehmens- und Gesellschaftsrecht, 第36巻第3号, 2007年6月, 364-375頁. B. Sagasser・T. Bula・T. R. Brünger編, 前掲書注(3), 406頁)と, その資本維持ルール及び出資の払戻し規定の適用を受けないという見解(J. Thalheimer, 前掲書注(28), 153-159頁)。とが対立する。
(30)　B. Junge, Lehrbuch Umwandlungssteuerrecht, Herne, 2010年, 102頁。
(31)　B. Junge, 前掲書注(30), 104頁。
(32)　G. Brähler, Umwandlungssteuerrecht, 第6版, Wiesbaden, 2011年, 246頁。
(33)　G. Brähler, 前掲書注(32), 247-249頁。
(34)　G. Brähler, 前掲書注(32), 252頁。
(35)　G. Brähler, 前掲書注(32), 267頁。
(36)　G. Brähler, 前掲書注(32), 266頁。
(37)　B. Sagasser・T. Bula・T. R. Brünger編, 前掲書注(3), 473頁。
(38)　B. Sagasser・T. Bula・T. R. Brünger編, 前掲書注(3), 474頁。

(39) G. Brähler, 前掲書注(32), 269頁。
(40) G. Brähler, 前掲書注(32), 272頁。
(41) G. Brähler, 前掲書注(32), 280頁。
(42) この詳細は, 拙稿,「ドイツにおけるデット・エクイティ・スワップ」『産業経理』第70巻第4号, 2011年1月, 19-20頁参照。
(43) G. Brähler, 前掲書注(32), 318頁。
(44) M. Lutter・M. Winter 編, Umwandlungsgesetz, 第1巻, 第4版, Köln, 2009年, 1518頁。
(45) B. Sagasser・T. Bula・T. R. Brünger 編, 前掲書注(3), 576頁。
(46) B. Sagasser・T. Bula・T. R. Brünger 編, 前掲書注(3), 579-580頁。
(47) B. Sagasser・T. Bula・T. R. Brünger 編, 前掲書注(3), 520-521頁。
(48) G. Brähler, 前掲書注(32), 127頁。
(49) G. Brähler, 前掲書注(32), 184頁。
(50) G. Brähler, 前掲書注(32), 620頁。
(51) B. Sagasser・T. Bula・T. R. Brünger 編, 前掲書注(3), 617頁。
(52) この詳細については, 渡辺徹也『企業組織再編成と課税』弘文堂, 平成18年, 125-187頁参照。
(53) 税法における合併処理の概要については, 中野百々造『会社法務と税務』(全訂三版)税務研究会出版局, 平成21年, 1085-1251頁参照。

第13章

結　論

　以上，ドイツ会計制度について論究した。その特質を指摘すれば次の通りである。

　第1に，ドイツ会計制度の伝統は基準性原則を通じて商法会計と税務会計との関連性である。とりわけBilMoGの制定前までは形式的基準性としての逆基準性に基づいて商事貸借対照表と税務貸借対照表とがかなり密接不可分の関係にあった。しかし，商事貸借対照表が事実上税務貸借対照表に拘束された結果，商事貸借対照表の情報提供機能が著しく低下してしまい，その弊害をもたらした。そこで，BilMoGは商事貸借対照表のもつ利益分配機能をこれまで同様に保持しつつ，情報提供機能の強化を一段と目指して商法を改正した。それに伴い逆基準性を廃止したが，実質的基準性原則自体は依然として堅持されている。

　第2に，BilMoGに伴い改正商法はまず商事貸借対照表に関してIFRSsとの調整から自己創設による無形固定資産（開発費）の計上選択権，のれんの資産化，退職給付債務に対する年金資産の時価評価，ヘッジ会計，資産負債法による税効果会計，自己持分の資本控除などを新たに制度化した。参事官草案で提案されていた一般事業会社に対する金融商品の時価評価及び評価差額の損益算入については見送りとなった。改正商法は依然として旧商法と同様に原価評価が原則で，金融機関のみ例外的にそれを制度化した。

　ただ，時価評価差益についてはリスク部分及び一般銀行ファンドの設定等により，相当程度の範囲を分配規制する。これと同様に，すでに触れた制度化との関連で，自己創設による無形固定資産の資産化から貸方繰延税金を控除した額，退職給付債務と相殺されるべき年金資産の時価評価と取得原価の差額から貸方繰延税金を控除した額及び借方超過繰延税金，さらに利益移転契約に対しても厳格な分配規制を課している。その意味で，債権者保護思考の重視は明ら

かである。ただ外貨建短期債権債務に対する決算日レートによる換算方法の導入はその一部緩和を示唆するともいってよい。このように，BilMoGは個別的項目の会計基準をIFRSsとの関連でかなりアップ・ツー・デートに改定した。けれども，それは伝統的な商法会計システム自体を根本的に見直して全く新たな会計システムを構築したものではなく，むしろその基本的なスタンスは堅持し，いわばそれを進展させた点にその特徴がある。

第3に，次に税務貸借対照表に関して一方では改正商法会計はたしかにこれまで以上に税務会計に接近する傾向を示している。例えばのれんの資産化，費用性引当金の原則的な計上禁止，製造原価の範囲等にそれを見い出すことができる。しかし，これは両者が完全に一致することを意味するわけではない。他方では，借方計算限定項目，評価単位，自己創設の無形固定資産，繰延税金，負債評価，為替換算基準等には依然として両者の会計規定において少なからず差異が存在することも否定できない。

さらに，BilMoGの制定との関連で税務貸借対照表において新たに無視できない方向が示唆されている。それは電子貸借対照表の制度化にあたって実質的基準性の枠を越え，商法会計から独立する税務貸借対照表構想がこれである。この制度化に対して厳しい批判から予定の実施時期がたびたび延期されている。この動向は税務会計の将来的な方向性を探るうえで軽視できないであろう。

ドイツ会計制度は実質的基準性を通じて伝統的なシステムを基本的にベースとしながらも，商法会計も税務会計もそれぞれ緩やかな形で独自の方向性に対する萌芽を示唆しているといってよい。

さて，かかるドイツ会計制度の意義について試論を展開することにしたい。
第1に指摘すべきは，ドイツ会計制度の進展に関してIFRSsとの関連面から制度として直ちに導入すべき範囲と，差しあたりその必要性がない範囲とを明確に識別して制度設計をしている点である。例えば，前者は自己創設の無形固定資産の計上選択権，のれんの資産化，ヘッジ会計などがその典型である。これに対して，参事官草案で提案された金融商品の時価評価及び当該評価差額の損益算入の見送りは後者の典型である。いわゆるリーマン・ショックによる

金融危機がその契機であったにせよ，少なくとも債権者保護を一義的に重視する商法会計の立場からはその対応は至当であろう。それはさらに長期の外貨建債権債務に対する為替換算差益の非計上や，借方繰延税金の分配規制などにも示されている。この点はわが国の会社法における分配可能額の算定の妥当性についても今一度検討すべきであると解される。

　第2に，第1との関係で依然としてドイツでは債権者保護の見地が堅持されている点である。従来の資本維持制度を継承し厳格な分配規制も堅持している。これに対して，わが国の会社法では最低資本金制度の廃止をはじめ，自己株式処分差益及び減資差益の分配可能額への算入や組織再編に伴う資本処理の弾力化，売買目的有価証券の時価評価差益と，短期及び長期を問わず外貨建債権債務の為替換算損益との損益算入などにみられるように，債権者保護思考の著しい低下は否めない。

　これとの関連で，ドイツ法では拘束性のある資本準備金について会社権を出資者に付与したものに限定し，それ以外のいわゆる第4号資本準備金を拘束性のない資本準備金，つまりわが国のその他資本剰余金として両者を明確に識別する考え方が確立している。しかも，この第4号資本準備金は直ちに分配可能となるわけではない。それを取り崩すにはその取崩権限のある機関決議を要する点でも違いがある。

　これに対して，わが国の会社法における資本準備金とその他資本剰余金の区別が立法政策で決定されているにすぎず，理論的にかなり曖昧である。その結果，減資差益及び自己株式処分差益はストレートに分配可能額に算入されてしまう。さらに，組織再編を実施する際に合併等の契約において払込資本の内部を自由に定めることができ，その一部または全額をその他資本剰余金に計上すれば，直ちに分配可能額に含められる。いずれにせよ，事前的な債権者保護システムは今なお不可欠であり，ドイツ資本会計制度は大いに学ぶ必要があろう。

　第3に，ドイツ税法では出資概念との関連で事業所得の算定が厳格化している。具体的にはそれを隠れた出資概念に見い出すことができる。これは，出資者及びその近親者が会社法上会社権の付与を伴う出資以外で会社関係に基づいて出資可能な財産を会社に供与したときに発生する。その判定は第三者比較を通じて決定される。この隠れた出資は明らかに事業活動による純資産の増加で

はないので，事業所得には含まれず広義の資本取引とみなされる。ドイツ商法上も，これは商法第272条2項4号の拘束性のない資本準備金規定との関連で論じられる。それは，出資者が会社権を付与されずに会社に対して自己資本の部に供与するその他の追加支払額を示すからである。ただ，商法上この隠れた出資に相当する範囲は税法と必ずしも一致していない。通説によると，前者は出資者だけに限定され近親者は含まれず，かつ出資者がその出資意図を明確にしたものに限定されるからである。その意味で，商法上の隠れた出資のほうが税法上のそれよりも範囲が狭い。

両国ともみなし配当制度は同じく存在するが，このドイツの隠れた出資制度はわが国の税法にも会社法にもない。出資者と会社間の取引に関する議論は昨今ではわが国においてほとんど皆無に等しい。会社権が付与される株主の払込資本だけを資本取引とみなす狭義説がわが国の会社法及び税法では支配的である。ドイツにおける隠れた出資は古くて新しい会計上のテーマ，つまり資本と利益の区別のあり方に関する問題を今一度提起している。この点においてドイツ会計制度は今なお重要な考え方を示しているといってよい。

第4に，ドイツ会計制度のなかに商事貸借対照表における必ずしも法形式にとらわれることなく，経済的観察法に基づく実質的自己資本概念の重視，従属会社における移転利益契約の考え方とその分配規制，税務貸借対照表における出資概念とそれに関係する隠れた出資といった固有の概念が存在する。

また，組織変更法及び組織変更税法で検討した合併処理法には特異性がある。前者では，被合併法人側は最終貸借対照表の作成において簿価に拘束されるけれども，合併法人側には簿価または取得原価による評価選択権が付与される。簿価を選択したときには合併損益が発生し成果作用的に処理する。取得原価を選択したときには，成果非作用的に処理する。後者では，一定の要件を満たせば被合併法人側に簿価・中間価値・普通価値のなかからの評価選択権が付与される。このうちで簿価を選択したときは譲渡利益は発生しないが，それ以外のときには譲渡利益が発生する。この被合併法人が選択した評価額に合併法人は価値連携として拘束される。商法サイドと税法サイドの合併処理には基準性原則は適用されず，両者の間でかなり処理が異なる。このドイツ法における合併処理は取得方式を原則とするわが国の処理法とも相違する。

さらに，会社更生との関連で特別劣後債や，停止条件付債務免除かあるいは解除条件付債務免除かはともかく，債権者保護の見地から新規の債権の発生もしくは原初債権の復活を伴う財務改善証書はDESの新たな方式としてユニークである。

　加えて，会社更生に関して債務法上の債券であってもその報酬に対して成果参加権が付与される享益権は，商法上一定の要件を満たせば自己資本の部に計上でき自己資本比率を高めるとともに，税務上はその報酬について事業支出として費用計上できる点をベースとしたDMSや，債務者企業の更生利益課税に対処するRDESといった手法についても注目に値する内容を含んでいる。これらのわが国への導入の当否はともかく，その理論的検討は少なくとも必要であると解される。

　これを要するに，ドイツ会計制度は今後も検討すべき内容をかなり豊富に含んでおり，わが国の会計制度をさらに改善するうえで，重要な示唆を与えている。ここにドイツ会計制度の大きな意義を見出すことができよう。

参 考 文 献

Adam, R., Einlage, Tausch und tauschähnlicher Vorgang im Zivilrecht und im Steuerrecht, Frankfurt am Main, 2005 年

Adler, H.・Düring, W.・Schmaltz, K., Rechnungslegung und Prüfung der Aktiengesellschaft, 第 1 版, Stuttgart, 1938 年

Adler・Düring・Schmaltz, Rechnungslegung und Prüfung der Unternehmen, 第 1 巻, 第 6 版, Stuttgart, 1995 年

Adler・Düring・Schmaltz, Rechnungslegung und Prüfung der Unternehmen, 第 4 巻, 第 6 版, Stuttgart, 1997 年

Adler・Düring・Schmaltz, Rechnungslegung und Prüfung der Unternehmen, 第 5 巻, 第 6 版, Stuttgart, 1997 年

Adler・Düring・Schmaltz, Rechnungslegung und Prüfung der Unternehmen, 第 6 巻, 第 6 版, Stuttgart, 1998 年

Adler・Düring・Schmaltz, Rechnungslegung und Prüfung der Unternehmen, 補巻, 第 6 版, Stuttgart, 2001 年

Althoff, F., Rechtsgeschäfte zwischen Gesellschaften und ihren Gesellschaftern in der externen Rechnungslegung nach HGB und IFRS unter besonderer Berücksichtigung gesellschaftsrechtlicher Kapitalerhaltung, Frankfurt am Main, 2009 年

Arbeitskreis Bilanzrecht der Hochschullehrer Rechtswissenschaft, Stellungnahme zu dem Entwurf eines BilMoG : Einzelfragen zum materiellen Bilanzrecht, in : Betriebs-Berater, 第 63 巻第 5 号, 2008 年 1 月

Baetge, J.・Kirsch, H. J.・Thiele, S., Bilanzen, 第 8 版, Düsseldorf, 2005 年

Baetge, J.・Kirsch, H. J.・Solmecke, H., Auswirkungen des BilMoG auf die Zwecke des handelsrechtlichen Jahresabschlusses, Forschungsteam Prof. Dr. Jörg Baetge, Working Paper 1/2009, 2009 年 5 月

Baldamus, E.A., Forderungsverzicht als Kapitalrücklage gemäß § 272 Abs.2 Nr.4 HGB, in : Deutsches Steuerrecht, 第 41 巻第 20/21 号, 2003 年 5 月

Bareis, P., Maßgeblichkeit der Handels- und Steuerbilanz de lege lata und de lege ferenda, in : U.Schmiel・V.Breithecker 編, Steuerliche Gewinnermittlung nach Bilanzrechtsmodernisierungsgesetz, Berlin, 2008 年, 所収

Bertram, K.・Brinkmann, R.・Kessler, H・Müller, S. 編, Haufe HGB Kommentar, Freiburg,

2009 年

Birkendahl, C.F., Reform des GmbH-Rechts, Köln, 2009 年

Bogenschütz, N., Neuausrichtung des Eigenkapitalbegriffs, Frankfurt am Main, 2008 年

Bormann, M., Eigenkapitalersetzende Gesellschafterleistungen in der Jahres- und Überschuldungsbilanz, Heidelberg, 2001 年

Bösl, K.・Sommer, M., 編, Mezzanine Finanzierung, München, 2006 年

Brähler, G., Umwandlungssteuerrecht, 第 6 版, Wiesbaden, 2011 年

Breuninger, G. E.・Müller, M, Erwerb und Veräußerung eigener Anteile nach dem BilMoG — Steuerrechtliche Behandlung — Chaos perfekt？, in : GmbH-Rundschau, 第 102 巻第 1 号, 2011 年 1 月

Bruckmeier, G.・Zwirner, C.・Künkele, K. P., Die Behandlung eigener Anteile — Das BilMoG kürzt das Steuersubstrat und fördert Investitionen in eigene Aktien, in : Deutsches Steuerrecht, 第 48 巻第 32 号, 2010 年 7 月

Büchele, E., Offene und verdeckte Einlagen in Bilanz- und Gesellschaftsrecht, in : Der Betrieb, 第 50 巻第 47 号, 1997 年 11 月

Buck, C., Die Kritik am Eigenkapitalersatzgedanken, Baden-Baden, 2006 年

Budde, W. D.・Förschle, G., 編, Sonderbilanzen, 第 2 版, München, 2002 年

Budde, W. D.・Förschle, G.・Winkeljohann., Sonderbilanzen, 第 4 版, München, 2008 年

Cahn, A.・Simon, S.・Theiselmann, R., Debt Equity Swap zum Nennwert！, in : Der Betrieb, 第 63 巻第 30 号, 2010 年 7 月

Castedello, M., Freiwillige („verdeckte") Einlagen im Jahresabschluß von Kapitalgesellschaften, Frankfurt am Main, 1998 年

Coenenberg, A. G., Jahresabschluß und Jahresabschlußanalyse, 第 17 版, Landberg・Lech, 2000 年

Crezelius, G., §5, in : P. Kirchhof 編, Einkommensteuergesetz, 第 9 版, Köln, 2010 年

Deloitte & Touche GmbH 編, Die Bilanzrechtsreform 2009/10, Bonn, 2009 年

Ditz, X.・Tcherveniachki, V., Eigene Anteile und Mitarbeiterbeteiligungsmodelle — Bilanzierung nach dem BilMoG und Konsequenzen für das steuerliche Einlagekonto, in : Die Unternehmensbesteuerung, 第 3 巻第 12 号, 2010 年 12 月

Döllerer, G., Verdeckte Gewinnausschüttungen und verdeckte Einlagen bei Kapitalgesellschaften, 第 2 版, Heidelberg, 1990 年

Dörfer, O.・Adrian, G., Zur Umsetzung der HGB-Modernisierung durch das BilMoG : Steuerbilanzrechtliche Auswirkungen, in : Der Betrieb, 第 62 巻第 23 号, Beilage 5, 2009 年 6 月

Döring, V.・Schwenningen, V.・Heger, H. J., Wegfall der umgekehrten Maßgeblichkeit nach BilMoG und die Bilanzierung von Pensionsverpflichtungen, in : Deutsches Steuerrecht, 第47巻第40号, 2009年10月

Drinhausen, A.・Ramsauer, J., Zur Umsetzung der HGB — Modernisierung durch das BilMoG : Ansatz und Bewertung von Rückstellung, in : Der Betrieb, 第62巻第23号, Beilage 5, 2009年6月

Drouven, R.・Nobiling, J., Reverse Debt-Equity-Swap — Auch steuerlich eine Alternative ?, in : Der Betrieb, 第62巻第36号, 2009年9月

Ellrott, H.・Förschle, G. etc. 編, Beck'scher Bilanz-Kommentar, 第7版, München, 2010年

Engert, A., Solvenzanforderungen als gesetzliche Ausschüttungssperre bei Kapitalgesellschaften, in : Zeitschrift für das gesamte Handels- und Wirtschaftsrecht, 第170巻, 2006年

Falterbaum, H.・W. Bolk・W. Reiß・T. Kircher, Buchführung und Bilanz, 第21版, Achim, 2010年

Federmann, R., Bilanzierung nach Handelsrecht und Steuerrecht, 第11版, Berlin, 2000年

Federmann, R., Bilanzierung nach Handelsrecht, Steuerrecht und IAS/IFRS, 第12版, Berlinn, 2010年

Fischer, D.・Günkel, M. etc. 編, Die Bilanzrechtsreform 2009/10, Bonn, 2009年

Fischer-Böhnlein, K., Verschmeltzungen aus handelsbilanzieller Sicht unter Berücksichtigung betriebswirtschaftlicher und steuerlicher Aspekte, Frankfurt am Main, 2004年

Förster, G.・Schmidtmann, D., Steuerliche Gewinnermittlung nach dem BilMoG, in : Betriebs-Berater, 第64巻第25号, 2009年6月

Fülbier, R. U・Gassen, J., Das Bilanzrechtsmodernisierungsgesetz (BilMoG): Handelsrechtliche GoB vor der Neuinterpretation, in : Der Betrieb, 第60巻第48号, 2007年11月

Funk, T. E., Der Rangrücktritt bei Gesellschafterdarlehen nach MoMiG im Steuerrecht, in : Betriebs-Berater, 第64巻第17号, 2009年4月

Gadow, W.・Heinchen, E.・Schmidt, E.・Schmidt, W.・Weipert, D. 編, Aktiengesetz, Berlin, 1939年

Gehrein, M., Die Behandlung von Gesellschafterdarlehen durch das MoMiG, in : Betriebs-Berater, 第63巻第17号, 2008年4月

Gelhausen, H. F., Bilanzierung zur Einziehung erworbener Aktien- und Kapitalschutz, Kirsch H. J.・Thiele S. 編, Rechnungslegung und Wirtschaftsprüfung, Festschrift für Jörg Baetge, Düsseldorf, 2007年, 所収

Gelhausen, H. F.・Fey, G.・Kämpfer, G. 編, Rechnungslegung und Prüfung nach dem Bilanzrechtsmodernisierungsgesetz, Düsseldorf, 2009 年

Goette, W., Einführung in das neue GmbH-Recht, München, 2008 年

Götz, J., Überschuldung und Handelsbilanz, Berlin, 2004 年

Graf, O.F., Rangrücktrittsvereinbarungen des Gesellschafters in Handels-, Insolvenz- und Steuerrecht, in : Zeitschrift für Steuern & Recht, 第 3 巻第 13 号, 2006 年 6 月

Groh, M., Verdeckte Einlagen unter dem Bilanzrichtlinien-Gesetz, in : Betriebs-Berater, 第 45 巻第 28 号, 1990 年 2 月

Groh, M., Der Qualifizierte Rangrücktritt in der Überschuldungs- und Steuerbilanz der Kapitalgesellschaft, in : Der Betrieb, 第 59 巻第 24 号, 2006 年 6 月

Günkel, M., Die Maßgeblichkeit nach der Bilanzrechtsreform (BilMoG), in : Kessler, W.・Förster, G.・Watrin, C., Unternehmensbesteuerung, Festschrift für Norbert Herzig, München, 2010 年, 所収

Häger, M.・Elkemann-Reusch, M., 編, Mezzanine Finanzierungsinstrumente, Berlin, 2004 年

Hauptfachausschuß des Instituts der Wirtschaftsprüfer in Deutschland (HFA), Zur Behandlung von Genußrechten im Jahresabschluß von Kapitalgesellschaften, in : Die Wirtschaftsprüfung, 第 47 巻第 13 号, 1994 年 7 月

Heerma, J. D., Passivierung bei Rangrücktritt : widersprüchliche Anforderungen an Überschuldungsbilanz und Steuerbilanz ?, in : Betriebs-Berater, 第 60 巻第 10 号, 2005 年 3 月

Heintges, S.・Urbanczik, P., Debt for Equity Swaps und deren Auswirkungen auf die Vermögens-, Finanz- und Ertragslage, in : Der Betrieb, 第 63 巻第 27/28 号, 2010 年 7 月

Helmrich, H. 編, Bilanzrichtlinien-Gesetz, München, 1986 年

Hendriksen, E. S.・van Breda, M.F., Accounting Theory, 第 5 版, Boston, 1992 年

Hennrichs, J., Neufassung der Maßgeblichkeit gemäß § 5 Abs. 1 EStG nach dem BilMoG, in : Die Unternemensbesteuerung, 第 2 巻第 8 号, 2009 年 8 月

Herlinghaus, A., Forderungsverzichte und Besserungsvereinbarungen zur Sanierung von Kapitalgesellschaften, Köln, 1994 年

Herrmann, H., Quasi-Eigenkapital im Kapitalmarkt- und Unternehmensrecht, Berlin・New York, 1996 年

Herzig, N,., Modernisierung des Bilanzrechts und Besteuerung, in : Der Betrieb, 第 61 巻第 1/2 号, 2008 年 1 月

Herzig, N., Steuerliche Konsequenzen des Regierungsentwurfs zum BilMoG, in : Der Betrieb, 第 61 巻第 25 号, 2008 年 6 月

Herzig, N・Briesemeister, S., Steuerliche Konsequenzen des BilMoG — Deregulierung und

Maßgeblichkeit, in : Der Betrieb, 第 62 巻第 18 号, 2009 年 5 月

Herzig, N.・Briesemeister, S., Unterschiede zwischen Handels- und Steuerbilanz nach BilMoG — Unvermeidbare Abweichungen und Gestaltungsspielräume, in : Die Wirtschaftsprüfung, 第 63 巻第 2 号, 2010 年 1 月

Herzig, N.・Briesemeister, S.・Schäperclaus, J., Von der Einheitsbilanz zur E-Bilanz, in : Der Betrieb, 第 64 巻第 1 号, 2011 年 1 月

Hiort, M. J., Einlagen obligatorischer Nutzungsrechte in Kapitalgesellschaften, Frankfurt am Main, 2004 年

Hirsch, H., Der Erwerb eigener Aktien nach dem KonTraG, Köln, 2004 年

Hofert, S.・Möller, C., GmbH-Finanzierung : Debt Mezzanine Swap — der bessere Debt Equity Swap für Unternehmen in der Krise, in : GmbH-Rundschau, 第 100 巻第 10 号, 2009 年

Hohlbein, C., Sanierung insolventer Unternehmen durch Private Equity, Sipplingen, 2010 年

Hommelhoff, P., Das Gesellschafterdarlehen als Beispiel institutioneller Rechtsfortbildung, in : Zeitschrift für Unternehmens- und Gesellschaftsrecht, 第 17 巻第 3 号, 1988 年 7 月

Hommel, M.・Laas, S., Währungsrechnung im Einzelabschluss — die Vorschläge des BilMoG-RegE, in : Betriebs-Berater, 第 63 巻第 31 号, 2008 年 9 月

Institut der Wirtschaftsprüfer in Deutschland 編, Wirtschaftsprüfer-Handbuch, 2002, 第 2 巻, Düsseldorf, 2002 年

Jager, B.・Lang, F., Körperschaftsteuer, 第 17 版, Achim, 2005 年

Janssen, B., Bilanzierung einer mit Rangrücktritt versehenen Verbindlichkeit in der Handels- und Steuerbilanz, in : Betriebs-Berater, 第 60 巻第 35 号, 2005 年 8 月

Junge, B., Lehrbuch Umwandlungssteuerrecht, Herne, 2010 年

Kahle, H.,・Günter, S., Vermögensgegenstand und Wirtschaftsgut — Veränderung der Aktivierungskriterien durch das BilMoG ?, in : Schmiel, U.・Breithecker, V., 編, Steuerliche Gewinnermittlung nach dem Bilanzrechtsmodernisierungsgesetz, Berlin, 2008 年, 所収

Karrenbrock, H., Zweifelfragen der Berücksichtung aktiver latenter Steuern im Jahresabschluss nach BilMoG, in : Betriebs-Berater, 第 66 巻第 11 号, 2011 年 3 月

Kessler, H.・Leinen, M.・Strickmann, M., Handbuch BilMoG, Freiburg・Berlin・München, 2009 年

Klein, M.・Stephanblome, M., Der Downstream Merger — aktuelle umwandlungs- und gesellschaftsrechtliche Fragestellungen, in : Zeitschrift für Unternehmens- und Gesellschaftsrecht, 第 36 巻第 3 号, 2007 年 6 月

Knobbe-Keuk, B., Bilanz- und Unternehmenssteuerrecht, 第 9 版, Köln, 1993 年

Knüppel, M., Bilanzierung von Verschmelzungen nach Handelsrecht im Steuerrecht und IFRS,

Berlin, 2007 年

Köhler, S., Steuerliche Behandlung eigener Anteile, in : Der Betrieb, 第 64 巻第 1 号, 2011 年 1 月

Kropff, B. 編, Aktiengesetz 1965, 復刻版, Berlin, 2005 年

Kropff, B.・Semler, J., Münchener Kommentar zum Aktiengesetz, 第 7 巻, 第 2 版, München, 2001 年

Kühne, E.・Melcher, W., Zur Umsetzung der HGB-Modernisierung von Vermögensgegenständen und Schulden sowie Erträgen und Aufwendungen, in : Der Betrieb, 第 62 巻第 23 号, Beilage 5, 2009 年 6 月

Kühne, E.・Keller, G., Zum Referententwurf des Bilanzrechtsmodernisierungsgesetzes (BilMoG): Wirtschaftliche Zurechnung von Vermögensgegenständen und Schulden sowie Erträgen und Aufwendungen, in : Der Betrieb, 第 61 巻第 7 号, Beilage 1, 2008 年 2 月

Kußmaul, H.・Gräbe, S., Der Maßgeblichkeitsgrundsatz vor dem Hintergrund des BilMoG, in : Steuern und Bilanzen, 第 12 巻第 4 号, 2010 年 4 月

Kuthe, T., Die Änderungen im System der eigenkapitalersetzenden Gesellschafterdarlehen, Lohmar・Köln, 2001 年

Küting, K.・Kessler, H., Die Problematik der „anderen Zuzahlungen" gem. §272 Abs. 2. Nr. 4 HGB, in Betriebs-Berater, 第 44 巻第 15 号, 1989 年 1 月

Küting, K・Kessler, H., Genußrechtskapital in der Bilanzierungspraxis, in : Betriebs-Berater, 第 51 巻第 8 号, Beilage 4, 1996 年 2 月

Küting, K.・Weber, C.P., 編, Handbuch der Rechnungslegung, 第 2 巻, 第 5 版, Stuttgart, 2005 年

Küting, K.・Pfitzer, N.・Weber. C.P., 編, Das neue deutsche Bilanzrecht, 第 1 版, Stuttgart, 2008 年

Küting, K.・Pfitzer, N.・Weber.C.P., 編, Das neue deutsche Bilanzrecht, 第 2 版, Stuttgart, 2009 年

Küting, K.・Lorson, P.・Eichenlaub, R.・Toebe, M., Die Ausschüttungssperre im neuen deutschen Bilanzrecht nach §268 Abs.8 HGB, in : GmbH-Rundschau, 第 102 巻 1 号, 2011 年 1 月

Laubach, W.・Kraus, S.・Bornhofen, M. C., Zur Durchführung der HGB-Modernisierung durch das BilMoG : Die Bilanzierung selbst geschaffener immaterieller Vermögensgegenstände, in : Der Betrieb, 第 62 巻第 23 号, Beilage 5, 2009 年 6 月

Lechner・Haisch, Was nun ? Erwerb eigener Anteile nach dem BMF-Schreiben vom 01. 08. 2010, in : Die Unternehmensbesteuerung, 第 3 巻第 10 号, 2010 年 10 月

Lüdenbach, H., NWB Kommentar Bilanzierung, Herne, 2009 年
Lutter, M.・Hommelhoff, P., Nachrangiges Haftkapital und Unterkapitalisierung, in : Zeitschrift für Unternehmens- und Gesellschaftsrecht, 第 8 巻第 1 号, 1979 年
Lutter, M. 編, Umwandlungsgesetz, 第 2 版, Köln, 2000 年
Lutter, M.・Winte, M., 編, Umwandlungsgesetz, 第 1 巻, 第 4 版, Köln, 2009 年
Marenbach, N., Die Erweiterung der Kapitalbasis einer GmbH : (Verdeckte) Einlage und Gesellschafterdarlehen, Hamburg, 2006 年
Marx, F. J., Zur Überflüssigkeit einer nach § 5 Abs. 5 Satz 2 EStG erweiterten Rechnungsabgrenzung,
Schmiel, U.・Breithecker, V., 編, Steuerliche Gewinnermittlung nach dem Bilanzrechtsmodernisierungsgesetz, Berlin, 2008 年, 所収
Maulbetsch, H. C.・Klumpp, A.・Rose, K. D., 編, Umwandlungsgesetz, Heidelberg, 2009 年
Mayer, S. Steuerliche Behandlung eigener Anteile nach dem BilMoG, in : Die Unternehmensbesteuerung, 第 1 巻第 12 号, 2008 年 12 月
Melcher, B., Stockholders' Equity, Accounting Research Study No. 15, New York, 1973 年
Melcher, W., Zur Umsetzung der HGB-Modernisierung durch das BilMoG : Einführung und Überblick, in : Der Betrieb, 第 62 巻第 23 号, Beilage 5, 2009 年 6 月
Memento, Bilanzrecht, 2007/2008, 第 2 版, Freiburg, 2007 年
Moxter, A., Aktivierungspflicht für selbststellte immaterielle Anlagewerte ?, in : Der Betrieb, 第 61 巻第 28/29 号, 2008 年 7 月
Oelke, H.・Wöhlert, H. T.・Degen, S., Debt Mezzanine Swap — Königsweg für die Restrukturierungsfinanzierung ?, in : Betriebs-Berater, 第 65 巻第 6 号, 2010 年 2 月
Oser, P.・Roß, N.・Drögemüller, S., Ausgewälte Neuregelungen des Bilanzrechtmodernisierungsgesetzes (BilMoG) — Teil 1, in : Die Wirtschaftsprüfung, 第 61 巻第 2 号, 2008 年 1 月
Oser, P.・Roß, N.・Wader, D.・Drögemüller, S., Änderungen des Bilanzrechts durch Bilanzrechtsmodernisierungsgesetz (BilMoG), in : Die Wirtschaftsprüfung, 第 62 巻第 11 号, 2009 年 6 月
Petersen, K.・Zwirner, C., 編, Bilanzrechtsmodernisierungsgesetz — BilMoG —, München, 2009 年
Pflugbeil, A., Steuerliche Auswirkungen von Sanierungsmaßnahmen bei Kapitalgesellschaften, Berlin, 2006 年
Priester, H. J., Debt-Equity-Swap zum Nennwert ?, in : Der Betrieb, 第 63 巻第 26 号, 2010 年 7 月
Rammert, R.・Thies, A., Mit dem Bilanzrechtsmodernisierungsgesetz zurück in die Zukunft —

was wird aus Kapitalerhaltung und Besteuerung ?, in : Die Wirtschaftsprüfung, 第 63 巻第 1 号, 2009 年 1 月

Redeker, R., Kontrollerwerb an Krisengesellschaften : Chancen und Risiken des Debt-Equity-Swap, in : Betriebs-Berater, 第 62 巻第 13 号, 2007 年 3 月

Sagasser, B.・Bula, T.・Brünger, T. R., 編, Umwandlungen, 第 2 版, München, 2002 年

Sagasser, B.・Bula, T.・Brünger, T. R., 編, Umwandlungen, 第 4 版, München, 2011 年

Scheffler, W., Besteuerung von Unternehmen II , Steuerbilanz, 第 6 版, Heidelberg, 2010 年

Schenke, R. P.・Risse, M., Das Maßgeblichkeitsprinzip nach dem Bilanzrechtsmodernisierungsgesetz, in : Der Betrieb, 第 62 巻第 37 号, 2009 年 9 月

Schildknecht, U., Passivierungsverbote nach Rangrücktrittvereinbarungen, in : Deutsches Steuerrecht, 第 43 巻第 5 号, 2005 年 2 月

Schmidt, K., Quasi-Eigenkapital als haftungsrechtliches und als bilanzrechtliches Problem, in : Havermann, H., 編, Bilanz- und Konzernrecht, Düsseldorf, 1987 年, 所収

Schmidt, K., Finanzplanfinanzierung, Rangrücktritt und Eigenkapitalersatz, in : Zeitschrift für Wirtschaftsrecht, 第 20 巻第 30 号, 1999 年 7 月

Schmidt, K., Gesellschaftsrecht, 第 4 版, Köln・Berlin・Bonn・München, 2002 年

Schmidt, K., Eigenkapitalersatz, oder : Gesetzesrecht versus Rechtsprechungsrecht ?, in : Zeitschrift für Wirtschaftsrecht, 第 27 巻第 42 号, 2006 年 10 月

Schmidt, K. 編, Münchener Kommentar zum Handelsgesetzbuch, 第 4 巻, 第 2 版, München, 2008 年

Schmidt, L., 編 , EStG, 第 26 版, München, 2006 年

Schmidt, L., 編 , EStG, 第 29 版, München, 2010 年

Schmidt, M., Bewertungseinheiten nach dem BilMoG, in : Betriebs-Berater, 第 64 巻第 19 号, 2009 年 4 月

Schmiel, U.・Breithecker, V., 編, Steuerliche Gewinnermittlung nach dem Bilanzrechtsmodernisierungsgesetz, Berlin, 2008 年

Schaumann, M., Reform des Eigenkapitalersatzrechts im System der Gesellschafterhaltung, Frankfurt am Main, 2009 年

Scheunemann, M.・G. Hoffmann, G., Debt-Equity-Swap, in : Der Betrieb, 第 62 巻第 19 号, 2009 年 5 月

Schruff, L., Zur Bilanzierung latenter Verpflichtungen aus Besserungsscheinen, in : Baetge J. 編, Bilanzfragen, Festschrift für Ulrich Leffson, Düsseldorf, 1976 年, 所収

Schultze-Osterloh, J., Die anderen Zuzahlungen nach § 272 Abs. 2 Nr. 4 HGB, in : Martens K.・Westermann H. P.・Zöllner W. 編, Festschrift für Carsten Peter Claussen, Köln・Berlin・

Bonn・München, 1997 年, 所収

Schutze-Osterloh, J., Rangrücktritt, Besserungsschein, eigenkapitalersetzende Darlehen — Voraussetzungen, Rechtsfolgen, Bilanzierung, in：Die Wirtschaftsprüfung, 第 59 巻第 3 号, 1996 年 2 月

Schutze zur Wiesche, D.・Otterbach, J. H., Verdeckte Gewinnausschüttungen und verdeckte Einlagen im Steuerrecht, Berlin, 2004 年

Seidler, H., Eigene Aktien, Frankfurt am Main, 2004 年

Söffing, G., Für und Wider der Maßgeblichkeitsgrundsatz, in：Förschle, G.・Keiser, K.・Moxter, A., 編．Rechenschaftslegung im Wandel, Festschrift für Wolfgang Dieter Budde, München, 1995 年, 所収

Staub, H., Staub's Kommentar zur Handelsgesetzbuch, 第 1 巻, 第 9 版, Berlin, 1912 年

Stibi, B.・Fuchs, M., Zum Referententurf des Bilanzrechtsmodernisierungsgesetz（BilMoG）— Erste Würdigung ausgewählter konzeptioneller Fragen, in：Der Betrieb, 第 61 巻第 7 号, Beilage 1, 2008 年 2 月

Stibi, B.・Fuchs, M., Zur Umsetzung der HGB-Modernisierung durch das BilMoG — Konzeption des HGB-Auslegung und Interpretation der Grundsätze ordnungsmäßiger Buchführung unter dem Einfluss der IFRS ?, in：Der Betrieb, 第 62 巻第 23 号, Beilage 5, 2009 年 6 月

Stobbe, T., Überlegung zum Verhältnis von Handels- und Steuerbilanz nach dem（geplanten）Bilanzrechtsmodernisierungsgesetz, in：Deutsches Steuerrecht, 第 46 巻第 50 号, 2008 年 12 月

Teller, H.・Steffan, B., Rangrücktrittsvereinbarungen zur Vermeidung der Überschuldung bei der GmbH, 第 3 版, Köln, 2003 年

Thalheimer, J., Kapitalerhaltung und Gläubigerschutz beim Down-Stream-Merger, Hamburg, 2011 年

Thiele, S., Das Eigenkapital im handelsrechtlichen Jahresabschluß, Düsseldorf, 1998 年

Velte, P., Auswirkungen des BilMoG-RefE auf die Informations- und Zahlungsbemessungsfunktion des handelsrechtlichen Jahresabschlusses, in：Zeitschrift für Internationale kapitalmarktorientierte Rechnungslegung, 第 8 巻, 第 2 号, 2008 年

Vervessos, N., Das Eigenkapitalersatzrecht, Köln, 2001 年

Vogt, S., Die Maßgeblichkeit des Handelsbilanzrechts für die Steuerbilanz, Düsseldorf, 1991 年

Weber-Grellet, H., Das BMF und die Maßgeblichkeit, in：Der Betrieb, 第 62 巻第 45 号, 2009 年

Weber-Grelet, H., § 5, in：Schmidt, W. 編．Einkommensteuergesetz, 第 29 版, München, 2010

年

Wegl, R.・Weber, H. G.・Casta, M., Bilanzierung von Rückstellungen nach dem BilMoG, in : Betriebs-Berater, 第 64 巻第 20 号, 2009 年 5 月

Wendt, V., Das Verhältnis von Entnahme/Einlage zur Anschaffung /Veräußerung im Einkommensteuerrecht, Köln, 2003 年

Westerburg, J.・Schwenn, D., Rangrücktrittsvereinbarungen für Gesellschafterdarlehen bei der GmbH-Entwicklung zu mehr Rechtssicherheit, in : Betriebs-Berater, 第 61 巻第 10 号, 2006 年 3 月

Westphal, F., Der nicht zweckgebundene Erwerb eigener Aktien, Berlin, 2004 年

Wiechens, G.・Helke, I., Die Bilanzierung von Finanzinstrumenten nach dem Regierungsentwurf des BilMoG, in : Der Betrieb, 第 61 巻 25 号, 2008 年 6 月

Wiesche, D.・Ottersbach, J. H., Verdeckte Gewinnausschüttungen und verdeckte Einlagen im Steuerrecht, Berlin, 2004 年

Wilhelm, J. Die Vermögensbindung bei der Aktiengesellschaft und der GmbH und das Problem der Unterkapitalisierung, in : Jakobs, H. H.・Knobbe-Keuk, B. 編, Festschrift für Werner Flume, Köln, 1978 年, 所収

Zöllner, W. 編, Kölner Kommentar zum Aktiengesetz, 第 4 巻, 第 2 版, Köln・Berlin・Bonn,・München, 1992 年

Zülch, H.・Hoffmann, S., Probleme und mögliche Lösungsansätze der „neuen" Ausschüttungssperre nach § 268 Abs. 8 HGB, in : Der Betrieb, 第 63 巻第 17 号, 2010 年 4 月

荒木和夫『ドイツ有限会社法』(改訂版) 商事法務, 平成 19 年
五十嵐邦正「ドイツ基準性原則とその動向」『商学集志』(日本大学商学研究会) 第 73 巻第 2 号, 平成 16 年 3 月
〃 『資本会計制度論』森山書店, 平成 20 年
〃 「ドイツ貸借対照表法現代化法案の特質」『商学集志』第 78 巻第 4 号, 平成 21 年 3 月
〃 「ドイツ会計制度の動向」『産業経理』第 68 巻第 2 号, 平成 20 年 7 月
〃 「ドイツ会計制度とコーポレート・ガバナンス」『会計学研究』(日本大学会計学研究所) 第 23 号, 平成 21 年 3 月

〃　「ドイツ法における劣後債の会計処理」『商学集志』第 79 巻第 2 号，平成 21 年 9 月

〃　「現行ドイツ資本会計制度とその進展」『商学集志』第 79 巻第 4 号，平成 22 年 3 月

〃　「ドイツ商法における資本準備金」『商学集志』第 80 巻第 1 号，平成 22 年 6 月

〃　「ドイツ出資会計制度」『會計』第 178 巻第 4 号，平成 22 年 10 月

〃　「ドイツにおけるデット・エクイティ・スワップ」『産業経理』第 70 巻第 4 号，平成 23 年 1 月

〃　「ドイツ基準性原則の方向」『会計学研究』第 25 号，平成 23 年 3 月

〃　「ドイツ会計制度における自己持分の会計処理」『商学集志』第 81 巻第 1・2 号，平成 23 年 9 月

〃　「ドイツ改正商法における分配規制」『會計』第 180 巻第 6 号，平成 23 年 12 月

稲葉威雄『会社法の解明』中央経済社，平成 22 年

江頭憲治郎・神作裕之・藤田友敬・武井一浩編『改正会社法セミナー（株式編）』有斐閣，平成 17 年

江頭憲治郎『株式会社法』有斐閣，第 1 版，平成 18 年

江頭憲治郎『株式会社法』有斐閣，第 3 版，平成 21 年

大島恒彦「自己株式取得の諸形態とその税務処理―平成 22 年度改正との関連―」『租税研究』第 734 号，2010 年 12 月

椛田龍三『自己株式会計論』白桃書房，平成 13 年

神田秀樹・武井一浩編『新しい株式制度』有斐閣，平成 14 年

慶應義塾大学商法研究会訳『西独株式法』慶應義塾大学法学研究会，昭和 44 年

古賀智敏『グローバル財務会計』森山書店，平成 23 年

佐藤誠二『国際的会計規準の形成』森山書店，平成 23 年

千葉修身「ドイツ連邦財務省『基準性』通達の含意」『會計』第 178 巻第 2 号，平成 22 年 8 月

千葉修身「ドイツ『貸借対照表法現代化法』の論理」『會計』第 179 巻第 1 号，平成 23 年 1 月

中野百々造『会社法務と税務』（全訂三版）税務研究会出版局，平成 21 年

野口晃弘『条件付新株発行の会計』白桃書房，平成 16 年

増子敦仁「自己株式」，石川鉄郎・北村敬子編『資本会計の課題』中央経済社，平成 20 年，所収

弥永真生『「資本」の会計』中央経済社，平成 15 年

柳裕治『税法会計制度の研究』森山書店，平成 13 年

渡辺徹也『企業組織再編成と課税』弘文堂，平成18年

索　引

〔あ行〕

RDES ·················· 252, 263, 300
一致原則················· 211, 241
移転利益契約················ 299
IFRS(s) ··· 3, 18, 22, 28, 29, 64, 82, 296, 297
MoMiG ········ 91, 109, 111, 117, 246
オンバランス法············ 17, 18, 76

〔か行〕

解除条件付（債務）免除····· 225, 229, 236
隠れた現物出資············ 110, 111, 183
隠れた出資······ 128, 131, 139, 183, 184, 186, 187, 190, 193, 201, 204, 213, 298
隠れた利益配当·············· 190, 203, 213
基準性原則··········· 4, 30, 37, 281, 296
機能的自己資本················ 104, 107
逆基準性········· 5, 44, 46, 58, 85, 296
キャッシュ・プーリング············· 110
享益権·············· 105, 107, 260, 300
金銭出資················· 180, 182, 192
金融商品········ 15, 27, 29, 31, 75, 296
繰越欠損金··· 11, 168, 263, 284, 287, 289, 292
繰延法······················ 10, 167
経済的観察法··· 11, 12, 84, 105, 228, 234, 299
形式的基準性··········· 38, 42, 58, 296
原価法·················· 155, 156, 162
減資差益····· 95, 117, 133, 134, 141, 298

現物出資········ 180, 182, 192, 196, 255
交換に準ずる取引······ 185, 186, 205, 206
公示の出資　131, 139, 183, 184, 187, 193
合有貸借対照表··················· 289
国際財務報告基準·················· 3

〔さ行〕

債権者保護······ 6, 94, 102, 104, 134, 159, 166, 256, 296
債権放棄··· 195, 201, 226, 232, 236, 241, 257
財務改善証書············ 195, 229, 300
債務超過··· 108, 224, 225, 241, 245, 265
参事官草案········ 3, 23, 146, 296, 297
GoB············ 5, 27, 29, 32, 37, 170, 241
自己創設による無形固定資産····· 8, 68, 296
自己持分········ 23, 72, 136, 145, 152
資産負債法··············· 10, 168, 296
実現原則············ 21, 31, 57, 75, 170
実質的基準性··· 38, 39, 46, 58, 296, 297
資本準備金··· 91, 96, 121, 126, 135, 138, 253
出資者借入金資本化制度········ 108, 109, 111, 112, 117
取得原価方式················ 275, 291
状況報告書························ 6
商事貸借対照表··· 29, 30, 32, 37, 39, 40, 50, 55, 66, 81, 227, 296
真実且つ公正な写像·················· 195
税額控除方式····················· 194

正規の簿記の諸原則……………………… 5
税効果会計…………………………… 10
製造原価………………… 14, 56, 78, 201
政府草案………………………… 3, 23, 146
税務上の出資勘定………… 73, 154, 285
税務貸借対照表… 29, 30, 32, 37, 39, 40,
　50, 54, 59, 66, 81, 233, 296, 297
組織変更税法…………264, 282, 286, 299
組織変更法………………… 270, 286, 299

〔た行〕

貸借対照表収束理論………………… 288
貸借対照表法現代化法………………… 3
単純劣後………………… 223, 228, 233
単純劣後債………………………… 245
DES……………………… 252, 254, 300
DMS ……………………… 252, 260, 300
停止条件付(債務)免除………… 225, 229
デット・エクイティ・スワップ…… 252
デット・メザニン・スワップ……… 252
電子貸借対照表………… 56, 57, 59, 297
統一貸借対照表………… 29, 30, 39, 57
凍結法………………………… 17, 76
特別劣後……………………………… 224
特別劣後債…… 228, 235, 242, 245, 300
匿名組合……………………… 107, 222

〔な行〕

のれん……………………… 8, 68, 296

〔は行〕

パーチェス法……………………… 26

払戻し………………… 181, 184, 202
BilMoG ………… 3, 29, 64, 91, 117, 296
評価単位………………………… 16, 76
費用性引当金…………………… 11, 70, 85
比例連結……………………………… 26
不均等原則…………… 31, 57, 75, 241
附属説明書………………… 24, 32, 271
普通価値………………… 185, 207, 288
部分価値………………… 74, 81, 185, 207
分配可能利益………………………… 102
分配規制…9, 29, 102, 115, 117, 141, 166,
　296
分配規制の対象……………………… 129
法定準備金……… 91, 97, 125, 135, 253
簿価引継ぎ方式………… 272, 287, 291
補充貸借対照表……………………… 289

〔ま行〕

みなし消却法……………… 155, 156, 162
みなし配当………………………… 161, 299
持分プーリング法………………… 26

〔ら行〕

利益移転規制… 173, 174, 167, 172, 173,
　296
利益準備金………………………… 91, 253
履行価額………………………… 19, 79
劣後債……………………………… 221, 222
リバース・デット・エクイティ・
　スワップ……………………… 252
連結決算書………………………… 84

著 者 略 歴

1972年　一橋大学商学部卒業
1978年　一橋大学大学院商学研究科博士課程単位取得
　　　　福島大学経済学部専任講師・助教授及び日本大学
　　　　商学部助教授を経て
1988年　日本大学教授
1995年　一橋大学博士（商学）
1999年～2001年　税理士試験委員
2002年　国税庁税務大学校講師（現在に至る）
2008年　日本金属工業株式会社　社外監査役
2011年　株式会社モスフードサービス　社外監査役

著　書

『静的貸借対照表論』森山書店，1989年
『静的貸借対照表論の展開』森山書店，1993年
『静的貸借対照表論の研究』森山書店，1996年
　（日本会計研究学会太田・黒澤賞受賞）
『基礎　財務会計』森山書店，1997年（第14版，2011年）
『演習　財務会計』森山書店，1998年（第6版，2009年）
『現代静的会計論』森山書店，1999年
『現代財産目録論』森山書店，2002年
『会計理論と商法・倒産法』森山書店，2005年
『資本会計制度論』森山書店，2008年
『家計簿と会社の会計』森山書店，2012年

ドイツ会計制度論

2012年8月20日初版第1刷発行

著　者　Ⓒ　五十嵐　邦正
　　　　　　（いがらし　くにまさ）

発行者　　菅　田　直　文

発行所　株式会社　森山書店　〒101-0054　東京都千代田区神田錦町1-10林ビル
　　　TEL 03-3293-7061　FAX 03-3293-7063　振替口座00180-9-32919

落丁・乱丁はお取りかえします　　　　　　印刷／製本・シナノ

本書の内容の一部あるいは全部を無断で複写複製することは，著作権および出版社の権利の侵害となりますので，その場合は予め小社あて許諾を求めてください。

ISBN 978-4-8394-2122-9